民族院校英语课堂教学模式研究

——以中央民族大学课堂教学为例

MINZUYUANXIAOYINGYUKETANG JIAOXUEMOSHIYANJIU

李佳◎著

中央民族大学出版社
China Minzu University Press

图书在版编目（CIP）数据

民族院校英语课堂教学模式研究：以中央民族大学课堂教学为例 / 李佳著．—北京：中央民族大学出版社，2025.4

ISBN 978-7-5660-2113-7

Ⅰ．①民…　Ⅱ．①李…　Ⅲ．①英语—课堂教学—教学研究—民族学院　Ⅳ．① H319.3

中国版本图书馆 CIP 数据核字（2022）第 160254 号

民族院校英语课堂教学模式研究——以中央民族大学课堂教学为例

著　　者　李　佳
策划编辑　赵　鹏
责任编辑　赵　鹏
责任校对　邱　棫
封面设计　舒刚卫
出版发行　中央民族大学出版社
北京市海淀区中关村南大街 27 号　邮编：100081
电话：（010）68472815（发行部）　传真：（010）68933757（发行部）
（010）68932218（总编室）　（010）68932447（办公室）
经 销 者　全国各地新华书店
印 刷 厂　北京鑫宇图源印刷科技有限公司
开　　本　787×1092　1/16　印张：20.75
字　　数　287 千字
版　　次　2025 年 4 月第 1 版　2025 年 4 月第 1 次印刷
书　　号　ISBN 978-7-5660-2113-7
定　　价　65.00 元

摘要

中国少数民族外语教育是中国多民族国家教育体系中一个特殊的组成部分。世界经济一体化进程的加速和“一带一路”倡议的推进，使民族地区对“民、汉、外语兼通”的多语复合型人才的需求日益增加，少数民族学生的英语教学也面临着前所未有的变革和挑战。民族高等院校作为国家培养少数民族高素质人才的基地，肩负着深化民族英语教育研究，推动少数民族大学生英语教学改革的重要责任。少数民族大学生在进入主流文化下的英语学习与汉族大学生有一定的差别，不同民族的学生在英语学习中表现出来的问题亦不相同。由于民族地区特殊的地缘文化特点，在母语和汉语基础上进行的英语教学既遵循外语教学的一般规律，又有其鲜明的特色，因此，对少数民族大学生的英语教学既不能照搬国外的语言教育研究理论，也不能直接套用汉语言文化背景下的外语教学方法，而是要求教师在研究少数民族大学生英语学习特点和规律的基础上，摸索出一套符合其学习需求的大学英语课堂教学模式。

随着新版《大学英语教学指南》的颁布和新的英语教学理论与研究成果不断被运用于英语教学实践，大学英语课堂教学观发生了巨大转变，教师和研究者逐渐意识到英语教学应该遵循语言学习规律，充分考虑学生的个体差异和学习需求，注重培养学生的自主学习能力和合作学习能力，发挥学生在课堂教学中的主体作用，实现课堂教学从“教”向“学”的转变。在新的发展趋势下，民族院校的大学英语教学改革取得了一定的进步，但是依然面临一些特殊的问题：①语言、文化间的差异影响少数民族大学生英语学习的效果，使学生产生学习上的压力；②部分少数民族大学生缺乏英语学习动机，没有建立良好的学习习惯，导致学生在学习困难面前容易产生“退却”心理；③少数民族大学生入学时英语水平差异较大，基础薄弱，给英语教学带来一定的难度；④少数民族大学生的英语教学受到传统教学模式的桎梏，不能满足学生的学习需求，英语课堂教学质量难以得到保障；⑤对少数民族大学生英语学习特点、心理因素等方面的研究不足，教学缺乏针对性。

在梳理和回顾前人相关研究的过程中可以发现，目前针对少数民族大学生英语教学的研究偏重从宏观的角度进行现状分析及对策探讨，缺乏从微观视角进行的实证性研究。因此，研究选择中央民族大学中比较有代表性的基础级英语班的少数民族大学生作为研究对象，将“课堂教学”这一整体的、师生交互作用的动态过程作为研究的切入点，采用行动研究的研究方法，对民族院校英语教学模式进行探索性的校本特色研究。

研究遵循“发现教学问题 — 进行前期调研 — 构建教学模式 — 制定行动方案 — 实施行动计划 — 总结与反思”的行动研究步骤。通过对研究对象进行课堂观察、问卷调查以及个别访谈，发现导致中央民族大学基础级英语班的少数民族大学生综合英语水平偏低、学生参与课堂教学程度不高的原因主要体现在教学的两大主体上，少数民族大学生特殊的语言学习环境也是影响学生英语课堂教学质量的重要因素。在前期调研的基础上，作者通过理论阐释、演绎的方式构建了一个符合少数民族大学生英语学习特点和学习需求的教学模式：“分层 — 探究”英语课堂教学模式，提出该教学模式的理论基础、实施原则、特征、教学目标和操作程序。

为了检验“分层 — 探究”英语课堂教学模式的适用性，作者在中央民族大学基础级英语班开展了一个学年的课堂教学行动研究，完成两轮的行动研究过程。第一轮行动研究通过实施分层教学、调整教学难度、设计灵活多样的教学任务、增加元认知策略训练和建立合理的评价机制五项措施，基本解决了基础级英语班的少数民族大学生在英语学习中存在的语言基础知识薄弱、个体差异较大和缺乏自主学习能力等问题。通过认真总结与反思第一轮行动研究的不足之处，第二轮行动研究采取了五项改进措施：引入影音导入教学方法、注重文化对比教学、加强教师的个别指导、发挥教师在合作教学中的引导作用和培养学生积极的情感态度，较好地解决了在实施“分层—探究”英语课堂教学模式的过程中出现的问题。

每一轮行动研究的实施过程都分别以分析问题、制定计划、实施与观察、行动反思的方式进行详细描述，采用质化研究的方法收集了大量访谈、日志等研究数据，最大限度地保证了研究结果的客观性和可迁移性。经过两个学期的英语学习，少数民族大学生学会了合理制定学习目标，规划学习时间和方法，对自己的学习负责；学会了与同学进行沟通，合作完成学习任务；学生认为丰富多彩的课堂展示活动增加了他们英语学习的自信心，真实情境下的教学任务提高了他们的英语学习兴趣；课堂教学和课外学习相结合的方式为他们创造了有利的英语学习环境，培养了良好的学习习惯；层次化的课堂教学目标符合他们的英语水平和学习特点，使基础不同的学生都取得了不同程度的进步。

研究的创新体现在：第一，从教育教学需求的视角出发，通过在教学实践中行动的实施以及实施效果的探讨，将理论与实践、教学与科研有机结合在一起，从微观的层面探讨了少数民族大学生英语教学的宏观问题，在研究视角上具有一定的创新性；第二，从研究的成果来看，通过在中央民族大学基础级英语班课堂教学的特殊语言环境下开展的行动研究，构建了“分层—探究”英语课堂教学模式，并在教学实践中验证其有效性和可操作性，将少数民族大学生的英语教学改革实践上升到理论高度，实现了教学实践向科研成果的理论转化。研究结果对于提高民族院校大学英语教学质量，促进语言教学研究，探索培养少数民族外语人才模式，有着重要的实践意义。

关键词：民族院校；少数民族大学生；课堂教学模式；行动研究

ABSTRACT

College English teaching for ethnic minorities is an integral part of China's multi-ethnic education system. The acceleration of the world's economic integration process and the implemetation of "the Belt and Road Innitiatives" have led to the increasing demands for multi-lingual talents who are well acquainted with foreign languages as well as Chinese and their minority languages. So that English teaching for ethnic minorities is facing unprecedented challenges. Being the important base for cultivating high-quality talents of ethnic minorities, Minzu colleges and universities shoulder the unshirkable duty to deepen the English education research and promote the English teaching reform for minority college students. Considering that minority college students learning English in the mainstream culture have different ways of studying English from that of the Han college students and also have different problems arising in the learning process, English teaching methods used for them, though, follow the general rules of foreign language teaching, should have their distinctive characteristics. A case in point is those for minority college students under the influence of the specific cultural characteristics of ethnic minority regions. They are neither the teaching methods borrowed from the foreign language research theories nor those adopted in the mainstream context. Instead, they should form a new English classroom teaching model with an in-depth knowledge of the characteristics and nature of minority college students' ways of English learning.

With the release of the latest edition of "College English Curriculum Requirements" and the application of new English teaching theories in English teaching practice, college English teachers and researchers have changed their teaching concepts. Realizing that English teaching should follow the rules of language learning, they take students' individual differences and learning needs into full consideration and pay more attention to fostering students' autonomous learning abilities and cooperative learning abilities. They especially emphasize the students' dominant role in the classroom, which propels the transition of classroom teaching emphasis from "teaching" to "learning". Following this new trend, college English teaching reform for ethnic minorities in Minzu colleges and universities has made some progress. However, it should be noted that some problems still exist. For instance, the language and culture differences have a disincentive effect on the English learning of minority college students; the lack of English learning motivation and bad English learning habit may lead to the negative feelings of English study and the ensuing retreat in the face of difficulties in learning; great gaps of minority college students' English levels among each other in the college entrance English exam bring some difficulties to the English teaching in Minzu colleges and universities; the traditional "knowledge-oriented" and "spoon-feeding" English teaching models have become the teaching shackles for English teachers of minority college students and cannot achieve satisfying teaching quality; the researches on the learning characters and psychology of minority college students are far from adequate, etc.

In combing and reviewing the predecessors' related documents, it is found that present researches on English teaching for minority college students mainly focus on the analysis of the current situations and countermeasures discussion from a macro perspective, lacking empirical researches from the micro perspective. Therefore, the current study aims to explore the English teaching model for minority college students from a micro perspective, by choosing the "Basic-level Class" of Minzu university of China as the research subjects, taking "classroom teaching", a holistic and dynamic interaction process between teachers and students, as the cut-in point and adopting "action research" as the research strategy.

The study follows the following procedure: identifying questions for research — conducting preliminary investigation — constructing a new teaching model — making a plan for actions — implementing the action research — reflecting the problems arising and evaluating the research effects. By conducting class observation, questionnaire surveys and individual interviews, it is found that the classroom teaching inefficiency and low participation in the "Basic-level Class" are mainly caused by the dysfunctional "teaching" and "learning" process and the special language acquisition environment. On the basis of the above investigation, the author formulates a "differentiated instruction and initiative inquiry" English classroom teaching model for minority college students through theoretical explanation and deduction, giving details of its theoretical basis, implementation strategies, teaching aims and operating procedures, together with its distinctive characters.

This action research lasting for two semesters consists of two rounds, aiming at examining the utility of this new English classroom teaching model. During the first round, the author takes five measures in the research, including adopting the differentiated teaching management, adjusting the degree of difficulty in teaching, designing some flexible teaching tasks, adding practices of the megacognitive strategy and setting up a proper evaluation system.

During this period, the author finds these measures are effective in solving minority college students' problems in English learning, who are weak at basic English skills, having diverse individual differences and lack of motivation for learning English. In designing the scheme for the second round, after reflecting and summerizing the flaws in the first round research, the author puts forth an audio-video lead-in method, begins to focus more on cultural comparision and individual guidance, and gives a full play to teacher's roles in students' autonomous and cooperative learning. Furthermore, the author also puts emphasis on the cultivation of students' positive feelings in learning in this round. The above five new measures taken in this round work well in coping with the problems arising in the implementation of the "differentiated instruction and initiative inquiry" English classroom teaching model.

Each round of the action research is described in details in the process of analyzing problems, making plans, conducting the research, monitoring and reflecting the results. Qualitative research method is applied to collect the research data to ensure the objectivity and transferability of the research results. After two semesters of English learning, minority college students have learned how to set an appropriate learning goal, schedule their time scientifically, communicate with fellow students and fulfill the task collaboratively. In the meanwhile, students believe that various classroom demonstrations help increase their confidence in English learning, problem-solving tasks in the real context motivate their learning interests, the combination of classroom teaching and extracurricular learning create a favorable learning environment for them and help them develop a good learning habit. Differentiated teaching management helps all students of different English levels make a great progress.

The innovative aspects of the study are embodied in the followings. First, the study examines from the perspective of teaching and learning needs, which combines theories with practice as well as teaching with scientific research. It explores a macro issue of English teaching for minority college students through a micro perspective. Second, by using the action research strategy in teaching and exploring its effects in class, the study constructs a "differentiated instruction and initiative inquiry" English classroom teaching model for minority college students in "Basic-level Class" for the purpose of promoting the reform of the English teaching for ethnic minorities to a higher level and realizing the transition of English teaching from practice to theory. The study is of great practical significance to improve the teaching effectiveness for minority college students and is beneficial to establish the mode of cultivating foreign language talents for ethnic minorities.

KEY WORDS: minzu colleges and universities; minorty college students; English Classroom Teaching Model; Action Research

目 录

Content

图表目录

表目录

绪　论

一、研究缘起

（一）大学英语教学的新要求和英语课堂教学观的转变

世界经济全球化进程的加速和信息时代的迅猛发展使英语成为国际交流的重要语言工具，掌握英语成为21世纪公民的基本素质之一。根据《国家中长期教育改革和发展规划纲要（2010—2020年）》，学校应“培养大批具有国际视野、通晓国际规则、能够参与国际事务和国际竞争的国际化人才”，[①] 而熟练掌握英语是国际化人才的基本条件。新的社会发展形势对外语人才培养有了更高的期望，对高等外语教育也提出了更高的要求。[②] 为了进一步深化大学英语教学改革，提高教学质量，教育部颁布的《大学英语教学指南》明确规定了大学英语教学的发展方向，认为大学英语应该以“培养学生的英语应用能力，增强跨文化交际意识和交际能力，同时发展自主学习能力，提高综合文化素养，使他们在学习、生活、社会交往和未来工作中能够有效地使用英语，满足国家、社会、学校和个

① 中华人民共和国教育部：《国家中长期教育改革和发展规划纲要（2010—2020年）》，2010年7月29日，http://old.moe.gov.cn/publicfiles/business/htmlfiles/moe/info_list/201407/xxgk_171904.html，第48条。

② 郭坤：《全球化背景下大学英语跨文化教学研究》，成都：电子科技大学出版社，2017年，第1页。

人发展的需要”为教学目标，教师应该“遵循外语学习规律，根据教学内容的特点，充分考虑学生个体差异和学习风格，运用合适、有效的教学方法”。在课堂教学中，教师应“采用任务式、合作式、项目式、探究式等教学方法，体现以教师为主导、以学生为主体的教学理念，使教学活动实现由‘教’向‘学’的转变，使教学过程实现由关注‘教的目的’向关注‘学的需要’转变”。在教学方法的运用方面，教师应关注学生自主学习能力的培养，引导和帮助他们掌握学习策略，学会学习，“为学生提供课堂教学与现代信息技术结合的自主学习路径和丰富的自主学习资源，促使学生从‘被动学习’向‘主动学习’转变”①。鉴于各高校之间情况差异较大，学生英语学习需求不同，《大学英语教学指南》也建议大学英语教学按照学生的实际需要，贯彻因材施教的原则，探索和建立符合其自身特点的大学英语课堂教学新模式。

与此同时，随着英语教学理论研究与实践取得巨大进步以及研究者对课堂教学动态变化理解的深化，新的理论与研究成果不断被运用于英语教学实践，大学英语课堂教学观也发生了巨大转变。传统的外语课堂教学观认为外语课堂是教师向学生灌输知识的过程，在这样的课堂中学生处于被动接受知识的地位。外语教师和研究者逐渐意识到，语言学习者的学习动机、学习能力、学习兴趣、学习偏好、学习策略等诸多个体因素方面的差异对外语教学的效果产生很大程度的影响，只有对学习者本身和外语学习的过程和本质进行科学、全面的认识，对学习特点进行研究，才能将外语教学建立在坚实的基础上。新的外语课堂教学观吸取了心理语言学、社会语言学、应用语言学以及其他相关领域的研究成果，更加科学地剖析了英语课堂教学的本质：课堂教学是多种因素互动的场所，外语教学是一个能动的、发展的过程；课堂教学诸因素中最重要的是教师与学生；外语教学不仅应该注重学生外语水平的提高，而且应重视培养人的素质与品格，注

① 贾国栋：《〈大学英语教学指南〉中的教学方法、手段与资源》，《外语界》2016年第3期，第12–13页。

重发展学生的独立自主学习与合作学习的能力。[①] 因此，英语教师应该以学生的学习特点和需求为依据，在特定的教学情境中，设计面向全体学生同时又照顾个体差异的课堂教学模式，才能更好地激发学生的英语学习兴趣，促进课堂有意义的“交流”，培养具有跨文化意识、合作精神和自学能力的高素质外语人才。

（二）民族院校大学英语教学的问题

随着大学英语教学改革在全国各高等院校的普遍深入，民族院校也在这方面进行了诸多有益探索，并取得了一定成绩，比如：实行英语分级教学、探究式英语教学等。然而，民族院校的大学英语教学仍然面临非民族高校不可能遇到的一些特殊问题。[②] 目前，民族院校面临的问题主要存在于学生的“学”和教师的“教”两个方面。从“学”的方面来看，由于“少数民族大学生是各民族院校的主要生源”，[③] 英语对于他们来说是继本民族语和汉语学习之后学习的第三种语言，语言思维转换复杂，造成学习困难；另外，文化间的差异也会影响少数民族大学生英语的理解速度和精确度，从而使学生产生学习上的压力；部分少数民族大学生英语学习目的不够明确，缺乏学习动机，导致学生一旦受到挫折就会滋生“英语无用论”的消极情绪，容易产生“放弃”心理。从“教”的方面来看，“新生英语起点水平的差异是民族院校存在的一个突出问题”，[④] 为了应对这一差异给大学英语教学带来的新问题，部分民族院校逐渐采取了分级教学模

---

① 左焕琪编著：《英语课堂教学的新发展》，上海：华东师范大学出版社，2007年，第15–20页。

② 王英：《关于民族院校大学英语教学改革的几点思考》，《学理论》2015年第12期，第201页。

③ 包丽娜：《民族院校大学英语教学改革研究：八年回顾与思考——对全国15所民族院校8年（2004—2011）文献的统计分析》，《语文学刊》2012年第8期，第117页。

④ 刘雪萍：《民族院校大学英语课堂教学改革刍议》，《青海民族研究》2005年第16卷第3期，第136页。

式，但是民族间的差异性以及部分少数民族不同类型学生间的差异性依然给民族院校的大学英语教学带来了一定的困难。部分少数民族大学生由于高考英语不计入总成绩，入学时英语基础比较薄弱，也没有针对这类学生制定专门的大学英语教学目标，因而在有些院校，少数民族大学生英语教学以语言基础知识的传授为主，课堂授课仍然沿用传统的英语教学模式，忽视了少数民族学生作为大学生的英语培养需求，课堂教学质量难以得到保障。[①] 我国自开展学校型外语教学以来，缺乏针对少数民族学生英语教学的专门研究，直到20世纪80年代才有学者提到少数民族学生学习外语的有关问题，[②] 近几年虽然有更多的学者开始对少数民族大学生的英语学习问题进行探讨，但是仍然缺乏有针对性的、系统深入的专项研究，因而在课堂教学中教师很难结合学生的语言、文化特点和实际学习水平、需求设计符合少数民族大学生的英语教学方案，从而对民族院校的英语课堂教学效果造成一定影响。

（三）个人研究兴趣及教学实践的反思

笔者从多年的教学实践经验和长期的课堂观察中发现，民族院校的少数民族学生进入大学阶段后英语成绩普遍不高，英语课堂教学问题突出。以笔者授课的中央民族大学基础级英语班为例，由于不同民族地区对英语教学重视程度不一样，学生英语学习语言环境复杂，该班学生对英语学习产生了个性化、差异化、多元化的学习需求，这就要求课堂教学呈现出特殊性、针对性、需求指向性的教学特点。少数民族语言、汉语和英语属于不同语系，三种语言在发音、词法特点、语法规则、语言结构和语用等方

① 魏绪涛：《非民族院校“民考民”学生的大学英语教学 —— 以哈尔滨理工大学“蒙古班”为例》，《宁波职业技术学院学报》2010年第14卷第6期，第56页。

② 原一川：《少数民族学生英语学习态度和动机实证研究》，上海：上海外语教育出版社，2007年，“序言”第1–2页。

面差别较大，语际负迁移影响明显，[①] 造成英语学习障碍。少数民族拥有自己独特的民族文化、风俗习惯，使得少数民族大学生在心理和认知方面出现“冲突”，影响到英语“教”与“学”的效果。

笔者在中央民族大学进行基础级大学英语教学多年的时间里，一直苦于探寻真正适合民族院校的少数民族大学生英语课堂教学模式，帮助学生解决英语学习困难，引导学生培养英语学习能力，以实现学生全面发展的实际需求。所幸笔者博士就读期间的研究方向是中国少数民族教育，在研习中笔者慢慢领会到教学研究应该是基于教师教学实践的研究，而不单单是专家学者的理论研究，行动研究可以成为连接理论与课堂教学实践的桥梁，使教学理论真正起到指导教学实践的作用，实现教学相长的目的。因此，在本研究中，笔者将使用行动研究的方法，以深入研究少数民族大学生英语教与学的过程为基础，以提高英语课堂教学效率为出发点，以解决民族院校大学生基础级英语班课堂教学中发现的问题为研究目标，总结少数民族大学生英语学习特点和规律，探索真正适合他们的英语课堂教学模式，完善我国多元一体文化背景下少数民族大学生英语教学研究体系的建构。

二、研究问题

（一）发现研究问题

“科学和知识的增长永远始于问题。”[②] 笔者在中央民族大学基础级英语班经过一个学年的教学实践（第一学期和第二学期），发现少数民族大学生英语课堂教学存在两个比较突出的问题：

---

① 刘懋琼：《三语习得中的跨语言影响分析》，《人民论坛》2010年总第305期，第207页。

② 纪树立：《科学知识进化论——波普尔科学哲学选集》，北京：生活·读书·新知三联书店，1987年，第6页。

1. 学生综合英语水平偏低

从第二学期英语期末考试成绩分析中可以看出，尽管基础级英语班的英语试卷难度相比普通班的试卷难度有所降低，但是基础级英语班英语期末试卷的卷面成绩依然有11人不及格，占该班总人数的26%。特别是翻译、作文这种主观题，学生的整体得分率很低，其中翻译题的平均分为2.5分（满分为10分），作文的平均分为7.5分（满分为20分）。在第二学期的期中口语测试中笔者也发现，基础级英语班的学生使用英语回答问题时出现语法错误严重、口语发音不标准、词汇储备量不够等交流困难，整体来说，经过一学年的英语学习，少数民族大学生的英语语言基础依然十分薄弱，英语综合应用能力也没有明显的提升。

2. 学生参与课堂教学的程度不高

在课堂教学中笔者观察发现，基础级英语班的学生对英语学习的积极性不高,课堂气氛沉闷，具体表现在三个方面：①课前不预习，尽管教师留了课前预习的作业，如熟读单词、阅读课文，只有很少的学生认真完成，课后主动复习英语授课内容的学生更少。②课堂缺乏有效互动，教师上课提问的时候，总是坐在前排的几名同学积极响应，其他同学基本保持沉默，教学活动难以开展，比如课堂讨论，很少有同学参与其中。③课堂听课的情况也不理想，上课认真听讲的同学不多，旷课、上课看手机现象比较普遍，有的学生甚至一上英语课就睡觉，面对老师的提醒置若罔闻。

（二）研究问题聚焦

针对教学实践中发现的两个问题，笔者曾经尝试在基础级英语班采取一些教学改进措施，但是并没有产生实质性的转变，这使得笔者陷入了思考：“究竟是什么原因导致少数民族大学生英语课堂教学效率不佳？作为一名一线英语教师，应该如何改善课堂教学效率？”经过查阅资料发现，近年来，针对少数民族大学生这一授课群体进行的英语教学研究更多关注的是具体教学方法的运用，或者就英语学习某一项语言技能的提高进行探讨，缺乏对“课堂教学”一个整体的、师生交互作用的动态过程的研究，[①]对课堂教学模式的研究更是凤毛麟角。因此，围绕着“如何提高课堂教学效率”这一核心问题，本研究将聚焦于少数民族大学生英语课堂教学模式的改革与探索，具体可以分为以下四个子研究问题。

子问题1：传统的课堂教学模式中哪些因素影响了少数民族大学生英语教学的效率？

子问题2：如何构建一个符合少数民族大学生学习特点和需求的英语课堂教学模式？

子问题3：少数民族大学生英语课堂教学模式的实施效果如何？

子问题4：如何改进和完善少数民族大学生英语课堂教学模式？

三、研究意义

（一）现实意义

教育国际化已经成为当今高等教育发展的必然趋势，教育国际化的目标之一是培养具有全球意识、跨文化理解力以及跨文化交流能力的国际化人才。随着“一带一路”倡议的推进，民族地区对“民、汉、外语兼通”的多语复合型人才的需求日益迫切，加强少数民族大学生的英语教学研究、提高教学质量成为民族院校在新时期的重要历史使命。但由于多种因素的制约，少数民族外语教育的发展滞后于社会和经济发展的需要，外语人才不能满足当地经济、文化发展的要求，外语教学质量、学生的外语水平与发达地区还存在着较大差距。[②]少数民族大学生在外语学习方面存在的困难和问题导致他们的外语水平偏低，使民族地区人才在就业、深造以

① 叶澜：《让课堂焕发出生命活力——论中小学教育改革的深化》，《教育研究》1997年第9期，第4页。

② 陈晓芸：《巩固新疆双语教育成果 探索少数民族英语教学》，《考试周刊》2008年第31期，第90页。

及事业方面有所欠缺，不能适应未来社会的发展趋势，在实现多民族共同发展的进程中，民族地区人才的外语水平和能力的不足影响了民族地区的对外交流与合作。[①] 因此，如何推动民族院校大学英语教学改革、帮助少数民族大学生更好地学习英语是教育界、外语界共同关心的问题。

通过对民族院校大学生英语教学问题的研究和课堂教学模式的探索，提高少数民族大学生英语课堂教学质量，使少数民族大学生外语教学和科研走上科学化的道路，这对于我国少数民族教育事业的发展，民族地区经济发展、社会进步以及增强民族团结，增强民族凝聚力都具有重大的现实意义。

（二）理论意义

西方外语教学理论研究的成果为我国研究外语学习与教学提供了理论指导和可借鉴的研究方法，但我国少数民族外语学习者在语言环境、学习动机、语言特点、文化差异等诸多方面有其自身特点，西方教学理论研究的成果与理论观点不一定能够完全解释我国少数民族学习者外语学习的实际特征。本研究在对西方教学理论进行讨论的基础上，对中央民族大学基础级英语班的大学生在英语学习过程中出现的实际问题进行探讨与归因分析，构建符合民族院校少数民族大学生英语学习需求和课堂教学实际情况的教学模式，并在行动研究中对新的课堂教学模式加以验证。虽然本研究是在中央民族大学基础级英语班课堂教学的特殊语言环境下开展的，研究结果是在微观研究的基础上衍生抽象而来的，研究结论的普及、推广以及应用价值还有待进一步考察，但是在研究少数民族大学生英语教学的过程中，对我国少数民族大学生英语教学现状、课程设置、教学主体及其他影响因素等问题进行了详细阐释，研究的结果对我国少数民族外语教育事业

① 高英：《南疆少数民族大学生英语教育现状调查研究》，《语文学刊》（外语教育教学）2014年第3期，第104页。

的发展将会有一定的启示作用，在研究中提出的大学生英语课堂教学的模式框架也将为我国民族院校大学英语教学改革的深化提供理论支持。

四、概念界定

（一）有关语言的定义

少数民族外语教学中有关语言的概念有很多，主要可以从以下两个角度来分类：按照语言学习先后顺序的角度来定义可分为第一语言、第二语言和第三语言；按照国家的界限来划分可以分为母语和外语。

1. 母语（mother tongue）和第一语言（the first language / L1）

“母语”是一个比较复杂的概念。就语言族别属性而言，母语是指本民族语言，与外族语和外国语相对。[①]《中国语言学大辞典》中将“母语”解释为，是幼儿从小通过和同一语言社团其他成员的接触而获得的第一语言。在通常情况下，个体习得的第一语言往往是本民族的语言，这时的“母语”与“第一语言”（第一语言指个体出生后首先获得的语言）的概念是等同的。但是在现实社会中，有时“第一语言”不等于“母语”，比如在海外长大的华裔，其“母语”（中文）并没有用于社会交际，导致“母语”发展的停滞，其主要交际用语是当地社会通用语或官方语，那么根据语言的社会性和交际性本质，后者才是他们的“第一语言”。[②]本研究中的母语的概念等同于少数民族的本民族语以及第一语言，即维吾尔族大学生的母语是维吾尔语，蒙古族大学生的母语是蒙古语。

2. 第二语言（the second language / L2）和外语（foreign language）

“第二语言”与“第一语言”的概念是相对的，即指人们在获得第一

① 哈经雄、滕星主编：《民族教育学通论》，北京：教育科学出版社，2001年，第201页。

② 李柏令：《第二语言习得通论》，上海：上海交通大学出版社，2013年，第3页。

语言后再学习和使用的另一种语言。[①] 在我国，除了少数民族学习汉语和汉族学习少数民族语言时可以称作第二语言外，中国人在中国境内学习其他国家的语言一般情况下都称作外语。[②] 外国学者已经对“第二语言”和“外语”这两个概念进行了研究。斯特恩（Stern）曾指出，“第二语言”一般指在本国有与母语同等或更重要地位的一种语言，“外语”一般指在本国之外使用的语言，学习的目的常常是为了旅游和阅读有关文献等。[③] 埃利斯（Ellis）明确提出“第二语言”并不意味着与“外语”有区别，“第二语言习得”是泛指，包括自然环境下习得和课堂环境下习得语言两种情况。[④] 由此可见，“第二语言”和“外语”这两个概念不是完全对应的关系，“第二语言”通常有两个含义，既可以指学习者在习得第一种语言后学习到的第二种语言（比如：中国的少数民族学习汉语），也可以指学习者到目的语国家学习目的语（比如：中国学生到美国学习英语），但如果是学习者在非目的语环境中学习第一语言以外的其他语言，则可称之为“外语”，例如中国的汉族学生和少数民族学生在中国境内学习英语，也叫作外语学习。在本研究中，少数民族大学生在习得母语后学习的第二种语言是汉语，英语（外语）是他们学习的第三种语言。

3. 第三语言（the third language / L3）和多语

“三语”并不特指第三种语言，而是泛指除了母语和已经掌握或正在习得的第二种语言之外的一种或多种语言。[⑤] 三语习得曾经一度被归属于二语习得领域，因为一些学者认为，“二语”可泛指第一语言（母语）之

① Ellis, R. , *The Study of Second Language Acquisition*, Oxford: Oxford University Press, 1994.

② 王洋：《对维汉语教学研究》，博士学位论文，华东师范大学，2009年，第31页。

③ Stern, H. H. , *Fundamental Concept of Language Teaching*, Shanghai: Shanghai Foreign Language Education Press, 1999.

④ Ellis, R. , *Understanding Second Language Acquisition*, Shanghai: Shanghai Foreign Language Education Press, 1999.

⑤ 韩曙花、刘永兵：《西方三语习得研究对我国外语研究的启示》，《东北师大学报（哲学社会科学版）》2012年第6期总第260期，第136页。

外的任何非本族语语言，习得一门外语的过程和再习得一门外语的过程并无任何差异。[①] 而对三语习得的真正研究则始于20世纪80年代末，[②] 学者们通常认为瑞民博（Rimgbom）《第一语言在外语学习中的作用》一书的出版标志着三语习得研究的正式开始。[③] 目前学术界已经认为三语习得是一门独立的研究领域，国内的三语习得研究分为两个部分，一部分是对于高校内外语专业（小语种）学生的研究，另一部分是对于少数民族学生的研究。[④] 少数民族大学生的英语学习是建立在民汉双语基础上的第三语言的学习，属于三语习得的研究范畴，是一个非常复杂的认知过程。本研究中涉及的三语习得研究是指少数民族学生在非目的语环境下将英语作为第三种语言在课堂中学习的研究。

（二）民族院校

关于“民族”的含义，2005年召开的中央民族工作会议指出：“民族是在一定的历史发展阶段形成的稳定的人们共同体。一般来说，民族在历史渊源、生产方式、语言、文化、风俗习惯以及心理认同等方面具有共同的特征。”

民族院校是党和国家为解决我国国内民族问题而建立的民族高等教育组织，为执行党的民族政策及方针服务，为少数民族和民族地区建设

① Gass, S. , “Second Language Acquisition and Linguistic Theory: The Role of Language Transfer”, in W. C. Ritchie and T. K. Bhatia eds. , *Handbook of Second Language Acquisition*, San Diego, CA: Academic Press, 1996, pp317–345.

② Jessner, U. , *Linguistic Awareness in Multilingual English as a Third Language*, Edinburgh:Edinburgh University Press, 2006.

③ Rimgbom, H. , *The Role of the First Language in Foreign Language Learning*, Clevedon: Multilingual Matters, 1987.

④ 严若芳、李新娇：《三语习得视域下的新疆少数民族大学生英语学习》，《兵团教育学院学报》第26卷第6期，2016年12月15日，第15页。

服务，[①] 民族院校具有鲜明的民族色彩，[②] 兼具鲜明的文化属性和政治属性。[③] 民族院校招收以少数民族学生为主的各族学生，培养服务民族地区建设及社会主义建设的全面发展的高级人才。

现阶段，民族院校可以分为两大类：中央部（委）属民族院校（即国家民族事务委员会直属）和地方民族院校。其中国家民委直属高校有6所：中央民族大学、大连民族大学、中南民族大学、西南民族大学、西北民族大学、北方民族大学。另有9所地方院校由省级政府管理，包括：广西民族大学、云南民族大学、内蒙古民族大学、湖北民族大学、贵州民族大学、青海民族大学、西藏民族大学、四川民族学院、呼和浩特民族学院。

中央民族大学的前身是1941年9月在延安建立的民族学院，延安民族学院以培养少数民族干部和从事民族工作的汉族干部为主要任务，以毛泽东的题词“团结”为校风，在十分艰苦的条件下，为中国各民族共同的解放事业输送了大批干部。1950年6月，中央人民政府决定在北京建立一所新型大学——中央民族学院，抽调了一批当年在延安民族学院工作过的同志进行建院筹备工作，并于1951年6月正式开学。建校后，学校的发展大体经历了五个阶段：第一阶段：1950年6月至1951年底，为初创阶段。第二阶段：1952年至1966年5月，学校开始正规化办学并逐步发展成为一所文科高等学校。1952年国家进行院、系调整时，把已建设数十年的清华大学社会学系、北京大学东语系的部分专业和北京大学的前身燕京大学的社会学系，调整到中央民族学院，中央民族学院由此形成了高起点的学科和专业优势，并云集了一批大师级的著名社会学家、民族学家、语言学家、人类学家。第三阶段：1966年6月至1978年8月，“文革”严重影响了学校的发展。第四阶段：1978年9月至1993年10月，学校发展

---

① 杨胜才：《中国民族院校特色研究》，北京：民族出版社，2007年，第25页。

② 哈经雄、滕星主编：《民族教育学通论》，北京：教育科学出版社，2001年，第42页。

③ 来仪：《民族高校民族团结教育再思考》，《民族教育研究》2017年第28卷第2期，第10页。

成为以文科专业为主体、以民族学科为特色，文、理、工、艺、管等专业兼备的综合性大学，1978年2月被确定为国家重点大学。第五阶段：1993年11月至今，学校朝着高水平研究型的发展目标迈进。经国家教委批准，1993年11月30日，中央民族学院更名为中央民族大学，① 成为党和国家为解决中国民族问题、培养少数民族干部和高级专门人才而创建的一所具有鲜明特色的高等学校。

（三）课堂教学模式

1. 课堂教学

从古至今，课堂（classroom）一直是师生成长和发展的主阵地，是人类文化、人类文明传承的舞台。② 课堂是一个微型的社会组织，是教师、学生及环境之间相互作用形成的情景互动，是一个多结构、多功能的联合体。它强调组织内部丰富多彩的群体活动，强调师生之间积极的相互建构。③ 外语教学的具体实施过程主要在课堂。在教学中，学习者带来他们的学习、生活经历以及先前知识，教师带来生活经历和教育学的经历，也将教学计划、方法、观念带入课堂。束定芳在《高校外语教学现状与改革方向》一书中指出："外语课堂教学是教师在课堂环境中通过语言教学活动向学生表达教学理念并达到教学效果的过程，是教学理念和教学设计在教学实践中的具体应用。"④ 由此可见，课堂教学是外语教学和外语学习至关重要的环节。外语教学的理论、方法策略、实践活动在课堂中汇聚并得以体现。所有的教学改革都要"回归课堂"，因为"一切教育改革最终是通过不同的方法和途径改变教师的'教'和学生的'学'，采取不同措施

① 中央民族大学：《发展历程》，https://www. muc. edu. cn/xxgk1/xxyg/fzlc. htm。

② 隋晓冰：《网络环境下大学英语课堂教学优化研究 —— 基于佳木斯大学的实证研究》，博士学位论文，上海外国语大学，2013年，第60页。

③ 曾继耘：《差异教学策略研究》，北京：首都师范大学出版社，2016年，第77页。

④ 束定芳主编：《高校英语教学现状与改革方向 —— 华东六省一市高校英语教学情况调研报告》，上海：上海外语教育出版社，2015年，第148页。

干预、影响学生发展的环境实现的”。[①]

传统意义上的课堂教学是外语教学的主要甚至唯一场所，承担了已有知识的巩固、新知识的呈现、做练习和布置作业等重要环节。本研究中的“课堂教学”并不拘泥于在“上课时间”进行的活动，而是指课堂教学与课外学习相结合的语言学习形式，即“语言学习=课堂学习+课外学习”，分为课前准备、课堂教学和课后巩固三个阶段，是教师和学生通过共同参与、相互间产生作用和影响的社会实践活动，有着更为丰富的内涵和外延。

2. 教学模式

课堂教学是一种教学活动，教学模式是一种结构化和模式化的教学活动。课堂教学活动自觉和不自觉地在执行一种活动的结构，不过是杂乱的、无序的、未经科学理论论证和实践证实的，因而课堂教学活动不能等同于结构化模式。

（1）教学模式的界定

“教学有法，教无定法，贵在得法”。教学有法的“法”是指教学中遵循的一般法则；教无定法的“法”是指教学过程中使用的某种特殊的教学方法；贵在得法的“法”是指针对特殊的特定的教学对象所实施的一整套方法。教学模式就属于贵在得法的“法”的范畴。[②] 中外学者对教学模式有很多界定，美国著名教育家布鲁斯·乔伊斯（B.Joyce）和威尔（M.Weil）合作出版了《教学模式》（*Models of Teaching*）一书，拉开了教学模式研究的序幕，成为教学模式研究的先行者。在本书中他们对教学模式的定义是：“教学模式是构成课程、选择教材、指导在教室和其他

① 戚业国主编：《新课程课堂教学改革丛书·总序：回归课堂 创新课堂》，北京：北京师范大学出版社，2006年，第1页。

② 吴也显：《试析教学模式的研究》，《课程·教材·教法》第4期，1992年4月30日，第20页。

环境中教学活动的一种计划或范型。”① 他们认为，教学模式主要包括以下要素：理论依据、教学目标、教学过程和教学评价。埃金对教学模式的定义是：“所谓教学模式，就是为了完成特定的教学目标而设计的、具有规定性的教学策略。”② 张志勇认为教学程序是教学模式的外在表现，即教学模式“是在一定的教学理论指导下，影响特定教学目标达成的教学活动诸要素，在一定时空范围内形成的、以教学程序为其外在表现形式的一种教学实践活动结构”。③ 查有良分析了教学模式与教育理论的关系，他认为：“教学模式是在教育理论指导下，抓住特点，对教育过程的组织方式方法作简要概括，以提供教育实践选择；另外，对教育实践的经验作概括，抓住特点，则可得到个别的教育模式，以丰富教育理论。”④ 李定仁从教学程序与方法的视角总结：“教学模式是根据教学规律、教学思路而形成的在教学中必须遵循的稳固的教学程序与方法的策略体系，包含教学过程中各个要素的组合形式、教学程序及其他与之相关的策略。”⑤ 综合上述对教学模式的定义，笔者认为：教学模式是在一定教学理论指导之下，为完成特定的教学目标设计的，用来指导教学过程中各要素在特定教学环境中相互作用的一种教学实践活动框架，这种框架通常有具体可操作的活动程序，并可以从教学实践中经过反思升华成理论概述，反过来指导教学实践。教学模式的构建过程如图绪–1所示。

① Joyce, B. Weil, M. *Models of Teaching*, Second Edition, NJ: Prentice–Hall inc. , 1980, p 1.

② 保罗 · D. 埃金：《课堂教学策略》，王维城译，北京：教育科学出版社，1979年。

③ 张志勇等主编：《教学模式实验与研究》，北京：北京师范大学出版社，1992年。

④ 查有良：《教育模式》，北京：教育科学出版社，1993年。

⑤ 李定仁主编：《教学思想发展史略》，兰州：甘肃教育出版社，2004年，第271页。

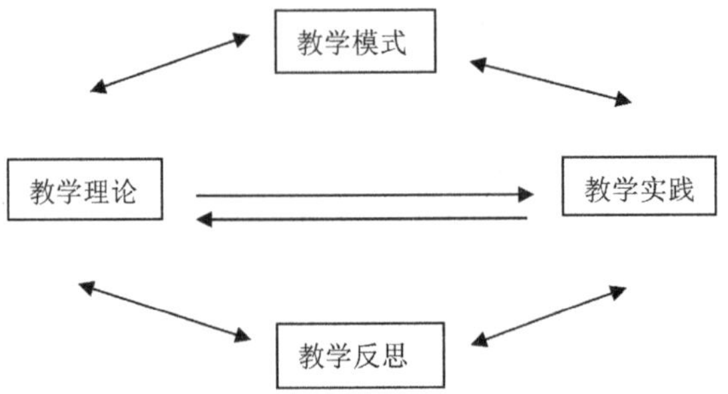

图绪-1　教学模式的构建过程

（2）教学模式的构成要素

教学模式由一定的要素构成。通常宏观的教学模式应该包含教学理论、教学目标、教学评价等课程体系要素，中观的教学模式除此之外还包括操作程序等课程具体实施要素，微观的教学模式除以上要素以外，还应该有对教学内容、教学策略等更为细致的描述。①

第一，教学理论。教学模式是建立在一定教学思想或教学理论基础之上的，现行的多样化的教学模式是教师不同教学理念的具体体现和教学经验的系统概括，为教师的课堂教学活动提供具体可操作的蓝本。

第二，教学目标。教学模式都是为完成一定教学目标专门设定的教学流程框架，明确的教学目标不仅可以帮助教师明确教学过程中学生需要达到的水平标准，并以此为依据设计课堂活动内容和课堂评价方式，也可以帮助学生了解教学过程可能对学生产生的影响以及他们需要努力的方向，合理的教学目标可以促进学生参与学习的积极性。

第三，操作程序。操作程序指特定的教学活动程序或逻辑步骤，是教学模式各要素之间互相联系和作用、排列组合得比较稳固的结构，明确在教学活动中师生应该先做什么，后做什么，以及各步骤需要完成的任

① 张俊英：《大学英语多维互动教学模式行动研究》，博士学位论文，上海外国语大学，2010年，第26页。

务。[1] 操作程序是教学模式得以存在的重要条件，可以根据实际的教学情景灵活变通。[2]

第四，教学条件。教学条件是指使教学模式产生效果的各种条件。[3] 教学条件有外部条件和内部条件两个方面。外部条件主要指教师的主导作用、教材、教学情境、教学资源、教学方法、教学手段等可以影响教学模式发挥功效的外部因素。内部条件主要指学生的主观能动性、情感意志、社会文化底蕴、潜能发展及个性特长等内部因素。教学效率的提升主要依赖于学生的内因，而外因可以对内因起推动和促进作用。[4]

第五，教学策略。教学策略是指教师在课堂上为达到教学目标而采取的一套特定的教学方式或方法，积极有效的教学策略是提高教学质量的重要途径。每种教学模式都有与之相适应的教学策略和方法。

第六，教学评价。教学评价也是教学模式的一项重要内容，包含教学评价的标准和方法。每个教学模式都要制定自己的评价体系，对教学过程、教学效果、学生发展进行诊断。在此过程中，教学模式也能不断得到充实与更新。[5]

（3）教学模式的分类

目前，国内外外语界学者比较认同安东尼（Anthony）按照approach, method和technique的层次对外语教学模式进行的分类：即把外语教学模式分为宏观教学模式、中观教学模式和微观教学模式三个层次。[6] 宏观模式是对于“语言本身是怎样构造的、语言知识如何在记忆中呈现、如何学

① 张志远编著：《英语课堂教学模式》，北京：中国物资出版社，2010年，第14页。

② 钟志贤：《大学教学模式革新：教学设计视域》，北京：教育科学出版社，2008年，第92页。

③ 许酉萍：《基于网络多媒体的大学英语教学模式的研究》，长春：吉林大学出版社，2017年，第31页。

④ 章兼中主编，《英语教学模式论》，福州：福建教育出版社，2016年，第5页。

⑤ 张志远编著：《英语课堂教学模式》，北京：中国物资出版社，2010年，第14页。

⑥ 张俊英：《大学英语多维互动教学模式行动研究》，博士学位论文，上海外国语大学，2010年，第26页。

习语言等普遍原理和理论的描述”，也就是王才仁所讲的“宏观模式是基于语言教学模式或英语教学过程层次的模式研究”。[①] 中观模式则是学校根据本校特点，为了对语言材料的有序传授而制定的总体规划，是基于英语教学理念、教学过程、教学手段、评价方法以及政策保证等的研究，对学校层面的教学过程的操作性的描述。微观教学模式主要是对于“教室里发生的具体教学技巧、策略等的描述，是一种moment-to-moment的操作技巧”。[②] 笔者认为，教学模式实质上是教学理论和实践的中介，是对教育过程组织方式的简要表述，既能指导教学实践，又能发展教育理论，通过教学反思在教学理论和教学实践中架构了沟通的桥梁。本研究中探讨的少数民族大学生“分层 — 探究”英语课堂教学模式是在微观层面上构建的，借鉴教育学和语言学的理论知识，以满足少数民族大学生学习需求为出发点，以发展学生的综合素养为基本目标，将教学理论融入英语课堂教学中，从教学目标、教学理论、教学程序、教学条件、教学策略和教学评价等多角度进行论述的英语教学理论框架。

五、文献综述

（一）国内外英语教学模式的演变与发展

1. 英语教学流派的演变过程

在过去近一个世纪的时间里，人们研究学习和教育的范式发生了重大改变。这些教学研究范式的更新，直接影响着与之对应的教育理论研究，即教学模式的更迭。[③] 概括起来，外语教育理论研究产生了三个对英语教学影响最大的流派：结构主义与行为主义学派，其教学法以“语法翻译

---

① 王才仁：《英语教学交际论》，南宁：广西教育出版社，1996年，第71页。

② Hubbard, P. et al. , *A Training Course for TEF*, Oxford: Oxford University Press, 1985.

③ 吴文：《英语教学生态模式研究》，博士学位论文，西南大学，2012年，第43页。

法”“直接法”和“听说法”为主要代表；理性主义与认知心理学派，其教学法以“认知法”为主要代表；社会语言学及功能学派，其教学法以“交际法”和“任务型教学法”为主要代表。英语教学流派的演变过程，也是教学模式的发展与创新的过程，反映出不同阶段社会与教育的发展情况。

（1）语法翻译法

语法翻译法是外语教学法中最古老且最具争议的教学方法，该方法的教学理念是：学习第二语言的目的是阅读典籍，所以“读写”应该作为教学的主要内容；学习第二语言的主要途径是通过母语翻译，所以阅读教学要围绕课文学习词汇，以母语为中介掌握词义并理解课文；应该以语法为纲，注重归纳，把句子作为教学的基本单位。① 伯恩（Byrne）将语法翻译法教学模式表述为presentation（呈现）— practice（练习）— produce（运用）（简称3P教学模式），他要求教师在教学中首先呈现或者描述语法结构或语言知识点，然后组织学生进行练习，使学生通过模仿练习，在掌握了新句型和正确发音的基础上，再要求学生自己运用上下文关联的语言情景来学习巩固新学的语言知识。② 语法翻译法在外语教学中一直占据主导地位，由于该方法简单易行，对教师外语能力要求较低，所以普适性较强，在教师队伍中有广泛的市场。但是这种方法的弊端也十分明显：片面强调语法规则的重要性，忽视了口语教学，妨碍了学生口语能力的发展。另外，语法翻译法过度强调教师的主导作用和课堂讲解作用，没有调动学习者的主动性，不利于学生自主学习能力的培养。

（2）直接法

直接法（Direct Method）也称“自然法”（Natural Method），产生于19世纪末的欧洲，该方法弥补了语法翻译法的不足，以日常生活中的口

---

① 武和平，武海霞编著：《外语教学方法与流派》，北京：外语教学与研究出版社，2014年，第13–14页。

② 吴文：《PTP教学模式及其在大学〈实用英语〉课程中的应用》，《文山师范高等专科学校学报》第17卷第2期，2004年6月15日，第152页。

语为出发点，避免使用文学作品中的书面语，教师可以运用图片、幻灯片和实物进行教学，学生通过实践活动，排除母语的干扰，达到直接掌握外语的目的。[①] 直接法的教学模式大致为：听 — 联想 — 实践 — 掌握，即从“听”入手，通过直观教学进行语言实践，达到强化巩固语言知识点的目的。该教学法重视培养学生的口语交际能力，在授课中完全避免母语的使用，但由于不教授语法规则，使得学生很难系统地掌握目的语的语言规则，加大了学习者语言学习的难度，费时低效。

（3）听说法

听说法起源于二战时期的“陆军法”，是部队为了快速培养外语人才的一种培训方法。由于培训效果较好，战后，这种方法被运用到学校的外语教学中，并于20世纪五六十年代风靡美国和西方各国家，发展成为语言教学史上具有里程碑意义的方法。听说法把“听说”放在首位，主张“听说”是一切语言活动的基础，并在此基础上培养学生的“读写”能力。听说法的基本教学模式是：听 — 机械地背诵 — 反复操练 — 理解性地使用，这种方法重视语言结构和规则的教学，同时也对学生的语言交际能力提出了一些基本要求，主张把外语作为主要的课堂教学用语，为学习者营造一个地道的外语环境，使学生自然地接受和应用外语。听说法十分有利于培养学生的外语应用能力，对现代外语教学仍然具有重要的启示意义和借鉴作用。但是，大量的操练容易使学生失去学习的主动性，过分强调听说能力也容易放松对学生读写能力的培养，不利于学生语言能力的全面提高。

（4）认知法

第一个提出认知法的是美国著名心理学家卡罗尔（Caroll）教授，与听说教学法的教学原则不同，他主张强调理解在教学语言结构中的重要

---

① 张静、杨佩聪、胡瑞娟主编：《现代英语教学的理论、实践与改革研究》，北京：中国水利水电出版社，2016年，第32页。

性，即学生应该在理解的基础上进行操练，而不是机械性地操练。[①] 随后奥苏泊尔（Ausubel）在其《教育心理学：一种认知观》一书中对有意义学习理论进行了阐释，他认为有意义的学习就是通过新旧知识的同化，在二者相互作用的过程中产生的。美国当代认知理论的代表布鲁纳（Bruner）提出了发现学习论，将认知发展理论与实际教学结合在一起，认为学习是学生主动地感知、领会和推理、促使已知信息编码系统的形成，编码过程包括获得、转换和评价，三个过程同时进行。[②]

在我国，认知法主要被运用于探讨中学生以上的成年人在非目的语语言环境中学习英语的过程和规律，吴进业和花清亮在《中国当代外语教学法》一书中总结了认知教学法运用在英语教学中应遵循的教学原则：①以学生为中心，学习者的内在因素具有决定作用；②在理解语言知识和规则的基础上操练外语，强调有意义的学习和有意义的操练；③主张听、说、读、写齐头并进，全面发展；④广泛利用直观教具和电化教学手段，使外语教学情景化、交际化；⑤适度利用母语辅助外语教学；⑥对学生的错误加以疏导，不必一味逢错必究。[③]

认知法最大的贡献是从心理学的理论论述外语教学，强调理解、有意义的学习和操练，重视调动学生的学习主动性、积极性，鼓励学生积极思维和创造性地运用外语进行交际活动，这些都对外语教学起到了积极的启示作用。但是认知法过分强调在理解语法规则的基础上进行外语教学，忽视了语言习得规律，不利于听说能力的培养。

（5）交际法

交际法产生于20世纪70年代，随着当时的社会语言学理论的发展，

---

① 袁春艳：《当代国际外语教学法发展研究》，博士学位论文，南京师范大学，2006年，第35页。

② 郭昱麟：《浅谈认知主义学习理论的研究及其应用》，《黑龙江科学》第6卷，2015年9月15日，第112页。

③ 吴进业、花清亮主编：《中国当代外语教学法》，郑州：河南大学出版社，2001年，第18–25页。

语言学家海姆斯（Hymes）和韩礼德（Halliday）得到普遍认可，“交际能力”在外语教学界引起了强烈的反响，交际教学法由此应运而生。交际教学法的一个主要立场是，如果让学生参与一个以意义为中心的交际任务，“语言学习就会自然而然发生”，大量真实语言的接触和使用语言的机会对学生的语言知识和语言技能的发展十分重要。与以往的教学方法相比，交际法最显著的特点是以语言的功能项目为纲，以学生的交际需求为出发点，强调语言教学过程中的交际化，突出语言学习的交流性和互动性。利特伍德（Littlewood）认为：“交际教学法使我们强烈地意识到只教会学生掌握语言的外部结构是不够的，学习者还必须掌握在真实环境中将这些语言结构运用于交际功能中的策略。”①

交际法的出现对现代外语教育的影响已经远远超出其方法本身，它发展成一个完整的语言教学体系，与之同时出现的是一个语言教学方法群（如沉默法、群体学习法、暗示法等）。② 但是交际法在使用过程中也暴露了一些问题，比如只注重语言的交际目的，忽略了外语语法的系统学习，使学生对语言基础知识的掌握相对欠缺。另外，由于交际法过于强调学习者口语能力的培养，导致学习者读写方面的能力较弱。

（6）任务型教学法

任务型教学法的理念最早是由普拉布（Prahbu）在1979年的英语交际教学实验项目中提出并开始普及的。他指出，在英语教学中不仅需要专注学生的语言知识，了解语义，还需要通过完成说与做的任务，促进语言的认识、吸收和运用的过程。③ 努南（Nunan）把任务型教学法定义为：“在英语语言学习过程中，学习者通过教师提出的一系列课堂活动，使用

---

① Littlewood, W. , *Communicative Language Teaching: An introduction*. Cambridge: Cambridge University Press, 1981, p5.

② 武和平、武海霞编著:《外语教学方法与流派》，北京：外语教学与研究出版社，2014年，第83页。

③ Prabhu N. S. , *Second Language Pedagogy*, Oxford: Oxford University Press, 1998.

其对语言理解、推论演绎和交际的能力，输入和输出并获得语言成果。”①威利斯（Willis）在*A Framework for Task-based Learning*一书提出了任务型教学法的三个步骤（PTP）：前任务（pre-task），任务环（task-cycle）和后任务（post-task）。② 威利斯还对传统的3P教学法进行了分析，认为与传统的教学方法相比，任务型教学法更加突出表达环节，增加了学生参与活动的机会，有利于学生主动探索语言。“任务型教学法最大的特点就是真实性”，③ 在完成任务的过程中，由于都是学生自己查阅和收集语言材料，通过学习真实的语言材料，可以缩小学生课堂知识与现实世界实际问题的差距，有助于学生今后运用语言解决实际问题。

随着语言研究、二语习得研究的不断深入，任务型教学法不断改善，日趋成熟，成为近二十年来最有影响力的语言教学法。但是任务型教学法也存在一些问题，比如学生对于完成英语学习任务的接受程度，该教学模式可操作性等方面的问题。

2. 英语教学模式的发展趋势与问题

20世纪末，随着英语教学实践与理论研究的迅速发展，人们对英语作为外语教学的认识已经超越了上述三大流派的范畴，在教育学和心理学领域影响深远的建构主义学派成为英语教学领域占主导地位的教学观。④建构主义教学观强调学生在学习过程中的重要性，认为学习并不是从教师向学生的单向传递，而是学生自己主动建构知识的过程。⑤ 建构主义教学观冲击了以教师为中心，以强调学生模仿与机械操练为特征的传统外语教学观，使英语教学从以教师为中心的传统模式向以学生为中心的教学模式

---

① Nunan, D. , *Tasks-based Language Teaching*, Cambridge: Cambridge University Press, 2004.

② Willis, J. , *A framework for Task -based Learning*. Longman: Longman Inc. 1996.

③ 吴文：《任务型教学法的产生发展及反思》，《文山师范高等专科学校学报》第17卷第3期，2004年9月15日，第159页。

④ 谭伟民：《我国小学英语教学模式研究 —— 移植、重构与超越》，北京：外语教学与研究出版社，2015年，第26页。

⑤ 钟启泉编著：《现代课程论》，上海：上海教育出版社，1989年，第68页。

转变，从传统的“自下而上”技能型教学模式向“自上而下”的基于话题的教学模式转变。[①] 新型的教学模式强调学生的积极参与与体验，强调采取多种形式的教学活动在尽量真实的环境中进行交际，以培养学生的综合语言运用能力和解决问题的能力；另一方面，新型的教学模式也提倡教师引导下的学生自我指导、自我评价和合作学习，强调教师要为学生的自主学习和合作学习营造良好的环境。英语教学模式发展的另一个特点，是从追求一种有效的单一模式向根据学习者需求的差异和教师的不同特点追求多种教学模式的折衷和融合，这种模式被称为“折衷模式”（the Eclectic Approach）。[②] 折衷教学模式是以语言习得和教学理论为基础，对适合教学对象和教学情境的多种教学模式的组合，它认为教学模式与教学实践的互动才是有效教学产生的关键。[③]

从英语教学模式的发展趋势可以看出，任何一种教学模式的产生，都与外语教学实践密切相关。总的来说，英语教学模式的种类趋向多样化，教学模式的形成途径趋向演绎化，教学模式的师生地位趋向合作化，教学模式的操作程序趋向灵活化，教学模式的技术手段趋向现代化，教学模式的研究发展趋向精细化。[④] 我国学者王才仁指出：“近十年来，人们认识到外语教学是一个系统，必须从构成这个系统的各个变体的相互作用中寻求规律，特别是由于外部环境不同，学生需要存在差别，必然表现为教学目的要求上的差异。因此应当寻求地方性特点和要求，找出区域性的教学规律，构想各种不同的教学模式。”[⑤]

---

① Shrum, J. L., Glisan, E. W., *Teacher's Handbook: Contextualized Language Instruction*. Beijing: Foreign Language Teaching and Research Press, 2004, pp34–37.

② Tarone, E., Yule, G., *Focus on Language Learner*, Shanghai: Shanghai Foreign Language Education Press, 2001, p11.

③ Brown, H. D., *Teaching by Principle: An Interactive Approach to Language Pedagogy*. Beijing: Foreign Language Teaching and Research Press, 2001, p75.

④ 李如密：《关于教学模式若干理论问题的探讨》，《课程・教材・教法》第4期，1996年4月20日，第28–29页。

⑤ 王才仁：《英语教学交际论》，南宁：广西教育出版社，1996年，第64页。

尽管部分高校已经开始积极探索适合新时期学生需求的教学模式，但是不同学校、不同教师的教学模式各有侧重，宏观抽象有余、微观具体不足，缺乏立体化的可操作性强的教学模式设计。孙龙国认为教学模式的实践和理论研究普遍存在以下五个问题：①对教学模式的理性化研究不多；②对教学模式的综合化研究不多；③对教学模式研究的简明性不足；④教学模式研究的应用性不强；⑤教学模式建构的侧重点不准。[①] 因此，教学模式改革的深化应该建立在教学实践的总结和探索的基础上，通过研究“教与学”的过程，深入剖析不同教学主体的需求和特点，对教学模式中的各要素进行全面改进。

（二）少数民族大学生英语教学文献综述

1. 少数民族大学生英语学习特点研究

少数民族大学生的英语学习属于三种语言相互融合和三语接触环境下的第三语言习得范畴，与汉族大学生在跨语言影响、学习心理、学习策略和习得障碍等方面有差异，把握这些学习特点对研究少数民族大学生英语教学、发展适宜少数民族大学生的教学模式起到至关重要的作用。对少数民族学生英语学习的研究应该借鉴三语习得的研究方法和理论，三语习得理论是在对第三语言习得过程及其规律的研究基础上提出来的，这些理论虽然不能直接被用来解决英语课堂中的实际问题，但它们对英语教学有一定的启发和指导意义。[②] 对少数民族大学生英语学习特点的研究可以归纳为以下几个方面。

（1）跨语言影响研究

三语习得的研究是在二语习得研究的基础上，由迁移理论发展兴起的

---

① 孙龙国：《以学定教：“自主—服务”教学模式的建构与应用》，郑州：郑州大学出版社，2016年，第3–4页。

② 杨廷友、卢毅：《大学英语教学与语言习得、学得》，《四川警察高等专科学校学报》第17卷第2期，2005年4月20日，第97页。

新的研究领域，跨语言影响是它的一个重要内容。研究发现，在少数民族学生学习英语的过程中母语（L1）和汉语（L2）都对英语（L3）产生了不同程度的影响，其中一部分研究是围绕L1的影响展开的，另一部分主要研究L2对L3的跨语言影响。为了找到新疆维吾尔族双语生在已习得汉语的基础上如何更高效地学习第三种语言——英语的关键，盛晖对新疆三所重点高校的200名大学二年级维吾尔族双语学生进行了四项测试：英语词汇、英语语法、维吾尔语英语互译以及汉英互译，他发现维吾尔语词汇中的英语外来词，对学生的词汇学习有正迁移作用，而汉语的正迁移则较少。维吾尔语的语法结构，严重影响着学习者的英语输出或对英语句子的理解，产生着较大负迁移作用。汉语在语序结构和英语有许多重合的地方，因而对英语学习产生正迁移作用。[①] 巴哈小古丽通过实证调查发现，①语言负迁移现象存在于维吾尔族大学生英语学习的各个层面；②维吾尔族大学生受母语负迁移的影响比较大；③英语成绩不好且自卑心理重的学生受母语影响比较大；④民考民维吾尔族大学生受到母语的影响要大于民考汉学生，民考汉维吾尔族大学生受到来自汉语的影响大于民考民学生。[②] 语言迁移是原属于心理学的一个术语，是指已经获得的知识、经验对学习新知识的影响。当母语的某些规则与目的语的规则相类似或完全相同时出现正迁移，正迁移对外语习得具有促进作用。格根图娅在其研究中发现，由于蒙古语和英语存在一定的相似之处，蒙古语在英语学习中能够起到帮助作用，特别是在语音、词汇和语法方面，因此教师应该充分了解蒙古族学生的语言基础和学习背景，正确引导其对英语的认识，鼓励学生利用已有的母语知识，使用对比和分析的方法，对所获取的英语信息进行

---

① 盛晖：《三语习得视阈下的少数民族英语教学模式研究——以新疆维吾尔族“双语生”的英语教学为例》，《海外英语》，2015年6月8日，第22页。

② 巴哈小古丽：《母语对新疆维吾尔族学生英语学习的迁移作用》，硕士学位论文，上海外国语大学，2008年，第50页。

编码和加工，从而达到掌握英语的目的。①

（2）心理因素研究

在少数民族大学生的英语习得过程中，除了受到来自L1（母语）和L2（汉语）的语际影响，学习者的心理因素，如学习动机和情感因素，也是影响学习效果的主要因素。英语学习动机对学习者产生直接的影响，是英语学习成败的关键因素之一。吴霞的研究结果表明，一半的维吾尔族大学生持深层英语学习动机，有相当一部分学生持表层的工具型学习动机，没有将英语视为交际工具，造成学生英语学习热情不高，容易产生"倦怠情绪"。② 情感因素在学习过程中起到调节作用，学习者的自信心、自尊、兴趣等积极的情感因素能够使学生的潜力得到有效发挥，相反，消极情绪如焦虑、失望等会阻碍学生英语学习的能力发展。次旦通过教学实践、观察、访谈等实地调研，发现很多藏族大学生在学习英语过程中，普遍存在自信心缺乏、学习主动性不够、课堂上出现过度焦虑情绪等动机偏低倾向，并提出了相应的对策。③ 余玲以蒙古族大学生为例，探讨了在大学英语教学中，应该充分调动学生积极的情感因素，降低消极情感因素对于语言学习所产生的障碍，以取得理想的教学效果。④

（3）学习策略研究

学习策略研究的目的是帮助学习者控制学习的信息加工系统以便更好地存储和提取信息，探讨学习策略的运用规律可以加强对学习者认知的认识，有利于英语教学实践。全鸿翎对新疆少数民族大学生英语学习策略的

① 格根图娅：《蒙古族学生英语学习中母语的正迁移作用探析》，《语文学刊》（外语教育教学）第4期，2014年4月25日，第146页。

② 吴霞：《维吾尔族学生英语学习观念和动机的调查》，《新疆大学学报（社会科学版）》2003年第31卷增刊，2003年12月30日，第126–130页。

③ 次旦：《藏族大学生英语学习动机影响因素及策略》，《宿州教育学院学报》第17卷第5期，2014年10月20日，第151页。

④ 余玲：《情感过滤假说对蒙古族大学生英语教学的启发》，《赤峰学院学报（汉文哲学社会科学版）》第28卷第6期，2007年12月25日，第169页。

应用情况做了调查，发现学生在学习外语的过程中，缺乏自我管控意识，不会合理确立目标，制定学习计划和选择适合的学习方法，很难监控自己的学习过程和进行自我评价。① 关于学生自主学习能力方面，敖登、涛歌通过分析蒙古族大学生网络自主学习的状况及问题，分别探讨了形成性评价对蒙古族大学生网络英语自主学习能力的培养作用以及蒙古族大学生在多媒体网络环境下培养其自主学习能力的策略。② 李雪萍通过问卷调查和统计分析对英语专业蒙古、汉两个自然班学生进行了词汇学习策略的对比研究，结果发现：（1）词汇学习观念上蒙古族、汉族大学生观点类似，均明显反对机械记忆，蒙古族大学生更倾向于通过运用来学习词汇；（2）词汇策略使用上，蒙古族、汉族大学生广泛运用认知策略，元认知策略运用较少，社会/情感策略使用频率最低，蒙古族大学生各个次策略使用的平均值均低于汉族大学生；（3）蒙古族、汉族大学生词汇学习策略使用存在较大差异性。③ 李育卫通过对民族地区大学生英语词汇学习现状进行调查的分析，并结合当前民族地区大学英语词汇教学的相关研究成果，对在民族地区英语词汇教学中如何使用元认知学习策略进行探讨。发现在词汇教学过程中，外语教师通过不断向学生传授元认知策略知识和开展元认知策略，可以使词汇教学取得更好的效果。外语教师可以尝试帮助学生更加明确自己学习英语词汇的目标和需要，指导他们制定切实可行的英语词汇学习计划。同时，在英语词汇学习过程中，教师应该不断帮助学生了解自己英语词汇学习中的进步与不足，鼓励他们总结和寻找适合自己的英语词汇学习方法和策略，积极参加课内外英语词汇学习活动，不断拓宽他们英语

---

① 全鸿翎：《新疆师范大学民考民/民考汉少数民族学生外语学习过程中学习策略应用的调查报告》，《新疆师范大学学报（哲学社会科学版）》第27卷第4期，2006年12月30日，第129–133页。

② 熬登、涛歌：《形成性评价对于蒙古族大学生英语网络自主学习能力的培养作用研究》，《语文学刊》（外语教育教学）第10期，2015年10月5日，第112页。

③ 李雪萍：《英语专业蒙、汉大学生词汇学习策略对比研究》，《教学研究》第37卷第4期，2014年7月31日，第23页。

词汇学习的渠道。此外，外语教师还可以定期组织英语词汇学习经验交流会，并帮助他们经常对自己英语词汇学习的效果进行评价。①

（4）文化冲突影响研究

少数民族在发展的过程中，受其所处的独特地域、社会意识形态和风土人情等诸多因素的影响，形成了本民族特有的文化体系。② 少数民族大学生从自己熟悉的母体文化进入一个新的三语环境后不得不面对语言沟通不畅和跨文化适应的影响，造成比汉族学生更多的“文化诧异”现象，影响英语学习效果。韩奉录从宗教的角度分析了文化差异对语言习得的影响，他认为维吾尔族学生受到伊斯兰教的影响，宗教作为一种传统影响着他们的思维方式和行为，使其产生依赖感，这种依赖使维吾尔族学生学习英语时，对一些与西方宗教有关的习语和说法感到困惑。比如，西方圣经中的Adam’s apple，学生就不能理解为什么喉结和苹果有关。③ 黄涛以恩施土家族苗族自治州为例，基于民族地区高校英语教学中“少数民族文化失语”这一议题，从“少数民族文化失语”的表征和“少数民族文化失语”的出路两方面展开论述，发现培养学生少数民族文化的跨文化交际能力和弘扬少数民族文化自信是我国民族地区大学英语教学走出“少数民族文化失语”的必经之路。④

（5）语言基础障碍研究

由于民族地区对英语教学重视程度不够，开课时间不一致，所以大部分少数民族大学生没有扎实的英语基础，缺乏系统性的英语学习，相对于

① 李育卫：《元认知学习策略与少数民族地区大学英语词汇教学》，《海外英语》第17期，2016年10月17日，第62页。

② 龙玉红、段涛涛：《新疆高校少数民族英语教学改革与创新研究》，《语言与翻译（汉文）》第4期，2010年11月15日，第61页。

③ 韩奉录：《三语教学中的文化因素》，《赤峰学院学报（自然科学版）》第29卷第7期，2013年7月10日，第266–267页。

④ 黄涛：《鄂西地区高校教学中“少数民族文化失语”研究》，《文学教育（下）》第8期，2020年8月20日，第68页。

一直接受规范英语教育的汉族学生而言，少数民族大学生的英语基础对其英语学习造成了极大的障碍，使得很多学生进入大学后只能从零起点开始学习英语，无法达到参加英语四、六级考试的水平。此外，由于相当一部分少数民族大学生在进入大学时汉语水平较低，影响了这部分学生英语课的听课效果。① 新疆少数民族大学生起始水平差异大也是阻碍其英语水平发展的重要因素之一。卢鸿进在分析塔里木大学少数民族英语学习情况时对学生的英语基础情况进行了统计，数据显示，该校少数民族大学生英语学习时间不超过五年的居多，大部分在上大学之前没有接触过英语。在170个观察的对象中，从未学习过英语的有110人，占64.70%，学习过一到两年的有44人，占25.88%，三到五年的有12人，占7.06%，五年以上的仅有3人，约占1.76%。② 由于学生的水平和素质方面存在严重的不平衡现象，教师不能根据学生的个体差异实施有针对性的教学，致使学生出现厌学、弃学的情况，现阶段基础教学无法充分调动学生的积极性和主动性。③

2. 少数民族大学生英语教学现状研究

少数民族大学生的英语教学现状研究主要围绕教学和师资问题展开。

（1）教学问题

针对新疆少数民族大学生英语教学层面上的研究以课程设置和具体教学过程中出现的问题为主。“新疆高校大学英语教学现状与发展”课题组对新疆17所高校外语教学状况的调查研究显示：为少数民族开设英语课的共有8所高校，占高校总数的47%，其中有63%的学校以选修课的形式为少数民族大学生开设英语课，其余学校开设的是实验班、试点班以及英

① 张向辉：《新疆少数民族大学生英语学习障碍分析》，《新疆财经大学学报》第4期，2010年12月15日，第82页。

② 卢鸿进、徐英、严兆府：《新疆少数民族大学生学习现状调查与分析 —— 以塔里木大学为例》，《塔里木大学学报》第25卷第2期，2013年6月15日，第87页。

③ 文华俊：《新疆维吾尔族“民考民”学生英语学习现状调查研究》，博士学位论文，中央民族大学，2013年，第18页。

语必修课。81%的学校为少数民族大学生开设英语课时没有制定专门的教学大纲，其余学校参照汉族中学和大学简单制定了少数民族英语教学要求和教学目标。少数民族学生英语周学时数不统一，一般低年级4—6学时，高年级2—3学时，每周2学时的占28.6%，3学时的占14%（分单双周授课），4学时的占43.4%，6学时的占14.3%。[①] 张彻在对南疆地区大学英语课堂教学问题的研究中总结出教学过程中的各要素不能和谐发展，严重影响了英语教学活动的有效性，其中教学层面的问题包括：①教学目标不具体，制定过程过于盲目，不符合学生自身发展要求；②教学内容选择缺乏严谨性，容易对大学生思想造成负面影响；③过度倚重隐性评价导致教学评价失去预期效果；④教师在课堂中多采用以教授活动为主的方法，导致学生课堂参与度不高。另外在教学管理层面，他认为课程设置不合理以及外部环境中的不良因素都会给少数民族大学生英语教学质量带来不利影响。[②]

（2）师资问题

新疆地区教育教学水平不高，本民族懂英语的人数少，导致外语教师严重缺乏。吴秀琴研究发现，在新疆高校英语教学的师资力量中，少数民族教师仅占17%，汉族教师占83%，少数民族大学生英语教学需要大量汉族教师共同承担，不利于维吾尔族大学生“零起点”英语课程的开展。[③] 汉族英语教师不懂民族语言，在课堂语言使用上不能灵活地实施语码转换，无法满足具有不同民族、教育背景和语言结构的学生的需求。[④] 闵宝

① 吴秀琴：《新疆少数民族大学生“零起点”大学英语教学探索与实践》，《外语界》第1期，2000年3月1日，第43页。

② 张彻：《南疆地区大学英语课程教学现状及对策分析——以K学院为例》，硕士学位论文，喀什师范学院，2013年，第16–17页。

③ 吴秀琴：《新疆少数民族大学生“零起点”大学英语教学探索与实践》，《外语界》第1期，2000年3月1日，第42页。

④ 王绍美：《双语教育背景下少数民族预科英语教学探讨——以陕西师范大学新疆少数民族预科教学为例》，《英语教师》第18期，2017年9月25日，第128页。

霓认为：民族班英语教师以年轻教师居多，缺乏足够教学经验，不了解少数民族学生心理特点和生活习惯，有些教师跟学生还有语言沟通上的障碍，从而导致少数民族学生学习英语特别困难。①

3. 少数民族大学生英语教学研究的局限与不足

通过对少数民族大学生英语教学研究的梳理我们可以看出，随着英语教学改革的不断深化，少数民族大学生英语教学研究取得了一定进展，但研究反映出来的问题也很明显。第一，上述研究成果大部分集中在少数民族大学生英语学习和教学方面出现的问题，忽略了少数民族群体内部诸多差异，研究常常流于一般化，研究成果普遍适用于任何地区和民族的英语教学特点，研究结论缺乏针对性，② 对于从根本上改进少数民族大学生英语教学的借鉴意义不大。第二，此类研究的大部分研究者为民族地区大学英语教师，研究群体也以民族地区某高校的学生为主，对内地民族院校英语班的少数民族大学生研究不足，研究缺乏全面性，影响了少数民族大学生英语教学改革的整体思路。第三，对少数民族大学生英语教学问题的研究偏重从宏观的角度进行现状调查，很少有学者从微观的层面进行实证研究，提出有实践意义的教学改进方法，研究成果对少数民族大学生英语教学理论的发展没有实质性贡献，既无法指导教学实践，也不能在教学实践中得到充实和检验。③ 第四，研究方法过于单一。教育教学研究既是一项理论研究，也是一项实践应用型研究，方法的运用十分重要。目前大多数此类研究采用的方法是定量分析，通过发放问卷来获取少数民族大学生英语教与学特点的一手资料，这种方法虽然有利于对特定群体进行比较分析，但是缺乏对学习者进行个体差异性的细节描述，研究缺乏深度。

---

① 闵宝霓：《新疆少数民族学生大学英语教学模式探究》，《咸宁学院学报》第31卷第10期，2011年10月15日，第109页。

② 李丹河：《浅谈少数民族大学生英语习得》，《云南民族学院学报（哲学社会科学版）》第19卷第2期，2002年4月25日，第120页。

③ 周晓梅：《云南高校少数民族大学生英语学习困难因素探析》，《贵州民族研究》第33卷第3期，2012年6月25日，第198页。

六、研究方法

（一）行动研究

本研究选择行动研究的研究方法，主要因为它是一种实践性的研究形式，旨在提高人们对所从事的教育实践活动的理性认识，着眼于提高课堂生活中教育活动的质量、改进教育实践，它不仅让研究者获取“是什么”的知识，还要让研究者懂得“如何做”和“为什么做”的知识。[①] 行动研究提倡“教师即研究者”，[②] 在行动研究的过程中，教师是研究的设计者、实施者、评价者和使用者，教师通过对自己的教学行动进行系统的观察和不断反思，发现和提出问题，确定和采取措施去解决问题，在解决问题的过程中观察和收集数据，分析和评估效果，继而发现和提出新问题，使教学研究呈螺旋状持续发展下去，达到改进教学方法、提高教学效果的目的。[③] 被人们广泛接受的行动研究的定义有很多，其中澳大利亚学者凯密斯（Kemmis）和麦克塔克特（McTaggart）提出的定义更好地诠释了行动研究的核心内涵：“行动研究是一种自我反思的方式，社会工作者和教育工作者通过这种方式来提高他们：①对自身从事的社会或教育事业的理性认识和正确评价；②对自己的工作过程的理性认识和正确评价；③对自己的工作环境的理性认识和正确评价。”[④]

由此可见，行动研究的关键是行动者在行动与反思之间建立起联系，使“行动”和“研究”相结合，即在实践中发现问题，在反思中探讨新的

---

① 王攀峰：《行动研究的理论与方法》，北京：首都师范大学出版社，2013年，第21页。

② Stenhouse, L. , “Research as a Basis for Teaching [Inaugual lecture, University of East Anglia]” , in Stenhouse, L. , ed. , *Authority, Education and Emancipation*, NH: Heinemann, 1983, pp177–195.

③ 王蔷、张虹：《英语教师行动研究（修订版）》，北京：外语教学与研究出版社，2014年，第4–5页。

④ Kemmis, S. , McTaggart, R. , *The Action Research Planner*, Geelong, Victoria: Deakin University Press, 1982, p5.

观点和方法，进而在行动中改进实践。在教学行动研究中，它鼓励教师加强对自己教学目标、教学过程和教学效果的关注，对自己的教学实践不断提出质疑。麦克尼弗（McNiff）指出，行动研究的社会基础是参与性，它要求教师本人直接参与设计与实施计划；行动研究的教育基础是改进教育实践，因为行动研究会不断地改善工作环境和工作效果；行动研究的哲学基础是对人的个体性尊重，它始终重视教师和学生在教学和学习中的感受，力求使学生成为最直接的受益者的同时促进教师的专业发展。① 综合研究者对行动研究方法和特征的描述，笔者尝试从研究者、研究对象、研究内容、研究方法和研究目的等几个方面对教学行动研究的主要含义进行概括：①教学行动研究是通过反思和行动来改进教育实践的一种研究方式，研究者是教师本人，研究对象应该是教师自己的学生和教学活动；②在教学行动研究中，教师提出在教学实践中遇到的非常具体的问题或者自己非常希望解决的问题作为研究内容；③教学行动研究采用的是一种自我反思的方式，教师通过对自己教育理念和教学方法的质疑，在反思中得到启示，设计行动计划；④教学行动研究采取自下而上的行动方法，由教师直接参与研究，在实施计划中观察教学改进的效果；⑤教师对行动的过程和结果进行反思，并将研究成果运用到实践中，达到生成实践性理论和进行理论推广的研究目的。

行动研究在发展的过程中出现过很多不同的实践模式，比如凯密（Kemmis）和麦克塔克特（McTaggart）认为行动研究是一个螺旋发展的过程，包括计划、实施、观察和反思四个基本环节。②（图绪–2）

① McNiff, J. , *Action Research, Principles and Practice*, London: Mcmillan Education, 1988.

② Kemmis, S. , McTaggart, R. , *The Action Research Planner*, Geelong, Victoria: Deakin University Press. 1982, p16.

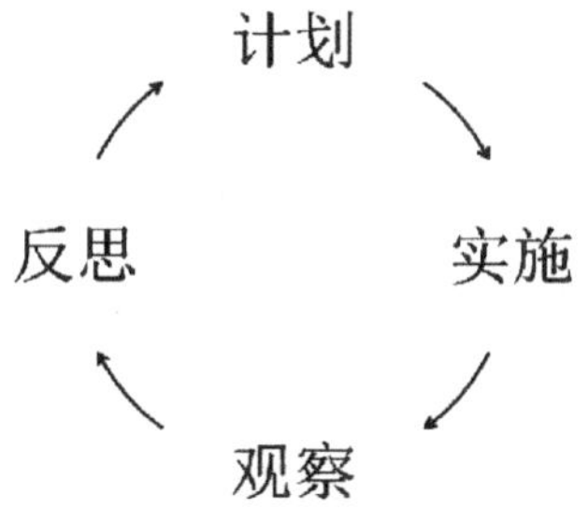

图绪-2　行动研究的基本环节

其中计划是行动研究的第一个环节，在进行大量调查研究的基础上，以解决问题的需要为开端，是研究者为寻找解决问题的办法而创建的“路线图”。实施行动计划是行动研究的第二个环节，即将行动计划付诸实践，是解决研究问题的实际操作过程，也是后续的观察和反思的实践基础。观察是行动研究的第三个环节，在执行行动计划的过程中，研究者观察并记录实施的效果，以便清晰地了解研究计划执行的进度和具体情况，为反思评价提供有用信息。反思是行动研究一个循环周期的结束，又是过渡到另一个循环周期的中介。研究者需要描述本循环过程的结果，并且做出判断评价，找出计划与结果的不一致性，从而形成基本设想，对下一步计划进行修正。[①]

努南（Nunan）以第二语言和外语教学环境为例，认为行动研究的步骤应该分为：①发现问题/感觉疑惑；②初步调查；③提出假设；④计划干预；⑤结果；⑥报告结果。[②] 北京师范大学的王蔷教授将行动研究过程归纳为两种类型，即开放型研究过程和定向型研究过程。她认为行动研究

① 张选民:《对“行动研究”的研究》,《华东师范大学学报（教育科学版）》第1期，1992年3月20日，第66–67页。

② Nunan, D. , “Action Research in Language Education,” in Edge, J. , Richards, K. , eds, *Teacher Develop Teachers Research: Papers on Classroom Research and Teacher Development*, Oxford: Heinemann, 1993, pp41–42.

的过程应该根据具体的情况和情境来决定，但是任何过程都需要不断地观察、监控、分析、调整和反思。开放型行动研究一般分为三个步骤：第一步是提出问题，研究者对教学行动进行系统的观察发现并提出问题，通过反思找出导致问题的可能性原因；第二步是前期调研，研究者对发现的问题进行详细的调查研究，进行认真反思后确认问题；第三步是在前期调研的基础上设计和实施行动计划，并在实施过程中一边收集数据，一边监控、分析与调整。①

本研究是针对中央民族大学基础级英语班的少数民族大学生进行的探索性质的教学实践型研究，在英语课堂教学中发现问题，希望通过行动研究找到解决问题的方法并在实践中进行检验和改进，因此本研究将借鉴王蔷教授的开放型行动研究步骤以及凯密斯（Kemmis）和麦克塔克特（McTaggart）提出的行动研究基本环节进行研究设计，使行动研究的过程呈现出不断上升的螺旋式发展趋势。

（二）研究设计

1. 研究场景选择

本研究在中央民族大学进行，中央民族大学位于北京市，是一所面向全国56个民族的民族类重点大学，少数民族大学生的比例为48.4%。建校以来，中央民族大学为国家输送了10万余名各民族毕业生，这些学生在不同的岗位上为国家的民族团结与发展事业做出了突出的贡献。

目前，中央民族大学英语课程体系主要分为三个类别：基础级英语类（针对民族地区生源）、初级英语类（针对艺体类生源）、中高级英语类（针对普通生源），学校对基础级英语类和初级英语类的学生没有通过大学英语四级考试的要求，这些学生也不需要参加英语入学分级考试，直接根据所在院系进行英语班级的划分，如中央民族大学少数民族语言文学

① 王蔷、张虹：《英语教师行动研究（修订版）》，北京：外语教学与研究出版社，2014年，第27–28页。

学院的学生直接划为基础级英语类，其中包含维吾尔族、哈萨克族、蒙古族和藏族的学生。2014年中央民族大学根据教育部颁布的《大学英语课程教学要求》制定了适合本校实际情况的《本科英语课程教学大纲》，其中包括大学英语基础级的课程纲要，规定基础级英语课程类型为公共必修课，周课时为4课时（分别是读写2课时，听说2课时），授课周期为4个学期（分别对应一级、二级、三级、四级），授课教材为外语教学与研究出版社出版的《零起点大学英语基础教程》（修订版）系列教材，授课教师可以根据学生的实际水平和需要调整教材，基础级英语班的考核采取任课教师自命题的方式。中央民族大学基础级英语班的班容量为40—50人，课堂授课侧重语言基础教学，并在此基础上逐步提高少数民族大学生的听、说、读、写等英语语言应用能力。

近年来，民族地区的招生生源正逐步由民考民学生向双语学生过渡，中央民族大学基础级英语班生源构成主要是少数民族双语大学生和少部分民考民大学生（民考汉大学生一般划分到中高级英语班）。本研究是以中央民族大学基础级英语班为例进行的探索性研究，研究选取的对象是基础级英语班特点比较突出的少数民族双语大学生，民考汉类和民考民类学生不在本次研究之列。

2. 研究对象的代码编制

本研究的研究对象是笔者执教的中央民族大学2015级大学英语基础级英语班的少数民族大学生，该班有41名少数民族双语大学生，分别来自中国少数民族语言文学学院维吾尔语言文学系和蒙古语言文学系，男女学生比例为1:3。该班学生年龄集中在19—22岁之间（民族地区有的学生上学晚一年，有的学生复读一年考上大学），他们中大多数已经通过汉语MHK四级考试（国家汉语等级水平测试），汉语交流无障碍。该班学生具有少数民族学生的典型特点，活泼开朗、热情好动、能歌善舞，大多数学生有提高英语水平的强烈愿望。

为了加深对基础级英语班每一个学生的了解，2017年5月笔者在对该班学生进行英语期中口语测试的时候，通过一对一半结构式访谈的方式对所有研究对象进行了基本信息的采集工作（访谈提纲参见附录一），并且经过学生的允许对此次口语测试和访谈进行了录音。在后期整理资料时，笔者为基础级英语班的所有学生编制了代码，并增加了研究对象的其他信息形成下面的代码表。代码编制的原则是“民族+学生+序号”，代码中的“U”是“Uyghurian”的缩写，代表学生的专业是“维吾尔语言文学”，“M”是“Mongolian”的缩写，代表学生的专业是“蒙古语言文学”，“S”是“student”的缩写，代表学生。为了方便对学生进行分类，代码表中还包含了学生的基本信息，如性别、民族、英语学习起始时间、学习成绩、课堂成绩和特别说明。其中英语学习起始时间为学生最早开始在校学习英语的时间，学习成绩是2017年5月份（第二学期）的期中考试（口试）成绩和6月份全校统一进行的基础级英语期末考试（笔试）成绩的综合成绩（基础级考试采取任课教师自命题的方式，考虑到基础级学生英语水平比普通班学生低，所以考试题目难度相对有所降低），课堂成绩是学生出勤、完成作业和课堂表现成绩的总和，即该班学生第二学期的平时成绩，该成绩可以较好地反映学生参与英语课堂的积极程度，学习成绩和课堂成绩均已换算为百分制。具体研究对象代码如表绪-1所示。

表绪-1　研究对象代码表

代码	性别	民族	英语学习起始时间	学习成绩	课堂成绩	特别说明
US01	女	维吾尔族	大学	41分	23分	基础薄弱，上课几乎听不懂，性格腼腆
US02	女	维吾尔族	小学	86分	43分	口语流利，看美剧学英语
US03	男	维吾尔族	大学	50分	33分	上课听不懂，用维吾尔语思维
US04	女	维吾尔族	高中	69分	77分	基础薄弱，学习认真，性格沉稳

续表

代码	性别	民族	英语学习起始时间	学习成绩	课堂成绩	特别说明
US05	女	维吾尔族	高中	52分	67分	学习不够认真，上课不认真
US06	女	维吾尔族	初中	88分	100分	性格活泼，领悟性强
US07	女	维吾尔族	初中	57分	83分	性格活泼，基础薄弱
US08	女	维吾尔族	初中	61分	73分	基础薄弱，上课认真，认为上课难度大
US09	女	维吾尔族	小学	78分	100分	上课非常积极，认识到英语学习重要性，用汉语思维
US10	女	维吾尔族	初中	82分	100分	上课积极努力，自学能力强
US11	男	维吾尔族	小学	45分	60分	小时候英语学习过程中受到挫折，所以现在不喜欢英语
US12	女	维吾尔族	大学	82分	80分	上课认真，口语交流较好，语法基础不扎实
US13	男	维吾尔族	大学	68分	100分	基础薄弱，上课认真
US14	男	维吾尔族	大学	58分	50分	上课不认真，讨厌英语学习
US15	男	维吾尔族	小学	83分	50分	学过朗文英语，看美剧学英语，口语较好，但是上课不认真，出勤率低
US16	男	维吾尔族	小学	80分	100分	学习特别认真，喜欢学习《新概念英语》
US17	女	维吾尔族	高中	58分	17分	出勤率不高，对英语不感兴趣，母语思维
US18	女	维吾尔族	初中	77分	67分	基础较好，学过剑桥英语，但是总觉得学不会英语，所以不喜欢，上课不积极
US19	女	维吾尔族	高中	68分	47分	出勤率低，对英语学习不感兴趣，喜欢土耳其语

续表

代码	性别	民族	英语学习起始时间	学习成绩	课堂成绩	特别说明
US20	女	维吾尔族	小学	77分	15分	出勤率非常低，迫于家庭的压力学习英语，所以特别反感英语
US21	女	维吾尔族	小学	86分	100分	自学英语，准备考英语四级
US22	女	维吾尔族	高中	60分	60分	基础薄弱，非常努力，通过网站自学英语，但效果不佳
US23	男	维吾尔族	大学	48分	67分	上课不积极，准备用土耳其语考研
US24	女	维吾尔族	初中	68分	20分	出勤率不高，上课不积极
US25	女	维吾尔族	高中	85分	100分	上课认真，希望可以通过英语四、六级考试
US26	女	维吾尔族	高中	81分	90分	上课积极配合，平时利用网络自学
US27	女	维吾尔族	初中	78分	83分	维吾尔语思维，语法问题较大
US28	女	维吾尔族	初中	82分	93分	发音问题较大，准备考英语四级
US29	女	维吾尔族	小学	84分	93分	性格活泼，通过看电影听歌学习英语
US30	女	维吾尔族	初中	76分	93分	准备考英语四级，通过看英文电影学英语
US31	女	维吾尔族	高中	49分	53分	基础薄弱，上课不积极，通过看美剧学习英语
MS01	女	蒙古族	初中	71分	50分	排斥英语学习
MS02	女	蒙古族	小学	90分	100分	学习认真，希望可以通过英语六级考试
MS03	女	蒙古族	大学	42分	50分	基础薄弱，出勤率低
MS04	女	蒙古族	小学	86分	100分	上课积极努力，认为自己语法基础不好

续表

代码	性别	民族	英语学习起始时间	学习成绩	课堂成绩	特别说明
MS05	女	蒙古族	初中	88分	100分	上课积极配合，喜欢英文歌曲和电影，准备考英语四级
MS06	女	蒙古族	小学	83分	100分	通过上网课学习英语，效果一般
MS07	男	蒙古族	小学	82分	100分	上课比较积极，词汇量欠缺，口语表达不够好
MS08	女	蒙古族	高中	72分	50分	上课不积极，平时通过网站、美剧、歌曲等方式学习英语
MS09	女	蒙古族	大学	62分	50分	基础薄弱，上课听不懂
MS10	男	蒙古族	大学	45分	33分	基础薄弱，发音不标准，出勤率低

基础级英语班所有学生均来自民族地区，包括维吾尔族学生和蒙古族学生，相对来说蒙古族学生的英语水平比维吾尔族学生水平略高。由于双语教育在民族地区普及的时间不一致，基础级英语班少数民族大学生的英语学习经历比较复杂，部分学生英语基础非常薄弱，这使得基础级英语班的课堂教学要面对零起点和中等起点的双层次教学，教学面临一定困难：教师无法全面开展英语课程内容的教学，部分学生无法按要求完成学习内容，学校评价体系也无法按照大学英语课程要求衡量学生的英语能力和水平。① 部分地区少数民族双语生高中就读期间英语课被占用现象严重，长时间不接触英语使得一些从小开始学习英语的学生水平下降较快，遗忘了很多英语基础知识。另外，一些中学还存在重复教学的现象，不仅造成资源浪费，也降低了部分学生对英语学习的兴趣。整体上来说，由于部分学校对英语教学重视程度不够，在教学设备、师资配备等各项资源的投入上

① 韩英:《新疆少数民族大学生英语学习理论与实践》，西安：世界图书出版公司，2012年，第30页。

不足，导致民族地区招收的双语生的英语水平与汉族学生的英语水平有一定差距，在语言知识储备和语言运用能力方面都存在“断层”，大部分少数民族大学生很难达到高校大学英语课程培养目标和要求。

为了便于研究数据收集时的抽样访谈和实施行动计划时进行分层次教学，笔者将基础级英语班的41名少数民族大学生按照学习成绩分成了三类，其中学习成绩达到80分以上的为高分数段学生，学习成绩在60—79分的为中等分数段学生，学习成绩在60分以下的为低分数段学生，研究对象具体分类如表绪-2所示。

表绪-2　具体分类所对应的研究对象代码

分类	对应的研究对象代码
高分数段	US02, US06, US10, US12, US15, US16, US21, US25, US26, US28, US29, MS02, MS04, MS05, MS06, MS07
中等分数段	US04, US08, US09, US13, US18, US19, US20, US22, US24, US27, US30, MS01, MS08, MS09
低分数段	US01, US03, US05, US07, US11, US14, US17, US23, US31, MS03, MS10

从表绪-2中可以看出，基础级英语班高分数段的维吾尔族大学生有11人，蒙古族大学生有5人，他们中的大多数接触英语时间较早；中等分数段的维吾尔族大学生有11人，蒙古族大学生有3人，这部分学生虽然接触英语时间较晚，但是上课比较认真；低分数段的维吾尔族大学生有9人，蒙古族大学生有2人，这些学生课堂出勤率普遍不高，缺乏英语学习兴趣，课堂上的参与程度较低。

3. 研究数据的收集

行动研究中收集数据信息的方法很多。怀特海德（Whitehead）和麦克尼弗（McNiff）认为，教师作为行动研究者应该主要收集：①有关自己教学行动的数据；②有关学生学习的数据；③有关研究中个人思考的数据。[①] 本研究综合运用多种数据收集的方法。

（1）观察法

使用观察法是为了从课堂情境中收集研究资料、监察行动的过程。在行动研究的过程中，笔者通过对基础级英语班的少数民族大学生进行课堂观察，收集了大量真实详尽的一手资料，为行动计划的实施奠定了基础。

（2）日志法

行动研究中的日志是关于教学情况的日志，可以分为教学日志和学习日志两种类型。其中，撰写教学日志是行动研究中最常用的收集数据方式之一，教学日志是教师以第一人称记载教学事件的记录，可以记录教师在教学过程中感到对自己有意义的事件、想法和感受，[②] 这种方法简单且实用，仅需研究者独立完成。在整个行动研究实施的过程中，笔者坚持每节课后都以文字的方式记录课堂教学的进度、重要事件、研究者感受、对事件的反思，并对部分事件进行理论阐释。教学日志基本可以还原教学的整体过程，记录笔者授课时的所思所想，促使笔者进行反思，成为笔者调整下一步行动计划的重要依据。

除了教师写教学日志外，在第二轮行动研究计划的实施阶段，笔者还要求学生写学习日志。学习日志可以记录学生在学习过程中的感想，培养学生对自己的学习及教师教学内容和方法进行反思和评价的习惯。[③] 另一方面，学习日志也能成为学生和教师之间沟通的良好途径，教师可以通过学生的日志了解他们的需求、想法和困难，为发现教学中出现的问题和解决问题提供依据和基础，同时也为反思自己的教学和改进教学效果提供最

① Whitehead, J. , McNiff, J. , *Action Research Living Theory*, London, Thousand Oaks and New Delhi: SAGE, 2006.

② McKernan, J. , *Curriculum Action Research: A Handbook of Methods and Resources for the Reflective Practitioner*, London: Kogan Page Limited, 1991, p84.

③ 王蔷、张虹：《英语教师行动研究（修订版）》，北京：外语教学与研究出版社，2014年，第135页。

有效的信息。①

（3）问卷法

问卷法是研究者用统一设计的问卷来收集研究对象关于教育问题或教育现象的信息和资料的方法。② 问卷法注重从宏观的角度，采用量化的手段、依据客观的验证来说明教育问题，适合一次性大范围地收集关于某个研究主题的信息。在前期调研中，笔者对基础级英语班的少数民族大学生进行了关于英语学习情况、自我效能感、自主学习能力和英语学习需求的问卷调查，该问卷的量化数据结果将在论文的第二章进行分析。

（4）访谈法

访谈法是通过口头交流获取有关资料的方法，是本研究采用的最重要的数据收集方法。在行动研究中，访谈法具有三个主要特征：开放性、灵活性和深入性。塞得曼指出，访谈就是寻找能倾听到一种与外部的公众声音相对的"内部声音"的方法，"通过不让受访者感到抵触而认真对待受访者的语言，访谈者能够鼓励受访者表达出一定程度上的深思性、更具个人特质的内部声音"。③

在本研究中，笔者多次运用个别访谈的方式收集数据信息，使被访谈者在轻松的环境下，根据访谈提纲，描述真实课堂情景，畅谈内心最真实的想法。笔者在征求被访谈者同意的情况下对访谈内容进行录音或者快速记录重点信息，随后对所有访谈资料转录整理并进行质性数据分析，重描现场。具体访谈时间、访谈对象、访谈方式、访谈类型和访谈所处的研究步骤如表绪–3所示。

① Hopkins, D. , *A Teacher's Guide to Classroom Research*. Philadelphia: Open University Press, 1985.

② 王攀峰：《行动研究的理论与方法》，北京：首都师范大学出版社，2013年，第150页。

③ 埃文・塞得曼：《质性研究中的访谈：教育与社会科学研究者指南》，周海涛主译，重庆：重庆大学出版社，2009年，第85页。

表绪-3 个别访谈情况一览表

访谈时间	访谈对象	访谈方式	访谈类型	研究步骤
2017年5月	研究对象（全体）	个别访谈	半结构	发现问题
2017年5月-7月	高校教师（多人次）	电话访谈	结构式	现状调查
2017年6月	被访谈教师ZT1	个别访谈	结构式	前期调研
2017年6月	被访谈教师ZT2	个别访谈	结构式	前期调研
2017年7月	研究对象（部分）	个别访谈	结构式	前期调研
2017年11月	研究对象（部分）	个别访谈	结构式	第一轮行动研究（第一阶段）
2018年1月	研究对象（部分）	个别访谈	结构式	第一轮行动研究（第二阶段）
2018年4月	研究对象（部分）	个别访谈	结构式	第二轮行动研究（第一阶段）
2018年6月	研究对象（部分）	个别访谈	结构式	第二轮行动研究（第二阶段）

首先在发现研究问题的阶段，笔者对基础级英语班的所有少数民族大学生进行了一次半结构式的访谈，访谈信息整理后编入研究对象代码表（表绪-1）。从2017年5月开始至7月，笔者对少数民族大学生英语课堂教学的现状进行了背景调查，在此期间，笔者对部分为少数民族开设英语班的高校公共英语课负责人或任课教师进行了多次电话访谈，为了不打扰被访谈者的上课安排，电话访谈尽量都安排在晚上，与每位被访谈者的通话时间保持在30分钟左右。在通话前笔者都会先以短信（微信）的方式与被访谈者进行沟通，提前发送访谈提纲，让被访谈者了解访谈内容。虽然笔者是与从未谋面的被访谈者进行电话交流，但是访谈都进行得比较顺利，其中在与E大学的M老师和G大学的D老师谈话时，她们非常详细地介绍了自己学校少数民族大学生的英语教学模式和教学实践中出现

的问题，这两个电话访谈时间持续一个多小时，两位老师的谈话内容使笔者获得很多启示。这部分访谈内容在第一章表1–1至表1–4中进行了统计分析。在以上访谈的基础上，笔者设计了本研究的前期调研部分，其中包含对全体研究对象的问卷调查，对两位中央民族大学基础级大学英语教师（ZT1、ZT2）的个别访谈和对部分研究对象的个别访谈，时间分别安排在2017年6月和2017年7月，个别访谈对问卷调查的数据起到有益补充的作用，并结合研究者的课堂观察形成前期调研阶段数据收集的三角验证，保证了数据分析的效度。开始实施行动前，笔者制定了两轮行动计划，行动时间跨度为两个学期。在每一轮行动研究的过程中，笔者对被研究者以个别访谈的方式收集学生对实施新教学模式的感受和意见，进行深入的教学反思和经验总结，并以此作为制定下一轮行动计划的依据。同样，研究者的教学日志、学生的访谈和学习日志也形成行动计划实施总结阶段数据收集的三角验证，保证了数据分析的效度。

（5）实物分析法

在研究实施的过程中，笔者收集了大量行动研究中课堂活动的照片以及课程纲要、教材、教案、试卷、学生作业、学生成绩记录表、学生的学习计划、总结和学习日志等文件信息，这些资料可以很好地将学生的课堂学习感受、互动情况、学生完成的作业或项目成果以实物的形式展现出来，但是由于部分内容会暴露研究对象的个人隐私，笔者仅选用其中小部分资料进行呈现，并且对其加以简单的文字说明。

4. 研究效度与伦理问题

为了确保研究的效度，本研究综合运用调查问卷、个别访谈、课堂观察、教学日志、学习日志、实物分析等多种信息收集方法，保证了数据来源的多样化。在不同场景下，对同一事物从多角度进行反复验证，以探究研究材料的一致性和真实性。在尽可能的条件下，笔者将研究中获取的信息反馈给被研究者，力求与被研究者达到看法一致。在实施行动计划之后，笔者并未使用实证研究惯常采用的通过前测、后测或者选取实验组和对照组进行对比研究的方法检验行动研究的实施效果，因为少数民族大学生的英语基础相对比较薄弱，使用测试的手段很难检测出在较短时间内学生英语水平提高的真实情况，另外，少数民族大学生的英语教学实践中不同的英语班往往因为学生的民族构成不同存在一定差异，无法控制变量，影响实验数据的准确性。因此，本研究主要采用的是质化研究的数据分析方法，使用丰富的、深度描写的方式呈现研究发现，增强研究的效度。

笔者在研究初期曾经明确地与研究对象阐明本研究的目的和用途，让他们清晰地认识到自己要参与的研究内容和形式，并自愿参与到研究过程中来，达到“知情同意”[①] 的共识。研究中所有的访谈都是在被访谈者同意的情况下进行录音，如果有被访谈者提出不愿意录音的情况或电话访谈，笔者都是采用在访谈中快速记录要点信息的方式，随后再进行回忆整理。在研究成果的撰写过程中，笔者隐去了研究对象和被访谈者的姓名等个人信息，以代码表示，并且隐去了研究对象所在的院系，保护了他们的隐私。最终，所有的信息仅供研究使用，严密杜绝其他途径的传播。

5. 研究步骤

本研究参照行动研究的基本步骤进行：第一步在教学实践中发现教学中存在的问题；第二步对少数民族大学生英语教学现状进行分析，并对研究对象进行前期调研，在微观层面从多视角多维度探寻影响少数民族大学生英语课堂教学效果的内在原因和外在原因；第三步在教学理论研究的基础上，构建符合少数民族大学生英语学习特点和需求的“分层 — 探究”英语课堂教学模式；第四步以此为依据制定行动方案，实施并观察行动计划的实施情况，根据收集的反馈信息进行反思，不断调整计划；第五步总结和评价行动研究的效果，为进一步完善新的教学模式提出具体的实施策略。本研究具体步骤如图绪 –3 所示。

① 谢华：《网络化课堂教学行动研究》，北京：北京师范大学出版集团，2012 年，第 29 页。

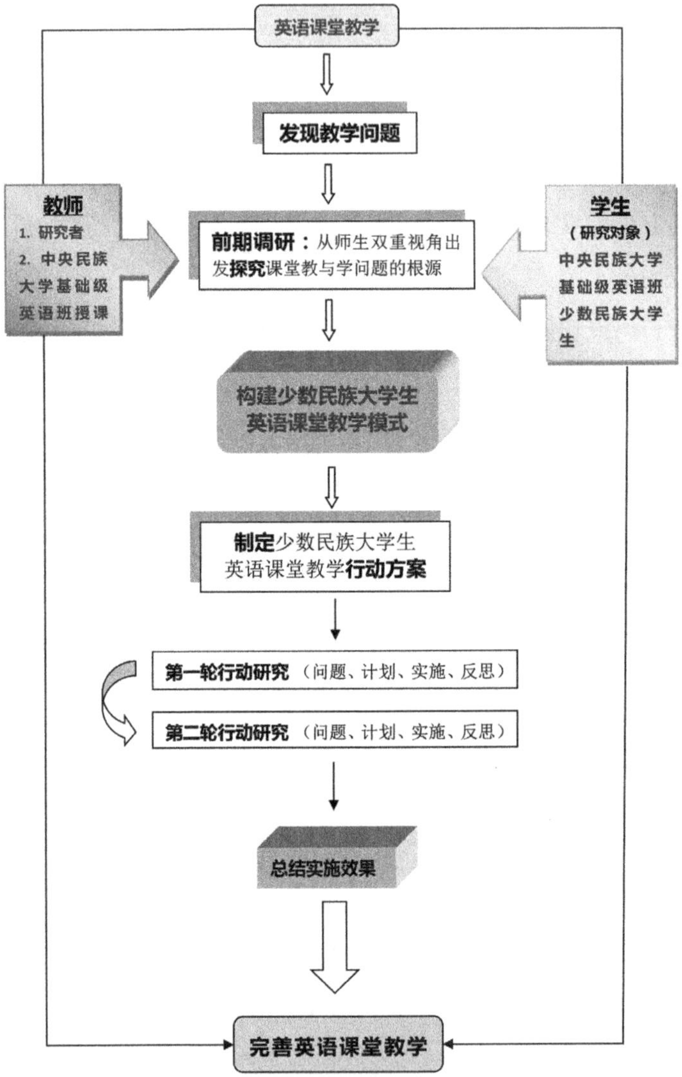

图绪–3　本研究具体步骤图示

第一章　少数民族大学生英语教学的研究背景

民族高等院校作为国家培养少数民族高素质人才的基地，肩负着深化民族英语教育研究，推动少数民族大学生英语教学改革的重要责任。少数民族大学生的英语教学既有共性又有鲜明的特征，共性在于英语教育是一门技能性课程，旨在提高学生的综合素质，特性在于少数民族大学生的英语学习是继本民族语和汉语之后的第三种语言的学习，需要遵循三语习得的特殊规律。另外，受民族地域间差异的影响，少数民族学生接受到的基础英语教育不尽相同，导致学生进入高校后，英语水平有很大差异，传统“一刀切”的教学模式和统一的教学组织形式不能满足课堂教学的发展需要。因此，如何将少数民族大学生英语课堂教学研究引向深入，使高校少数民族大学生英语教学目标的制定、课程的设置、教材的选择、教学教法的运用、课程评价的设计能够既符合少数民族大学生语言学习特点和需求，又不乏较高的英语课程教育内涵，是我们在民族院校英语教学改革中亟待解决的问题。

第一节　民族地区的英语教育

一、新疆维吾尔自治区的英语教育

新疆的语言教育模式源于新疆地区的地域和民族特色，是我国继承和发扬少数民族语言文字的重要举措和保障。从语言使用角度看，新疆各民族不同语言的互相影响形成了母语、第二语言（汉语）和第三语言（英语）之间相互兼用或兼通的局面，使新疆成为事实上双语和多语共存的区域。①

新疆维吾尔自治区，简称新，位于亚欧大陆中部，地处中国西北边陲，总面积166万平方千米，占全国陆地总面积的1/6。截至2014年末，新疆总人口2298.47万人，其中少数民族约占63%。② 新疆是一个多民族聚居的地区，共有47个民族成分，维吾尔族是新疆的世居民族。③ 在新疆的各民族中，除汉族、回族和满族使用汉语和汉文外，维吾尔族、哈萨克族、蒙古族、柯尔克孜族、锡伯族等民族都拥有自己的语言和文字。各民族人民在长期密切接触和频繁交往的过程中，逐渐形成相互学习语言、文字的优良传统，汉语作为加强各民族之间沟通的主流语言日益变得重要，成为各民族之间相互交往时使用的通用语。新中国成立以来，党和政府出台了一系列政策和法规，保护新疆地区少数民族语言文字的发展和

① 韩英：《新疆少数民族大学生英语学习理论与实践》，西安：世界图书出版公司，2012年，第26页。

② 新疆维吾尔自治区人民政府：《区划人口》，http://www. xinjiang. gov. cn/ljxj/qhrk/mzfb/index. html。

③ 国务院新闻办公室：《新疆的发展与进步白皮书》，http://www. xinjiang. gov. cn/10013/10031/10015/2009/58644_5html，2009年9月21日。

传承，使少数民族语言、文字得到了充分尊重，新疆地区逐渐形成了以“民－汉”双语为主的局面。

鉴于新疆地区民族和语言的多样性，国家设置了形式多样的语言教育制度，新疆少数民族学生主要可以分为三类学习者：[①] ①民考汉类，部分少数民族学生从小学到高中都与汉族同学同班学习，所授课程和使用教材均与汉族学生一致。这类学生从小学、中学起就开设汉语课和英语课，英语和汉语文都是高考必考科目，因此具备良好的汉语和英语学习基础，进入高校后与汉族学生一起直接进入大学英语和专业课程的学习，语言素质较高。②民考民类，部分少数民族学生从小学开始接受本民族语言教育，小学三年级将汉语作为一门语言课学习，一般不开设英语课。由于英语不是高考必考科目，并且汉语开设时间较晚，起点较低，这部分学生进入高校时英语教学从零起点开始，有些学生需要进行一年的预科学习之后再进行专业课程学习。③少数民族双语生，双语生接受民语结合汉语的授课形式，即部分课程使用民族语授课，部分课程使用汉语授课，随着年级逐年增加，民族语授课的课时逐年减少。有条件的学校在民汉双语的基础上增设英语课程，但是英语课为选修性质。这类学生在高考时参加“双语生”英语考试（民族地区自命题，不计入高考总分，仅供高校录取时参考），有一定的英语基础，具备较高母语和汉语能力。

调查显示，新疆地区初高中民考民类少数民族学生的英语教育在20世纪90年代之前基本是空白，小学、初中、高中均不开设英语课程。[②] 20世纪90年代后期，有条件的维吾尔族民族学校开始在初高中为学生增设英语课程，特别是随着双语教育在全疆的普及，双语生的人数逐年增加，越来越多的新疆地区城市在小学开设英语课程，这一发展趋势对双语生的

① 刘懋琼：《新疆高校少数民族学生外语分级教学与评价模式探析》，《山西财经大学学报》第36卷第S1期，2014年4月28日，第160页。

② 韩英：《新疆高校少数民族双语生英语教育的双向适应研究》，《新疆师范大学学报（哲学社会科学版）》第33卷第2期，2012年3月30日，第107页。

英语教育模式、教育目标提出了新的要求。与此同时，为了适应“一带一路”倡议推进对少数民族高素质人才的需求，实现跨越式国际化发展，近几年新疆地区大力发展少数民族英语教育，使新疆的三语教育在原有的双语教育基础上有了一定的提高。

二、内蒙古自治区的英语教育

内蒙古自治区是中国西部地区的一个重要省区，是我国第一个民族区域自治地方，总面积118万平方千米，具有丰富的地域资源和民族文化历史资源。内蒙古自治区是一个多民族聚居的地区，各少数民族的语言和文字都不相同。蒙古族有自己的语言文字，由于历史的、自然的原因，使用蒙古文蒙古语大体有三种情况：（1）牧区与蒙古族聚居区，有雄厚的蒙古语文基础，日常用语以蒙古语为主；（2）蒙古族、汉族杂居区，蒙古语、汉语并用，蒙古语、汉语不同程度地兼容；（3）部分杂居区和广大散居区以及城市，大部分蒙古族只通汉语。①

内蒙古自治区成立后，认真贯彻落实党的教育方针，不断完善民族教育制度，制定了一系列教育政策规范办学，并且一直在蒙古语、汉语双语教育体系中探索如何发展外语教学。经历了探索、实验和推广几个阶段，具有鲜明的时代特征。

二十一世纪初期，中国开启了国家基础教育课程改革，随着全国小学英语课程的普及，外语起始学段不断下延，蒙授外语科目要求不断提高，三门语言课程（蒙古语、汉语、外语）的教学模式已经全面铺开。2012年内蒙古自治区教育厅出台了内蒙古普通高中新课程高考方案，调整了外语科目的计分比例。蒙授普通班的考试科目不变，两种计分办法供选择：一是外语成绩按100%计入总分，蒙古语文（甲）和民族汉考三级（折算

① 苏德：《多维视野下的双语教学发展观——内蒙古地区蒙古族中小学个案》，博士学位论文，中央民族大学，2005年，第39页。

后分值）两个科目成绩，各按50%作为一门语文成绩计入总分；二是蒙古语文（甲）成绩按100%计入总分，民族汉考三级和外语两个科目成绩，各按50%作为一门语文成绩计入总分，[①] 第二种考生相当于民考汉考生。

第二节　少数民族大学生英语教学概况

中国少数民族外语教育有其特殊性，它既可以归属于我国外语教育的范畴，也可以归属于民族教育的范畴，正是因为少数民族英语教育归属不明确，造成民族地区的英语教学缺乏连贯性和统一性。少数民族大学生由于生源不同分为三个类别的学生（民考汉、民考民、双语），而且不同地域（内地、少数民族地区）和高校类型（民族院校、非民族高校）针对少数民族大学生开设英语课程的情况也有较大差别。

为了全面客观地了解不同高校针对少数民族大学生开设英语课程的设置情况和教学开展情况，笔者对多所院校进行了教学现状调研，调研对象的抽样采用分层目的型的抽样方法，分别以院校类型和地域为抽样原则，从我国的民族类院校、非民族类院校和内地院校、少数民族地区（新疆维吾尔自治区和内蒙古自治区）院校共抽选了15所高校，在这些院校中有7所院校为少数民族大学生开设了英语班，其他的8所高校并没有考虑到少数民族大学生英语学习的特殊性，而是将他们与汉族学生视为同一类别学生，使用相同的教材和教学标准进行教学。2017年5月—7月之间，笔者通过打电话的方式对这7所高校的公共英语教学负责人或少数民族英语班的任课教师进行了访谈（访谈提纲参见附录二），并且从教学对象、课程设置、教材选用、师资和科研情况4个维度对访谈结果进行分析，以期从

① 赵剑宏:《蒙汉双语教育背景下蒙古族学生英语学习研究——以锡林郭勒盟蒙古族中小学为个案》，博士学位论文，中央民族大学，2013年，第44页。

中发现目前少数民族大学生英语教学中普遍存在的问题。为了便于表述，笔者将被调研院校以及被访谈教师进行了代码编制，调研对象代码表见表1–1。

表1–1 调研对象代码表

高校代码	被访谈教师	所属地区	高校类别
A大学	W老师	北京	非民族类高校（重点）
B大学	L老师	北京	非民族类高校（重点）
C大学	Y老师	国内其他地区	非民族类高校（重点）
D大学	W老师	国内其他地区	非民族类高校（重点）
E大学	M老师	国内其他地区	中央部属民族院校（重点）
F大学	Z老师	国内其他地区	地方民族院校
G大学	D老师	新疆维吾尔自治区	非民族类高校（重点）

一、教学对象

从笔者调研的7所高校中可以看出，由于生源较少或学校政策的特殊原因，国内的高校很少专门为单一少数民族大学生开设英语班，而是将几个民族的少数民族大学生混合在一起，成立一个混合民族的英语班级，这些班级的生源类型也有较大差异（表1–2）。

表1–2 调研对象教学对象情况表

高校代码	班级名称	单独/混合民族授课	生源类型
A大学	少数民族基础班	混合（维吾尔族、蒙古族）	民考民
B大学	大学英语民族班	混合（维吾尔族、哈萨克族、藏族）	民考汉为主、双语
C大学	新疆班	单独	民考民

续表

高校代码	班级名称	单独/混合民族授课	生源类型
D大学	少数民族英语班	混合（哈萨克族、蒙古族、藏族、朝鲜族、维吾尔族）	民考民为主
E大学	大学英语（民族类）	混合（蒙古族、藏族、维吾尔族）	民考民为主
F大学	零起点班	混合（维吾尔族、蒙古族）	民考民为主
G大学	基础英语班/零起点英语班	混合（维吾尔族、蒙古族）	民考民 双语生

从表1–2中可以看出各高校为少数民族开设的英语班没有统一名称，而是根据该校英语教学统一课程设置的具体划分情况而定。在调研的7所高校中仅有C大学为维吾尔族大学生单独开设了英语班（称为新疆班），其他院校均以混合民族英语班的方式授课。在访谈中笔者了解到，各高校对少数民族英语班分班的依据也不同：其中一部分高校是根据学生入学分级考试成绩或高考成绩进行分班（学生后期可以根据英语课难度要求调班），一部分是根据民族类别进行分班，剩下一部分是根据院系进行自然分班。因此，少数民族英语班的生源类型也不一致，但大多数高校的少数民族英语班是以民考民学生为主。G大学由于少数民族学生较多，生源划分最细，为民考民学生单独开设基础英语班，双语学生从汉族学生中划分出来开设零基础英语班。由于各高校少数民族英语班多采用混合民族、混合生源授课的方法，教师们在访谈中反映最多的就是“学生水平差异较大，英语教学难以开展”的问题。但是，为什么不按照学生的民族或者实际水平进行划分呢？笔者了解到主要是因为少数民族大学生数量相对较少，不好安排教学。E大学的M老师说：“我们基本是按照民族划分，但是也要考虑班容量问题。举例来说，如果一级维吾尔族学生有30人，那么为了照顾班容量问题，会在这30个学生的基础上再加10—20个左右蒙古族或者藏族的学生，但是该班会以维吾尔族学生为主。”在E大学每个少数民族英语班大约有1/4—1/3的零起点学生，而班容量与普通班一样

为50—60人，在一定程度上增加了授课难度，这也是针对少数民族开设英语班的高校中普遍存在的问题。

二、课程设置

各高校少数民族英语班的课程设置基本上是参照本校汉族学生英语教学情况制定的，周课时数为2—4节，多数高校的少数民族英语课和汉族学生英语课一样，分为读写课和听说课两种课程类型（表1-3）。

表1-3 调研对象课程设置情况表

高校代码	周课时	是否区分读写课/听说课	班容量
A大学	第一学年4课时/ 第二学年开始2课时	2课时读写，2课时听说/ 第二学年开始减半	20—30人
B大学	2课时面授+网络课	2课时综合（听说读写）	20—40人
C大学	3课时	3课时读写（不含听说）	30人左右
D大学	3课时（仅一学年）	2课时读写，1课时听说	40人左右
E大学	4课时	2课时读写，2课时听说	50—60人
F大学	4课时	4课时读写（不含听说）	40—50人
G大学	4课时 2学期—4学期不等	4课时读写（不含听说）	75人左右

从表1-3中可以看出高校少数民族英语班的课程设置各不相同。其中部分高校认为学生英语基础薄弱，没有为少数民族大学生开设听说课程（如C大学、F大学和G大学）；两所北京地区的重点高校由于普通班周课时量少，少数民族英语班周课时量也相应减少；D大学仅为少数民族学生开设2学期的英语课，大学阶段一共需要完成128学时的英语课，是所有被调研高校中英语课时量最少的学校；G大学每个院系根据各自的人才

培养方案确定英语课程设置，所以授课周期为2—4个学期不等，该校班容量人数最多，为75人左右，所有被调研的高校都没有给少数民族大学生开设英语选修课。访谈中笔者发现，虽然每所高校都有针对少数民族大学生撰写的教学大纲和考试大纲，但是在谈话时没有老师提起依照大纲进行教学和考核的情况，一位被访谈的教师说："教学大纲和（普通）大学英语教学的差不多，没有太多参考价值。"

三、教材选择与使用

从表1–4中可以看出，只有A大学和B大学使用的英语教材有配套网络课程（这两套是为汉族学生开发的教材，对学生英语水平要求较高），但是前者对少数民族大学生的网络学习没有硬性要求，其他高校多数使用的是《零起点大学英语基础教程》（李桂兰主编，外语教学与研究出版社）和《新概念英语》（何其莘主编，外语教学与研究出版社），这两套教材没有配套的网络课程。

表1–4 调研对象教材选择情况表

高校代码	选用教材	是否有网络课程
A大学	《新视野大学英语》第1册	有配套网络课程，但是没有硬性要求进行网络学习
B大学	《新标准大学英语》	有配套网络课程，由专门的网络课程教师进行监督
C大学	《零起点大学英语基础教程》	没有配套网络课程
D大学	《新概念英语》第3册	没有配套网络课程
E大学	读写：《综合英语教程》（民族类） 听说：《新通用大学英语》	没有配套网络课程
F大学	《新概念英语》第1—3册	没有配套网络课程
G大学	《零起点大学英语基础教程》	没有配套网络课程

授课教师认为少数民族大学生对《零起点大学英语基础教程》和《新概念英语》的接受程度不高，这两套教材各有各的问题，比如C大学的Y老师说："《零起点大学英语基础教程》难度起伏太大，内容陈旧、无法引起学生的兴趣。"在被调研的7所高校中，只有E大学的读写课使用的是自编教材，即复旦大学出版社出版的《综合英语教程》(民族类)，M老师说："这套教材学生接受程度一般，内容与民族有关，但是有点难，所以任课教师在课堂中配套使用《新概念英语》第1、2册，考试有1/3—1/2是《新概念英语》上的内容。"D大学的教师也认为原来使用的《大学英语》教材难度太大，2017年开始使用《新概念英语》，学生的接受程度提高了一些。由此可见，没有真正适合少数民族大学生英语教学难度的英语教材是各高校少数民族英语教学中遇到的棘手问题，英语教材换了又换，最后只能继续使用最传统的《新概念英语》。E大学正准备将他们在本校艺体类学生中使用较好的舞台式英语教学模式移植到少数民族大学生英语课堂教学的新模式中，并积极研发《情景式英语教学》教材。这套教材难度较低，围绕语法现象设计课文，让学生在课堂上表演与语法现象有关联的剧本。情景式英语教学模式已经于2017年开始在E大学的少数民族英语班课堂上试行了一个学期，反响很好。M老师说："民族类学生英语基础差，但是个个善于表演，这种新的教学模式扬长避短，深受学生和教师的喜爱。"

四、师资和科研

关于少数民族英语班的师资情况和科研情况，被调研的7所高校差别不大。笔者归纳了访谈收集到的信息，大致包含以下几点：①少数民族英语班聘请英语教师一般不考虑教师的族籍问题，多数高校使用固定教师进行授课。教师在教学中使用以汉语为主的课堂语言，比较简单的地方使用英语。②少数民族英语班任课教师为讲师以上职称，硕士及以上学历，各高校尽量选择从教时间长、经验丰富的在职教师任教，教师在授课中能够注意与学生的情感交流，让学生通过上英语课体验收获感和成就感，培养学习兴趣。③承担少数民族英语班课程的教师由于人数少，无法形成科研团队，很难开展教学科研。另外，少数民族英语班教学难度相对稳定，教师对科研的诉求普遍不高，限制了少数民族英语教学科研的发展。

综合以上调研结果，笔者发现了少数民族大学生英语教学中存在的一些问题，这些问题成为阻碍少数民族大学生英语教学发展的外部因素。其中比较突出的问题有：

（1）少数民族大学生的英语教学多采用混合班级授课制，没有进行有效的分层分级教学管理，课堂教学难度跨越大。

（2）缺乏适合少数民族英语教学的教学大纲，使民族英语教学失去明确的教学方向。

（3）课程设置并没有考虑到少数民族大学生的实际英语水平，课时数不能满足学生需求。

（4）少数民族大学生的英语教材陈旧，缺乏创新，教材难度不好掌控，学生满意度不高。

（5）少数民族大学生英语授课教师教学工作量大，对自己的职业发展规划不明确，缺乏科研意识，教学科研没有形成合力。

第二章　民族院校少数民族大学生英语课堂教学影响因素

英语教学由多学科支撑，涉及诸多变量和因素，是错综复杂的动态系统工程，需要充分考虑外语学习内外环境因素和学习阶段的动态变化，[①] 学习者个体因素在语言学习过程中也发挥着极为重要的影响。埃利斯（Ellis）指出，现在外语教师终于逐渐明白了这样一个道理：外语教学中应该考虑的重点不再是“我们应该教些什么？让我们设计一个大纲、一大套教材来教这些内容”，相反，我们应该着重考虑的是：①促进外语习得的条件是什么？②我们如何在外语课堂中创造这些条件？[②] 束定芳等人也认为：“要想真正有效地组织外语教学，真正培养学生使用外语的能力，必须全面、深刻地认识外语习得本质及相关因素的作用等基本理论问题。”[③] 因而在本章中，笔者将从教师与学生的双重视角对影响民族院校少数民族大学生英语课堂教学效果的因素进行分析，找出现行教学模式中存在的问题。前期调研主要考察以下三个方面的内容。

---

① 饶小飞、季频：《后方法视域与全球化时代的大学英语教学》，《天津外国语大学学报》第21卷第3期，2014年5月20日，第47页。

② Ellis, R., “An interview with ELT”, *ELT Journal*, no. 4,（1992）.

③ 束定芳、庄智象：《现代外语：教学理论、实践与方法（新修订版）》，上海：上海外语教育出版社，2008年，第12页。

（1）少数民族大学生英语学习情况研究，包括学生的英语学习基础、情感因素，学习能力、语言影响因素、认知策略和学习需求等。

（2）少数民族大学生英语教学过程的研究，包括教师和学生在课堂教学过程中遇到的问题与反思。

（3）少数民族大学生英语课堂教学环境研究，包括教师在课堂教学中的角色，教学内容、方法和教学条件等。

调查和了解少数民族大学生的学习特点、需求和英语教学的过程，有助于鉴别和诊断民族院校少数民族大学生英语课堂教学实践中存在的问题，进而可以转化为教师组织课堂教学的依据，促进教学模式的优化。

第一节 前期调研的设计与数据采集

一、调查问卷

前期调研的目的是为了发现影响中央民族大学基础级英语班课堂教学效果的因素，并以此为基础设计符合该班学生实际情况的英语课堂教学模式。在前期调研中，笔者采用了调查问卷和访谈相结合的研究方法，以量化的方式收集基础级英语班所有学生英语学习情况的数据，并且与部分学生和其他基础级英语班授课教师以访谈的方式深入探讨少数民族大学生英语学习的特点和需求，探究导致民族院校少数民族大学生英语课堂教学过程中出现问题的原因，以便更加有针对性地进行课堂教学行动研究的方案设计。

根据笔者的课堂观察情况和方案设计的实际需要，前期调研将从基础级英语班少数民族大学生的英语学习情况、英语学习自我效能感、英语自主学习能力和英语学习需求四个方面展开调查。调查问卷包括四部分内容

（详情参见附录三）。

（一）第一部分：英语学习情况

英语学习情况调查包含12道选择题，每题由2—5个选项构成，仅有一道题（Q11）为多项选择题，其他均为单项选择题，其中Q1—Q3是对少数民族大学生个人情况的调查，Q4—Q12是对少数民族大学生英语学习情况的调查。被调查者需要按照自身的实际情况在相应的选项上打“√”。

（二）第二部分：自我效能感

自我效能感调查是以张日昇[①] 2004年设计的《外语自我效能感量表》为基础，适当修改而成，本部分问卷分为四个维度：英语学习的能力感、英语学习的挑战感、英语学习的努力感和英语学习的挫折感。该量表广泛使用于非英语专业大学生英语学习自我效能感测量的问卷调查，具有良好的信度和效度。量表共包括22个题目，采用李克特（Likert）五级评分标准，被调查者需要从1—5中选择一个最能表明他（她）对该问题看法的数字，其中数字1代表“完全不赞同”，数字2代表“不赞同”，数字3代表“不确定”，数字4代表“赞同”，数字5代表“完全赞同”。为了提高量表的真实性，不同维度的题目混合排列，并且问卷第1，3，6，7，8，9，11，13，15，16，19，21题设计为反向计分题，在统计时这几道题应使用反向计分法，即“完全赞同”记为1分，“赞同”记为2分，“不确定”记为3分，“不赞同”记为4分，“完全不赞同”记为5分。分值越高，代表被调查者自我效能感越高。具体题目分类如下（见表2-1）。

① 张日晟、袁莉敏：《大学生外语焦虑、自我效能感与外语成绩关系的研究》，《心理发展与教育》第3期，2004年9月30日，第56-61页。

表2-1　自我效能感量表题目分类

分类	对应的题目
能力感	Q1, Q2, Q9, Q14, Q15, Q18, Q22
挑战感	Q3, Q6, Q11, Q12, Q16
努力感	Q4, Q5, Q10, Q17, Q21
挫折感	Q7, Q8, Q13, Q19, Q20

（三）第三部分：自主学习能力

英语自主学习能力问卷是在徐锦芬等人[①]设计的《非英语专业大学生英语自主能力调查问卷》的基础上进行删减改编而成的（原问卷有25题），本部分问卷包含四个维度：对教师教学目的和要求的了解情况，对学习目的的制定与规划，对学习策略的有效使用，对学习过程的监控与评价。问卷共有19道题，采用李克特（Likert）五级评分标准，被调查者需要从1—5中选择一个最能表明他（她）对该问题看法的数字，其中数字1代表“完全不赞同”，数字2代表“不赞同”，数字3代表“不确定”，数字4代表“赞同”，数字5代表“完全赞同”。为了提高量表的真实性，不同维度的题目混合排列。具体题目分类如下（见表2-2）：

表2-2　自主学习能力问卷题目分类

分类	对应的题目
对教师教学目的和要求的了解情况	Q1, Q6, Q11, Q18
对学习目的的制定与规划	Q3, Q4, Q5, Q9, Q14
对学习策略的有效使用	Q2, Q7, Q8, Q12, Q13
对学习过程的监控与评价	Q10, Q15, Q16, Q17, Q19

① 徐锦芬、彭仁忠、吴卫平：《非英语专业大学生自主性英语学习能力调查与分析》，《外语教育与研究》第36卷第1期，2004年2月20日，第64–68页。

（四）第四部分：学习需求调查

学习需求调查共包含10道选择题和1道问答题，每道选择题由3—8个选项构成，有4道为多项选择题，其他为单项选择题，被调查者需要按照自身的实际情况在相应的选项上打“√”。其中Q1—Q2是对少数民族大学英语学习的重点难点调查，Q3—Q5是对教材使用情况的调查，Q6—Q7是对教师角色的调查，Q8—Q10是对英语教学喜好的调查，第11题为开放型问答题，需要被调查者自己填写答案。

为了提高调查问卷的质量，问卷设计好后交由中央民族大学英语教学部两位经验丰富的教师进行修改，并且在笔者授课的基础级英语班进行了10人的小规模试作，返回的问卷删减了信度较低的题目，对个别含义不清的表述进行了调整。2017年6月底（学生期末考试前的最后一节课），笔者对基础级英语班的41名少数民族大学生进行了随堂不记名问卷调查，时间是30分钟，全班同学认真回答了问卷，全部按时交回，有效问卷回收率为100%，问卷数据输入电脑，采用SPSS19.0数据统计软件进行分析。

二、个别访谈

个别访谈从学生和教师的双重视角进行（个别访谈提纲参见附录四），可以作为调查问卷的有效补充，为前期调研提供进一步的数据支持。

学生访谈包含12个问题，主要探究少数民族大学生在英语学习时遇到的具体问题和他们对大学英语学习的期望，其中Q1—Q5是针对语言思维模式和语言迁移对外语学习影响而设计的题目，Q6—Q12是对问卷中关于英语学习问题的补充了解。笔者从基础级英语班精心筛选了12名维吾尔族大学生和2名蒙古族大学生分别进行个别访谈，这14名涵盖了三个类别的学生，各具特色，善于表达。参加访谈的学生如表2-3所示。

表2-3　参加7月访谈的学生

所属类别	学生代码	选择原因
高分数段	US16/MS02/US12/US25	学习认真，希望通过英语四、六级
	US02/US15	出勤率低，看美剧学英语，口语好
中等分数段	US09/US04/US13	上课积极，认为英语学习非常重要
	MS01	上课不认真，讨厌英语学习
低分数段	US07	性格活泼，上课积极配合，基础薄弱
	US05/US03/US31	学习不认真，课堂参与度不高

教师访谈包含10个问题，旨在调查教师在进行少数民族大学生英语教学时遇到的问题以及教师的教学反思，其中Q1的目的是收集被访谈教师的基本资料，Q2—Q5掌握被访谈教师对少数民族大学生英语教学的看法，Q6—Q10是笔者与被访谈教师进行少数民族大学生英语课堂教学经验交流。

两位参加访谈的教师提供了大量有效信息，并对少数民族大学生英语教学的问题与笔者进行了深入细致的讨论，使笔者获益良多。两位参加访谈教师的代码编制原则是：工作学校+教师+序号，其中Z代表中央民族大学，T是“teacher”的缩写，代表教师。参加访谈的教师基本信息如表2-4所示。

表2-4　参加访谈的教师代码表

编号	性别	职称	年龄段	教龄	教授基础级课程时间
ZT1	女	讲师	30—40岁	11年	4年
ZT2	女	讲师	50—60岁	25年	6年

2017年暑假期间，笔者利用假期对所有前期访谈资料进行了整理，将录音资料转录成文本形式，并结合问卷调查结果对少数民族大学生基础

级英语班的课堂教学问题进行了分析和讨论。

第二节 前期调研的统计结果分析

一、英语学习情况

（一）被调查者的语言水平

被调查者的语言水平包括基础级英语班的少数民族大学生汉语水平和英语水平的统计情况（图2-1），其中有51.22%的学生认为自己的英语水平一般，41.46%的学生认为自己的英语水平较差，4.88%的学生认为自己一点也不会，仅有2.44%的学生认为自己英语水平比较好。这与笔者在课堂中观察到的情况一致，少数民族大学生特殊的英语学习经历造成该班学生英语水平普遍偏低，班里基础较好的学生可以理解一般难度的英语课文，使用简单的英语句型回答问题，基础薄弱的学生理解简单的英语句子有难度，无法用英语进行交流。少数民族大学生英语学习最突出的特点是单词和语法等语言知识积累不够，在访谈中，不少学生认为自己“英语词汇量小，句子意识模糊，语法结构混乱不清”，所以上课会有“越学越吃力的感觉”，即使是英语基础较好的学生，语言知识的掌握也不够扎实，导致学生对英语学习失去自信心。

多数学生认为自己的汉语水平很好（36.59%）或者比较好（46.34%），课堂上的交流、理解非常顺畅（与汉族学生没有差异），另外17.07%的学生认为自己的汉语水平一般。笔者的授课感受是与这些学生用汉语交流没有障碍，但是在访谈中US13评价自己的汉语水平时提到：“因为我们南疆地区汉语教学方案比（与）北疆地区的不一样，所以我的汉语水平就比北疆地区的学生，比如乌鲁木齐的同学差，他们有的从小学开始上汉校（即民考汉学生）或者双语学校，所以他们的发音比较好。我的（汉语）听力没什么问题，老师说得别太快就行，可是有时我说一句话找不到合适的表达方式，不知道该怎么表达。"（注：括号里面的内容是笔者对被访谈学生口误的更正或者对其意思的补充说明或解释说明，为了便于理解，以下访谈内容的转录也使用相同的方法）通过US13的描述，笔者认识到在教学时不应忽略这一小部分汉语水平一般的学生的感受，重点难点内容应该放慢速度讲，在英汉互译练习中可以注重培养这些学生的汉语表达能力。

单位：%

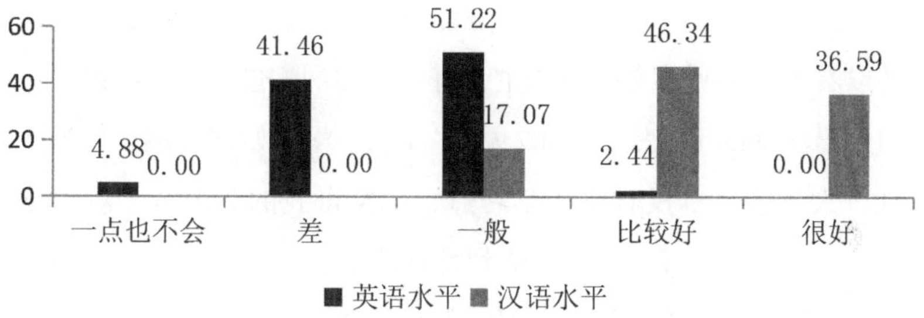

图2-1　被调查者的语言水平

（二）被调查者的语言思维转换模式

少数民族大学生英语学习时的语言思维转换模式以"汉语—英语"转换为主（图2-2），占65.85%，其次是借助汉语为中介语进行的"母语—汉语—英语"思维模式，占26.83%，从母语转换成英语思维的仅有1名学生（2.44%），另外有2名学生（4.88%）是直接使用英语思维。

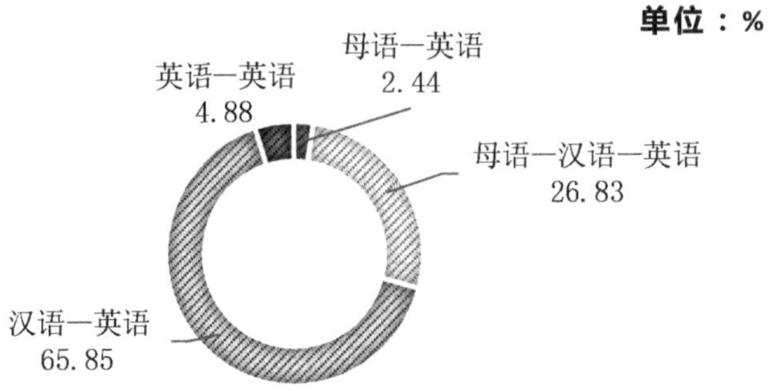

图2-2　语言思维转换模式

在英语学习中，一般水平最好的学生可以直接用英语思维，这类学生英语语感好，能使用英语进行流利的口语表达。US02和US15在访谈中均表明自己属于“英语 — 英语”的语言思维模式，这2名学生英语自学的方法是以看美剧和听英文歌曲为主，有一定的词汇量，发音准确，口语流利，但是语法基础不扎实。US02说：“我从小学开始接触英语，但是老师不重视，大学前基本没有系统学习过，我觉得我的英语全是看美剧学来的，我从初中开始追了7年剧，碰到特喜欢的剧还会回看。我说英语的时候基本上不用思考，但是写的时候需要想得久一点，我不会什么语法，读得顺就行。”US05说：“我的词汇量基本够，看到或者听到的东西能理解，说也没问题，但是我写不出来，语法不够好，句子写不出来。”基础级英语班的大多数学生采用“汉语 — 英语”的语言思维模式，因为部分学生是从民考汉转成双语生的，他们小学阶段首先系统学习的语言是汉语，与另外两类学生相比，这类学生英语基础知识掌握得比较好，英语学习认真，但是语感稍差，口语表达时需要进行思维转换。访谈的学生中很多属于这种类型，以MS02为例，她说：“我小学是民考汉学生，从初中才开始学习母语，所以我的汉语比母语好，我们的语言环境也是汉语，我看到英文句子不会想到母语。”选择使用“母语 — 英语”或“母语 — 汉语 — 英语”进行思维转换的学生在英语学习中受到母语迁移的影响比较大，这主要是语言距离的影响。语言距离是三语习得中一个重要的影响因素，它分为客观语言距离和心理语言距离。[①] 客观语言距离是指语言间的相似性，从语言类型角度来说，维吾尔语距离英语的距离要略近于汉语，维吾尔语词汇中有很多向英语借词的现象，比如：电脑（英语是computer，维吾尔语发音是[kompjotur]），另外维吾尔语语法结构也与英语语法结构比较类似，句子成分的组成部分一样，只是英文句子的顺序是“主 — 谓 — 宾”，而维吾尔语是“主 — 宾 — 谓”。这些特点使得很多少数民族学生在英语学习中喜欢借助母语来理解，甚至希望直接用维吾尔语来学习英语。US13在访谈中提到：“我在大一的时候想报新东方（英语学习班），在那儿有我们一个维吾尔族老师教英语，他说我应该回新疆报一个（使用）维吾尔语教学的英语班，我们的维吾尔语基础比汉语好，像语法这些内容用维吾尔语学习比较好理解。…… 我准备暑假回乌鲁木齐报一个英语班。”另外一类选择母语进行思维转换的学生是因为学习者的心理语言距离，尽管有些从小上汉校的学生（民考汉学生转成双语生）汉语水平和母语水平差距不大，但是由于“对母语比较感兴趣”（US16），对母语的依赖感使这类学生更倾向使用“母语 — 汉语 — 英语”的三语思维模式。相对“汉语 — 英语”的思维转换模式，使用三语思维模式的学生在英语学习时，有可能在信息转换的过程中产生信息损失、歧义和反应时间延长等不利因素，这要求教师在英语语言知识授课时，特别是讲解重点语法和词汇知识的时候可以适当引用一些维吾尔语的表达帮助学生理解，对少数民族大学生的英语授课教师提出了更高的要求。

（三）英语学习起始时间与英语课难度的关系

分析可知，在被调查的41名少数民族大学生中，从小学或初中开始接触英语的人数有23人（56.10%），其中有10人（24.4%）认为英语课偏难；

① 何晓军：《三语习得中的语言迁移影响 —— 以四川藏族大学生英语词汇学习为例》，《外国语文（双月刊）》第30卷第1期，2014年2月25日，第143页。

从高中或者大学才开始接触英语的18人（43.90%）中有8人（19.51%）觉得英语课偏难，2人（4.88%）觉得很难；将近一半的学生认为英语课难，英语接触时间越晚，认为英语课难的人数比例越大（图2-3）。

单位：%

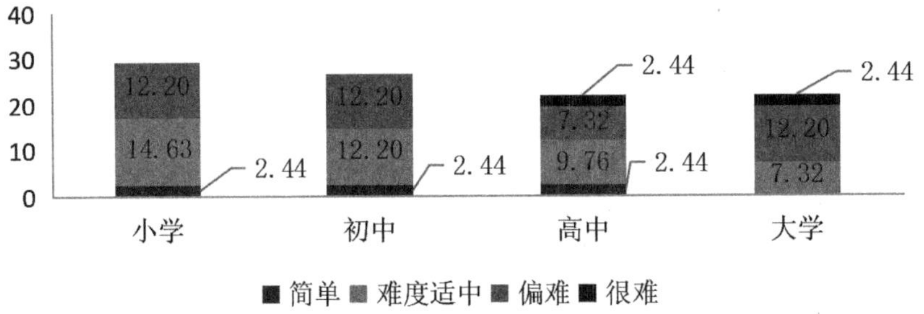

图2-3　英语学习起始时间与英语课难度

基础级英语班的学生认为英语课难可能有三个方面的原因：①教材难度不适合；②课堂教学内容与学生知识的掌握程度不匹配；③教师的教学方法需要改进。对此，在访谈中笔者专门与被调查学生就这个问题进行了沟通。其中表示英语课有难度的学生中（US03, US13, US05, US07, US31, MS01, US12, US25）有2人认为阅读教材比较难，US03说："老师，我也想听您的课，可是书上的内容很多都看不懂，后来书就找不见了。"有6个学生认为听力教材难，US25说："听说比较难，听到反应不过来，（学习）就没兴趣了。"有4人认为课堂教学内容与学生知识的掌握程度不匹配，其中US05说："我觉得（英语课）特别难，词认识很少的一部分，大学学习和原来的英语学习脱节了，上课几乎听不懂，这是我自己的原因。"MS01表示英语上课的内容"难，感觉自己一直在吃老本，初中开始学英语，英语水平最高，现在英语水平倒数，学着吃力就不想学"。另外，US13提到希望老师可以"讲得慢一点，把重点内容写在黑板上，英语好的同学都会了，但是程度差的学生还没明白就过去了"。课堂授课难度是基础级英语班的教学中最难掌握的问题，太难了会使学生对英语学习失去信心，产生厌学心理，太容易了又让学生觉得上课很无聊，如US15所说："因为老师讲的都会了，所以没有认真听。"

（四）被调查者的英语学习目的和动机

从问卷调查的结果看（图2-4），多数少数民族大学生（61%）认为学习英语是为了满足考试的需求，小部分学生（21.9%）选择学习英语是为了满足社会的需求，仅有12.2%的学生是为了今后自身的发展而学习英语，4.9%的学生是对英语本身感兴趣。

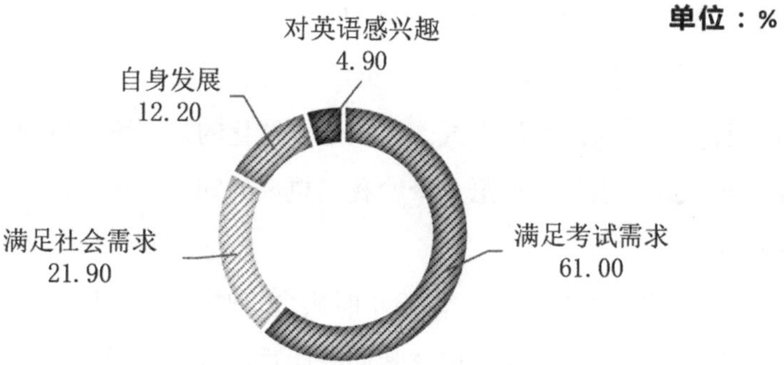

图2-4　英语学习的目的

在随后的访谈中笔者了解到，尽管该班学生能够意识到英语学习的重要性，但是对学习目标的不确定性使他们与汉族学生的学习动机有很大区别。在访谈中，学生说：

"英语非常有用，出国、参加应聘（的时候）人家看四、六级的成绩，这是硬指标。我准备在北京找工作，所以英语更重要，回到家的话汉语更重要，英语用得比较少。"（MS02）

"考研用得上，以后用处更广。家里人现在认识到英语的重要性，让我多学习英语，高中的时候我说要报班（英语补习班），家里人说你先把

高考的科目学好，不要在英语上浪费（时间）。”（US05）

“我想以后在英语方面发展一下，当英语老师之类的，我也想在家乡开一个补习班，（英语）对自己的事业和生活都觉得有用。”（US16）

“英语学习就像赶时髦一样，自己什么都不会也不行，看电影时（看到）人家可以很神秘地说英语，我很羡慕，自己也想说一口顺顺的（流利的）英语，一些先进的知识也要从美国学习。”（US04）

“现在大部分大学生的英语水平都不错，况且以后上学的新疆孩子也会从小学英语，不想未来被社会排挤掉，所以觉得英语很重要，尤其是像我们这样搞语言学的，必须掌握几门外语的语法。”（US25）

“（英语学习）有用啊，至少应该考级。上次家人问我英语学得怎么样，我什么都没考，很没面子。”（US31）

“我喜欢英语带来的乐趣，喜欢英语，想学会英语，去外国旅游，看看世界，喜欢外国人的生活方式。现在是全球化的、充满竞争的时代，英语成了必须学好的语言，英语会带给我们更多的知识，更多认识和更多乐趣。”（US12）

“从小学就开始接触英语，但是小时候贪玩旷课，就没怎么学过英语，上了大学以后也一直没有学，但这学期开始重新自学，因为在一些场合由于语言的原因失去了很多机会，所以现在才觉醒，感觉英语在当今时代很重要，不管是工作还是学习，我们都会接触。”（MS01）

“我家里人的意思是让我出国，我对英语国家比较感兴趣。”（US15）

也有个别学生认为英语学习不重要，US03说：“英语回新疆就没有用了，我不准备考研，如果考研我也可以用土耳其语考。暂时没有出国的打算，以后（英语）用不到，我也不感兴趣。”

研究表明，语言学习的动机直接影响学生使用语言学习策略的频率、与持目的语者交流的意愿、接受语言输入的多少、在学习成绩中的表现以及坚持学习时间的长度。① 从上面学生的表述中可以看出少数民族大学生英语学习的动机类型与汉族大学生基本相同，都包含：内在兴趣动机、成绩动机、出国动机、学习情景动机、社会责任动机、个人发展动机和信息媒介动机。② 综合来说，少数民族大学生的工具型动机表现更加强烈，如考（英语）四、六级，考研，找工作，出国等需求，融合型动机（即学习语言是为了了解和融入目的语文化）表现不够。加德纳（Gardner）等人通过对二语习得者30多年的研究表明：融合型动机与语言成绩相关性更大，持有该动机的学习者在语言学习中比持有工具型动机者更积极主动。③ 加德纳（Gardner）的动机研究是以社会视角为基础的，但是随着英语成为国际通用语，工具型和融合型动机的分类已经不足以涵盖所有对语言习得产生影响的因素。根据阿诺德和布朗（Arnold & Brown）1999年提出的新的动机分类，第二语言学习又可以分为内在动机和外在动机。内在动机取决于学习者个体的内在需求，比如喜欢英语是因为英语带来乐趣，或者学习是为了从活动中获得满足感等，外在动机是外部因素作用的结果，如因为家人、同伴的压力，或者因为惩罚机制等。④ 一般认为：内在动机能够对学习产生持久的刺激作用，而且教师的介入可以使学生的内在和外在动机产生转化，比如有教师支持的课堂上，学生会表现出更强的内在动机与能力等。

从内、外动机的角度来说，促使少数民族大学生学习英语的外部因素比内部因素多，比如希望通过英语四、六级考试，面子问题以及为了找到

① Oxford, R. L. , Shearin, J. , "Language Learning Motivation: Expanding the Theoretical Framework" , *The Modern Language Journal*, vol. 78, no. 1,(1994) , pp12–28.

② 高一虹等:《中国大学生英语学习社会心理——学习动机与自我认同研究》，北京：外语教学与研究出版社，2003年。

③ Gardner, R. C. , Lambert, W. E. , *Attitudes and Motivation in Second Language Learning*, Rowley, Mass. : Newbury House, 1972.

④ Arnold, J. , Brown, *Affect in Language Learning*, Cambridge: Cambridge University Press, 1999.

好工作，出国和一些“社会取向型”动机等，内部因素所占比例比较小。从横向比较来看，少数民族大学生英语学习的外在动机没有汉族大学生的强烈，这主要体现在考研和找工作两个方面，中央民族大学少数民族语言文学学院规定学生报考研究生可以使用英语或者其他语种进行外语考试（如土耳其语或日语等），该班的学生（US22）曾经和笔者说：“土耳其语比英语好学，我们学长学姐学了一个月就可以参加考研了，所以我们班大多数考研的同学都准备用土耳其语考。”另外，毕业后选择留在北京或者内地城市发展的少数民族学生人数不多，回到家乡后英语使用的范围有限。这些因素都会导致少数民族大学生对英语学习抱着“试试看”的心态，一旦在学习中遇到一点挫折或者困难，很容易滋生“英语无用论”的情绪，无法对英语学习保持强烈而持久的动力。

多诺伊（Dörnyei）提出需要进行其他与动机相关的问题研究，如性别差异、具体的课堂变量（任务、教材、教师评价、课程）、父母影响、学习策略等。① 值得关注的是，家人的因素在少数民族大学生中产生很大的影响，在很多学生的表述中可以看出，家里人对英语学习的态度直接影响了学生英语学习的积极性。但是也不排除有反例，如一个学生（US20）曾经和笔者谈道：“我妈妈是老师，她特别希望我学好英语，我们家里人想让我出国留学，我中学的时候爸爸就曾经带我去乌鲁木齐上英语班，可不知道为什么我特别反感学英语。”这名学生英语课堂出勤率不高，与她英语学习的态度和动机有很大关系。

（五）被调查者的英语课堂参与情况

笔者给基础级英语班授课的感受是，学生的课堂参与度不高，仅有几个学生比较活跃，班级学生出勤率比较低。根据图2–5显示的课堂参与情况频率分析结果表明，只有34.1%的学生认真听讲并积极参与，有26.8%

① 卢敏：《学习者个体差异与外语教学》，济南：山东大学出版社，2015年，第70页。

的学生认真听讲但很少参与。据笔者观察，选择认真听讲但很少参与的这类学生只是因为认识到英语学习的重要性，所以很努力地听讲，但由于实际水平与授课内容有差距，他们在英语课堂上听懂的内容并不多，所以无法积极参与课堂活动。有17.1%的学生只是被动听课，这类学生出勤率很高，看起来好像在听课，但是当笔者在课堂提问的时候他们选择沉默，甚至不愿意尝试回答。还有22%的学生因为基础不好听不进去，所以干脆选择旷课，有的学生一上课就睡觉，有的在英语课堂上做专业课的作业，老师走到他们身边也无所谓，无视老师的提醒。

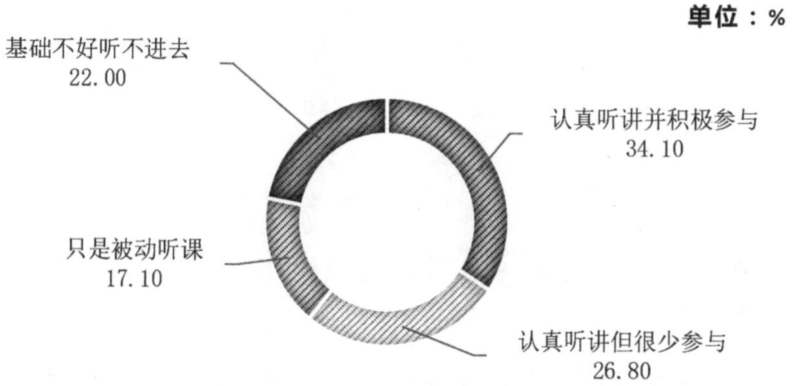

图2-5　英语课堂参与情况

根据学生的访谈内容可以看出，该班大多数学生课堂表现不积极的主要原因还是由于基础薄弱跟不上，导致他们对英语学习失去了兴趣。还有一部分学生认为“上课没有意思，不愿意在课堂上浪费时间”。学生课堂的参与情况反映出教学难度与学生知识掌握程度不匹配已经严重影响了他们上课的积极性，因此要提高少数民族大学生英语课堂教学质量，必须改变传统的“一刀切”教学模式，按照学生的实际水平进行有差异的教学，使每一个学生都能在自己的学习基础上有收获。同时，课堂教学还应该设计灵活多样的教学活动，激发学生的学习兴趣，使他们更多地参与到课堂教学中。

（六）被调查者的预习、复习和完成作业情况

从图2–6中可以看出基础级英语班的学生缺乏课下主动学习英语的意识，仅有29.3%的学生选择经常课前预习、课后复习和完成英语作业，26.8%的学生有时候会这样做，43.9%的学生很少自己学习课本的内容和主动完成英语课布置的作业。

单位：%

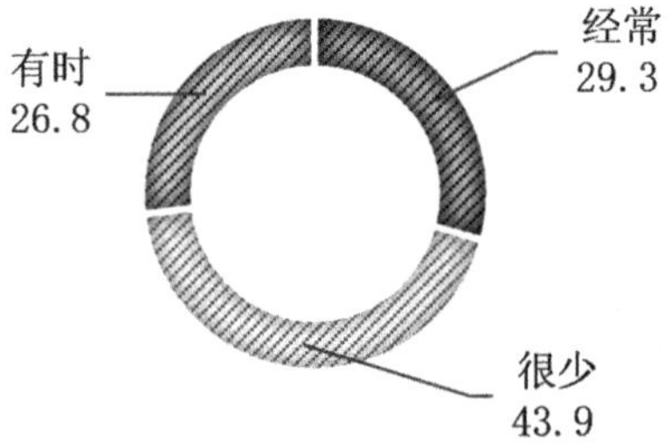

图2–6　预习、复习和完成作业的情况

这说明少数民族大学生没有建立起良好的自主学习习惯，在访谈中学生表示老师布置的英语课作业偏难或者不感兴趣，是他们没有动力完成作业最主要的原因，也有的学生认为“因为老师没有在课堂上检查每一个学生的作业，缺乏有力督促，就会促使我们抱有侥幸心理”。但是在对教师的访谈中，ZT1表示：“每节课时间仅有短短的45分钟，课堂上有很多重点知识点需要讲解，英语课的作业又以口语表达为主，教师确实没有时间在课堂上检查每一个学生的作业完成情况。”教师没有起到督导作用，也是造成学生对课后英语学习不够重视的原因之一。

（七）被调查者每周课外学习英语的时间

对于每周课外学习英语的时间这个问题（图2–7），基础级英语班的

学生选择最多的是2小时以下，占31.7%，其次是2—4小时，占26.83%，选择4–8小时的学生和几乎不花任何时间的学生一样多，都占全班总人数的19.51%，仅有一人（2.44%）选择8小时以上，该生在题目旁边专门标注“看美剧”。在访谈中笔者问及原因的时候，多数学生都表示“专业课作业太多，没有更多的精力分给英语”（US04），另外还有学生说：“老师应该多留一些作业，这样我们课下才能有更多时间学习英语。”（US13）从这项调查中可以看出，少数民族大学生对课堂教学的依赖心理比较严重，他们对自己的英语学习缺乏管理、监控的能力。

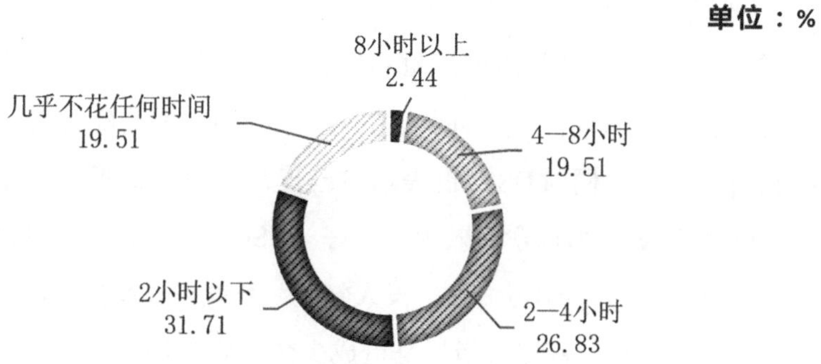

图2–7　每周课外学习英语的时间

（八）被调查者英语学习的主要途径

调查结果显示少数民族大学生英语学习的途径相对单一（图2–8），40.51%的学生选择通过网络、电视和电影的方式学习英语，在访谈中笔者发现少数民族大学生对看电影（美剧）、听歌曲学英语这种方式特别感兴趣，很多学生表示“是因为看美剧才喜欢上英语的”。MS02在访谈中说：“小学英语是主课，必须好好学，中学的时候家里人说英语重要，要好好学，我真正喜欢上英语是高中开始看美剧，看《老友记》《生活大爆炸》，他们那些‘梗’（笑话）那些说话方式那种思维方式，就是外国人那种真诚……就是喜欢什么就说什么，不喜欢什么就不说，还会说一些俚语，都觉得很有意思。”在访谈中，学生们一提到他们喜欢的美剧，讨论得眉飞色舞，但是“追剧”对学生英语学习有多大帮助？US31和笔者说，因为看美剧感觉自己英语的听说能力都加强了，但是当笔者请她用英语简单介绍一下自己正在看的美剧的主要情节，她却连剧里面的人物叫什么都说不清楚。少数民族大学生也喜欢利用网络自学英语，信息化时代网络能够带给学生们充足的学习资源。有的学生会下载一些英文网站上的学习资料，更多的学生选择在移动电子设备上下载APP来学习。访谈中学生们提到使用最多的APP是背单词类的软件，如百词斩、扇贝、金山词霸等，另外还有一些发音软件，如英语趣配音等，这也从另一个侧面说明少数民族大学生对自己英语词汇量和发音等方面信心不足。这些APP是否每天使用？US16说：“金山词霸里面的一分钟英语我经常看，还有新闻我每天都会听。”同时US16也表示自己读写都可以，听力最差，听新闻会碰到很多问题，所以学习效果并不好。US02说：“百词斩我也用过一段时间，很有用，后来学习一忙，没人督促，我就再也没打开过，就没用了。”由此可见，缺乏督促和指导是造成少数民族大学生利用网络等方式自学英语效果不理想的主要原因。

基础级英语班有39.24%的学生认为课堂听讲是他们英语学习的主要途径，笔者在教学过程中发现，班里很多学生过度依赖课堂教学。访谈中学生表示：“平时专业课很忙，没有计划专门学习英语的时间，只有上课的时候学习英语。”教师ZT1在访谈中也提到了相同的问题：“学生过度依赖课堂教学，课后就把课本放在一边，根本不看。下一次上课的时候，之前讲过的内容又忘了，日积月累不会的东西越来越多，形成了恶性循环。”学生访谈的时候，US13和US04都建议增加英语课时，希望每周至少上三次课（6课时），否则“英语学习缺乏连续性，只能上课接触，不能天天都学”。

13.92%的学生选择参加课外辅导班来提高英语水平，这部分学生对自己的英语学习有较高要求。与汉族学生不同的是，少数民族大学生倾向选择使用本民族语言授课的英语基础补习班，“补习班比较有亲切感”，而且“不用担心语言转换的问题”，“补习班的学习氛围比较好，大家可以互相激励”成为他们选择假期回家乡上补习班的主要原因。US09说：“我今年暑假准备回乌鲁木齐报一个辅导班，我觉得自己没有自律性，自己学不能学到（东西）。课堂有时候同学说话我就不能集中精力，但是辅导班每天都上课，也没有别的课程，上午上课下午还可以消化一下，（效果）很好。…… 我报的这个补习班在新疆是很有威严（影响力）的一个补习班，特别励志。他们第一节课都会给你洗脑，会说一些很励志的话，让你完全喜欢上英语，那些老师把自己的经历说出来你就会觉得好励志呀，我也要像他们一样，一下子你的积极性就被带动起来了，因为他们是跟我们离得比较近的人，他行的话就会给我们一种鼓励，一种榜样（的力量），（让你觉得）我也可以这样，（学英语的）信心就增加了。”据笔者了解，由于中央民族大学没有在第一学年给2015级的基础级英语班学生开设英语课，很多学生选择在校外上本民族老师开的英语课，他们喜欢这种小班授课的教学环境，因为“大家都像家人的感觉”。（US12）

仅有6.33%的基础级英语班的学生通过阅读课外读物的方式学习英语，访谈中很多学生表示“不知道应该读什么书，自己很难选择难度适合的阅读材料。”综合以上分析，笔者认为少数民族大学生英语课后自主学习的意识不强，学习途径单一，依赖课堂心理比较严重，因此，如何将课堂教学和课后学习有机结合起来，督促学生进行有效的自主学习，是教师在进行课程设计时应该认真思考的问题。

单位：%

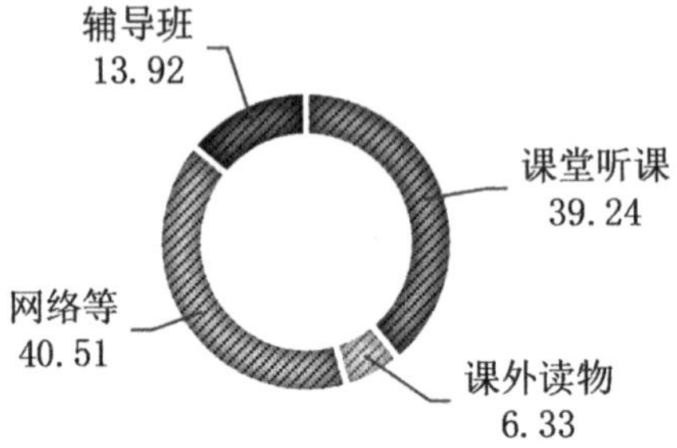

图2-8　英语学习主要途径

（九）被调查者大学英语学习的满意度

学生对大学英语教学满意度情况调查的结果显示（图2-9）：仅有17.07%的学生觉得自己收获很大，英语水平提高了很多。19.51%的学生觉得什么都没学到，英语学习只是徒劳无功，63.41%的学生觉得自己收获不大，只是学了一些词汇和语法知识。

单位：%

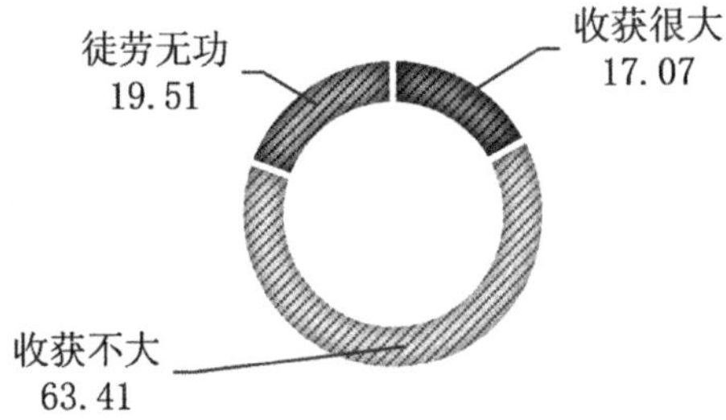

图2-9　大学英语学习的总结

总体来说，少数民族大学生在英语课堂教学中没有获得满意的学习体验，这是由多方面原因造成的，从以上调查中可以看出教学难度与学生的水平不匹配是导致学生在课堂教学中参与程度不高的主要原因。另外，三种语言的思维转换方式也给学生带来了一定的英语学习困难，少数民族大学生英语学习的内在和外在动机不强烈、学习途径单一等因素也在一定程度上降低了学生英语学习的积极性，这就需要教师根据学生的实际水平制定有差异的教学目标，安排多样化的教学内容激发学生的学习兴趣，利用对比教学等方法帮助学生减少语言障碍，为学生提供可以选择的学习资料丰富学生的自主学习途径，探索真正适合少数民族大学生的“以学生为中心”、分层次的英语课堂教学模式，贯彻“因材施教”的教学原则。

二、英语学习自我效能感

（一）自我效能感的研究目的

从课堂教学观察以及和学生的谈话中笔者注意到，少数民族大学生的英语学习起始时间与学生英语实际基础并不能划等号，接触英语时间较早并不说明基础好，相反接触英语时间较晚也不代表什么都不会。这种现象引起了笔者的关注，这到底和学习者的哪些个体差异有关？针对这一疑惑，笔者查阅资料，发现在语言习得的过程中，“自我效能感”是一个很重要的影响因素，它通过人的感知、情感等方面影响学习者学习的积极性和努力程度，进而影响学习者的学习成绩。

自我效能感是班杜拉社会认知理论中的重要概念，是指“个体在特定情境中对自己某种行为能力的自信程度，即自己在面临某一具体的活动任务时，是否相信自己或在多大程度上相信自己有足够的能力去完成该活动任务”。[①] 自我效能感的理论框架是在个体、环境和个体行为的互动基础上建立起来的。班杜拉（Bandura）认为，一个人如果能够在特定学习环境中善于反思，对自己的行为、思想、感受、情感有良好的监控能力，那

① Bandura, A. , *Social Foundations of Thought and Action: A Social Cognitive Theory*, Englewood Cliffs, NJ: Prentice Hall, 1986.

么他（她）一定能够积极主动地参与并完成任务。一般来说，如果一个人认为自己有能力完成一项任务，那么他（她）就会积极主动地参与其中，相反他（她）很可能会选择放弃。在笔者和学生前期调研沟通长达数小时的访谈录音中，“放弃”是笔者听到中、低分数段学生提到比较多的词，因为生词太多而“放弃”，因为学习垫底而“放弃”，因为没意思而“放弃”，因为怕其他同学笑话而“放弃”，在这些“放弃”背后隐藏的真正的原因是什么呢？是学习者的学习观念、学习动机，还是学习自信心？这些心理因素又是如何影响少数民族大学生英语教学效果的呢？带着这些问题，笔者设计了前期调查问卷的第二部分：自我效能感调查。

自我效能感调查是以张日昇2004年设计的《外语自我效能感量表》为基础，适当修改而成，本部分问卷分为四个维度：英语学习的能力感、英语学习的挑战感、英语学习的努力感和英语学习的挫折感，统计分数越高说明学习者的自我效能感越高。在进行分析统计前，笔者首先对自我效能感调查问卷进行了信度分析，结果显示总量表的克朗巴哈（Cronbach's α）系数为0.851，一般认为一份信度系数良好的量表或问卷克朗巴哈系数应该在0.80以上，0.70—0.80之间为可接受范围。

下面笔者将对中央民族大学基础级英语班学生的整体自我效能感以及他们的自我效能感是否存在性别差异进行分析。

（二）自我效能感调查结果分析

1. 被调查者的整体自我效能感分析

为了对少数民族大学生英语学习的自我效能感进行全面了解，笔者对基础级英语班41名学生的自我效能感的四个维度（能力感、挑战感、努力感和挫折感）分别作了平均值和方差的描述性统计，统计结果见表2–5。该班大学生的自我效能感为2.91，比一般认同的中等水平值3要低一些，整体处于中等偏下的水平。其中学生的努力感（3.21）在四个维度中分数最高，处于中上等水平，这说明少数民族大学生普遍认为，英语成绩与学习的努力程度呈正相关。在访谈中很多学生认为“自己不够努力”，尤其是在谈论到记忆单词的时候，几乎参加访谈的所有学生都表达“背单词是自己的事，不用老师讲”，换句话说，学生们认为只要自己用心背单词，就一定能记住。

自我效能感中分数排名第二的是挑战感（2.87），少数民族大学生喜欢有挑战感的学习任务，在访谈中，他们对课堂活动的描述使用频率最高的两个词是“有挑战性”和“有成就感”。当问及第二学期在课堂上做presentation（课堂陈述）的感受时，US13说：“一分钟英语的形式很好，我可以展现自己。”根据笔者的观察，该生属于英语基础薄弱，英语发音问题较多的学生，课堂使用英语做课堂陈述对他来说难度很大，但是他认为“这是一种挑战”。US09表达了同样的看法，她说：“presentation一开始我是拒绝的，会紧张，刚开始上台声音都是抖的。但是上学期练过了发现可以尝试一下。”对于英语基础较好的MS02，也认为“在自己准备presentation的过程中，我能学到很多东西，努力之后看到一个东西呈现出来，我很有成就感”。鉴于少数民族大学生好胜心强的特点，教师在授课中应该根据不同层次学生的学习基础，设计略高于其水平的具有“挑战性”的教学任务，满足他们的“成就感”，激发学生的学习动机。

排名其次的是能力感（2.81），这与问卷第一部分第6题互相印证，说明多数少数民族大学生认为英语学习比较难，而这种畏难情绪常常会使他们产生退缩心理，对英语学习失去自信心，进而“放弃”英语学习。分数最低的是挫折感，对于这个结果笔者非常认同。在与学生多次的沟通中，笔者发现基础级英语班的学生承受挫折的能力非常低，曾经有一名学生在课后和笔者沟通的时候说：“我在小学的时候学过英语，还作为班里优秀人员跟一个女生参加演讲比赛，比赛很成功，只是最后一句话我说错了，应该说是发音错了，然后被狠狠嘲笑了一整年，直到小学毕业，在这一年里，我没法再开口说英语，一说话他们就学当时我说的那句话，让我难堪。也就是说我从那时开始一直没说过英语，初中、高中虽然课程上有英语课，但（老师）一直给我们放电影。我再也不敢说英语，感觉我一说话就能听到别人的嘲笑一样。”据笔者观察，该生就如同她自己讲述的一样，对英语有一种抵触情绪，上课虽然出勤率很高，但是从来不发言，请她起来回答问题也是以沉默的方式回应。在访谈中MS01也提到了类似的情况，她说：“我对英语完全不感兴趣，因为英语学习环境中遇到一些轻视和看不起，更不想学英语了，非常讨厌英语。”在基础级英语班，因为受过一些挫折而对英语学习不感兴趣的学生不止这两人，在课堂授课的时候笔者会特别注意，对学生以鼓励为主，避免当众批评学生，以免使他们对英语学习产生消极情绪。

表2-5自我效能感描述统计

	均值	标准差
自我效能感	2.9102	.59756
能力感	2.8118	.79439
挑战感	2.8732	.87722
努力感	3.2146	.43218
挫折感	2.7805	.61287

班杜拉（Bandura）认为自我效能感通过对个体学习选择、认知、情感和动机过程的影响使学习者学习目标的设定、努力程度、坚持信念和学业成就发生很大改变。学习者的自信程度影响着学习者学习的选择过程，在面临不同学习任务的时候，学习者倾向于选择他们认为自己能力所及的任务，在完成任务时，一些外界因素又会反过来影响学习者的自信心。个人成就感是认知过程的一个重要影响因素，一般来说，自我效能感高的学生喜欢选择具有挑战性的任务，他们喜欢战胜困难所带来的成就感，同时这类学生解决问题的能力也比自我效能感低的学生强。另外，归因方式也会影响人的认知过程，自我效能感高的学生总是认为没有学好是自己基础

不好或者不够努力的原因，并且认为通过对自己行为的控制，比如更加努力或者选择更适合的学习策略，他们一定可以获得更高的学业成就。自我效能感高的学生更容易掌控自己的情感过程，当学业中遇到一个难题的时候，自我效能感高的学生可以保持冷静的头脑和清晰的思维寻找解决办法，而自我效能感低的学生会立刻陷入沮丧的情绪中，焦虑不安，甚至想马上“放弃”。最后，自我效能感对学习者的动机也能产生很大的影响。自我效能感高的学生一般具有较高内在学习动机，这会使得他们在学习过程中更加努力，完成学习任务的时候表现出更加坚定的意志力。

由此可见，自我效能感是提高学生认知能力、努力程度和学业成就的重要因素。在基础级英语班的课堂教学中，教师可以通过为少数民族大学生创造更多“成功的机会”，帮助学生“重塑”英语学习的自信心；根据学生个体的实际水平，确立可达到的目标，引导学生正确认识自己的学习能力和潜质；并且调整英语学习难度，以满足学生的“成就感”等方法，来提升少数民族大学生的自我效能感。

2. 少数民族大学生自我效能感的性别差异

将被调查者按照性别分组，并对各自的自我效能感和四个维度的数据采用独立样本分析，当sig.<0.05时，表明结果有显著差异。从表2–6中可以看出，少数民族大学生的自我效能感在性别上不存在明显差异，相比之下，男生的自我效能感整体略高于女生的自我效能感，从具体的四个维度上进行区分，女生在能力感上略占优势，在挫折感上更有耐受力，男生则认为自己更努力，更喜欢有挑战性的教学任务。据笔者了解，很多少数民族并没有男尊女卑的思想，甚至在有些民族地区女性表现得更加优秀，在课堂教学中笔者也发现维吾尔族女生更善于表达，更希望表现自己，而且英语的学习能力比男生略强一些。

表2-6　自我效能感性别差异独立样本分析

	性别	N	均值	标准差	F	Sig.
自我效能感	男	9	2.9141	.46491	.937	.339
	女	32	2.9091	.63636		
能力感	男	9	2.7460	.65768	.557	.460
	女	32	2.8304	.83728		
挑战感	男	9	2.9778	.82731	.005	.943
	女	32	2.8438	.90123		
努力感	男	9	3.2222	.23333	2.974	.093
	女	32	3.2125	.47638		
挫折感	男	9	2.7778	.49441	1.354	.252
	女	32	2.7813	.64929		

Sig. <0. 05时，表明统计结果有显著差异

三、英语自主学习能力

（一）自主学习能力的内涵

国外的外语教学研究中关于自主学习的名称有很多：autonomous learning，independent learning，learner autonomy，self-directed learning，self-access learning等，鉴于各个时期对自主学习的提法不一样，迄今为止自主学习也没有一个统一的定义。1981年亨利·霍莱茨（Henri Holec）在其著作《自主性与外语学习》中首次将“自主学习”的概念引入外语教学，并将其定义为“对自己的学习能够负起责任的能力”，他认为发展学习者的自主能力有3个因素：①学习目标的设定；②独立的学习行为；③学习评估。①

① Holec, H. , *Autonomy and Foreign Language Learning*, Oxford: Pergamon Press, 1981.

在此后的研究中，不同研究者对自主学习能力赋予了不同的内涵，总结起来有以下4点。

（1）了解学习目标，制定恰当的学习计划并适时调整学习目标；

（2）可以自主选择学习内容和方法，正确运用学习策略；

（3）能够积极参与学习过程，反思学习效果；

（4）能监控自己的学习过程，并对自己的学习进行评估。

鉴于自主学习能力的内涵，在问卷调查中笔者采用了徐锦芬等人设计的《非英语专业大学生英语自主能力调查问卷》，该问卷比较符合中国大学生英语学习的特点，可操作性强。根据基础级英语班学生试作的情况，笔者发现少数民族大学生对于“对学习策略的监控”这类问题的语言表述不是十分理解，在试作过程中不断有学生询问“对学习策略的监控”的含义以及“对学习策略的监控”和“使用学习策略”的区别，问卷试作结果显示这一类能力的克朗巴哈系数较低（Cronbach's α=0.587），因而，在问卷使用时笔者删除了“对学习策略的监控”所包含的6个问题，并对问卷部分问题的语言表述做了细微的调整。调整后总量表的克朗巴哈系数为0.812，表明该部分问卷具有非常好的信度。

（二）英语自主学习能力研究的必要性

随着信息时代的到来，现代社会要求人们具备终身学习的能力，越来越多的教育者已经意识到学习者必须学会如何学习。教育的目的不再是“授之以鱼”而是“授之以渔”，因此如何培养和促进学习者的自我学习能力成为教育研究的热点问题。大学英语教学改革则更加强调自主学习的重要性。“费时低效”一直是困扰大学英语教学的重要问题，长期以来，大学英语教师努力试图改变这种传统“满堂灌”式的教学模式，希望通过“课堂教学+自主学习”的方式优化教学过程，提高教学效率。教育部2007年颁布的《大学英语课程教学要求》中明确规定：“教学模式改革的目的之一是促进学生个性化学习方法的形成和学生自主学习能力的发展。”[①] 在新的教学思想指导下，很多学校开展了基于网络的英语教学授课模式。现代信息技术的提高的确带给自主学习更大的发展空间，同时也带来了很多问题。习惯于被动听课的中国大学生没有掌握自主学习的能力，面对新的教学模式表现出很多心理不适，反而影响学习效果。为了避免出现类似的问题，笔者在构建新的课程教学模式之前，需要对基础级英语班学生的英语自主学习能力的现状进行全面的了解，以便能够根据少数民族大学生的自主学习能力给他们提供更多的帮助，减少其在自主学习中可能出现的问题。

（三）少数民族大学生自主学习能力调查结果分析

通过表2–7可以看出，被调查者整体的自主学习能力均值为3.05，属于基本达到标准水平（一般认为M≧3为达到标准）。具体四个维度的均值从高到低排列分别为：对教师教学目的和要求的了解情况（3.21）、对学习过程的监控与评价（3.18）、对学习目的的制定与规划（2.96）、对学习策略的有效使用（2.88），其中对学习目的的制定与规划和对学习策略的使用方面，少数民族大学生没有达到标准水平（M＜3）。

表2–7　自主学习能力描述统计

	均值	标准差
自主学习能力	3.0552	.80622
对教师教学目的和要求的了解情况	3.2195	.87535
对学习目的的制定与规划	2.9659	.91313
对学习策略的有效使用	2.8878	.93386
对学习过程的监控与评价	3.1805	.89978

标准差是度量样本离散程度的重要统计量，标准差的值越大说明样本

① 教育部高等教育司：《大学英语课程教学要求》，北京：外语教学与研究出版社，2007年。

偏离平均值的可能性越大，离散程度越大。在表2-7中，学生们对学习策略的有效使用的选择标准差最大，说明在这个维度的5个问题上，选择的数据分布趋向分散。

为了更好地了解少数民族大学生的英语自主学习能力情况，下面分别从对教师教学目的和要求的了解情况、对学习目的的制定与规划、对学习策略的有效使用和对学习过程的监控四个维度讨论学生在英语自主学习方面的问题。

1. 对教师教学目的和要求的了解情况

表2-8中的数据说明少数民族大学生在了解教师的教学目的和了解教师在课堂上采取某项教学活动以提高学生语言能力的意图方面做得比较好（Q1:M=3.56，Q11:M=3.49），其次是学生跟上教师教学进度的能力（Q18:M=3），做得最差的是学生将教师的教学目的转化为自己的学习目的这一方面（Q6:M=2.83）。

表2-8　对教师教学目的和要求的了解情况的描述统计

	均值	标准差
Q1	3.56	0.896
Q6	2.83	1.263
Q11	3.49	1.165
Q18	3.00	1.183

这与访谈中学生的表述基本吻合：

“老师平时让我们做对话练习可以提高我们的交流能力，对这个我很感兴趣，但是我比较怕自己说得不好，所以一般不会主动举手（在全班面前演示）。”（US12）

“英语课上老师讲得多，我基本都能懂，很少会思考。英语课不一直是这样吗？虽然效率不高……”（US31）

2. 对学习目的的制定与规划

表2-9中的数据说明少数民族大学生基本上可以根据自身的实际情况确立学习目标（Q3:M=3.34）,但是对于确立目标后是否能够合理规划调整自己的英语学习时间，很多学生持否定态度（Q4:M=2.98）。如MS02英语基础比较好，她对自己英语学习制定的目标是大学期间通过英语六级考试，她说："虽然我有每天学英语的计划，比如背单词、做真题练习，但是总感觉学习动力还不够，有时候专业课占用很多时间，英语学习的时间就不够了。"和MS02一样，基础级英语班有很多学生确立了英语考级的学习目标，但不是所有学生都明确制定了自己的英语学习计划（Q9:M=2.88，SD=1.144）。在访谈中，只有个别学生提到自己暑假准备参加补习班的计划，另外，US16提出下学期希望自己在口语和听力方面有所提高。对于大学英语学习大纲中语言技能的学习要求和是否能够根据大纲制定目标（Q5:M=2.73，Q14:M=2.90），该班学生均表示不了解英语大纲的要求。

表2-9　对学习目的的制定与规划描述统计

	均值	标准差
Q3	3. 34	1. 087
Q4	2. 98	1. 107
Q5	2. 73	1. 049
Q9	2. 88	1. 144
Q14	2. 90	1. 136

3. 对学习策略的有效使用

从学生自主学习能力的整体分析中我们可以看出（表2-10），少数民族大学生英语学习策略的有效使用分数最低。具体来说，在5道题中得分最低的是考查学生对学习策略的全面了解和使用程度（Q7:M=2.61）。

其次是听力策略和口语策略（Q2:M=2.85，Q8:M=2.88），这和少数民族大学生听力、口语基础薄弱有很大关系。得分相对高一些的是学生在写作和阅读中使用的学习策略（Q13:M=3，Q12:M=3.1），这一点反映出少数民族外语教学“重读写，轻听说”的整体教学思路。从整体上说，被调查者对于英语学习策略不太了解，访谈中很多学生表示“希望老师可以介绍好的英语学习方法”。

表2-10　对学习策略的有效使用描述统计

	均值	标准差
Q2	2.85	1.152
Q7	2.61	1.070
Q8	2.88	1.187
Q12	3.10	1.114
Q13	3.00	1.118

4. 对学习过程的监控与评价

表2-11的数据说明，大部分基础级英语班的学生认为自己有能力选择有效学习途径使自己成为一个更好的语言学习者（Q16:M=3.49），并且能主动克服不利于英语学习的情感因素（Q10:M=3.32）。这样的选择可能与学生的民族个性有关，比如，笔者在平时的教学观察中发现，少数民族学生有一种天然的乐观精神，他们认为没有什么困难是不可以战胜的，所以基础级英语班的多数学生认为只要自己足够努力，就一定能够把英语学好。相对来说，少数民族大学生对于自己找到错误的原因和同步监测语言任务完成情况的能力并不十分自信（Q15:M=3.12，Q17:M=3.07）。由此可见，少数民族大学生只是有信心将英语学好，但是英语学习的监控和评价能力还有所欠缺。分数较低的是第19题（Q19:M=2.9），在访谈中很多学生也谈到英语学习的环境不好成为影响英语学习的因素之

一。MS02说："我们学习汉语的时候可以看到很多汉语的广告，有汉语的电视电影，还可以和汉族学生聊天，所以学习起来很快。可是学英语不一样，仅局限于课堂学习，也没有英语角什么的，感觉缺乏英语学习的环境。"

表2-11　对学习过程的监控与评价描述统计

	均值	标准差
Q10	3. 32	1. 234
Q15	3. 12	1. 005
Q16	3. 49	1. 207
Q17	3. 07	1. 170
Q19	2. 90	1. 221

综合以上分析我们了解到，由于受到英语传统教学模式的影响，少数民族大学生在英语课堂上习惯于被动接受知识，而不是主动获取知识。这体现在他们可以很容易地理解教师在课堂中的教学目的，但是很难将这种教学目的转化成自己的学习目的，在英语学习中，他们常常处于被动地位，尽管对教学大纲要求一无所知，尽管学习基础水平各不相同，他们仍然会被动地按照教师的教学安排盲目学习，因而渐渐失去了对英语学习的兴趣。美国心理学家布鲁纳（Bruner）说："学习者不应被动地接受知识，而应主动地参与知识获取的过程。学习者只有通过自己练习、探究和发现，他们所获得的知识才能成为有用的知识。"① 由此可见，教师应该在课堂教学中确立能够激发学生学习兴趣的教学目标，引导学生了解教学计划并自主选择适合自身实际水平的目的，安排自己的学习计划，并对学习进行适时评估，学会选择和自我调整学习的内容与方法，使学生成为有效的

① 姜晓芳:《给学生主动权，充分调动学生的积极性》,《新课程（教育学术版）》第9期，2009年9月25日，第27页。

学习者。

英语教学提倡自主学习，可以使学生由“学会”向“会学”转移，促进学生的可持续发展，发挥学生的主体性，进而提高课堂教学质量。因此，在少数民族大学生的英语课堂教学中，教师应该特别关注学生自主学习能力的培养，给予不断地引导、监控、训练和强化，使学生学会正确运用学习策略，能够接触到丰富的学习资源，形成良好的自我督促机制，从而达到英语学习事半功倍的效果。

四、英语学习需求

（一）被调查者心中大学英语学习的重点和难点

问卷第四部分关于大学英语学习需求调查的前两题，是考查少数民族大学生心中认为大学英语学习的重点和难点与实际英语教学中的重点和难点的一致性。从图2-10可以看出，学生认为在大学阶段加强英语听说训练最重要（36.59%），其次是读写能力（24.39%）和语言基础知识（21.95%），另外有9.76%的学生认为考试技能的训练也很重要，仅有7.32%的学生想提高自身跨文化交际水平。

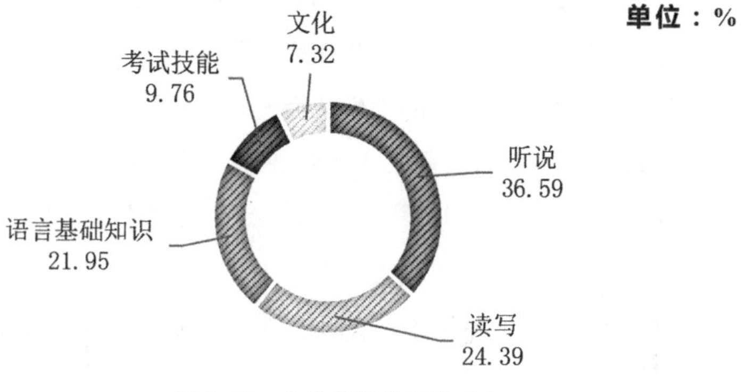

图2-10　大学英语学习的重点

由此可见，少数民族大学生和汉族大学生对大学英语教学的期望是一样的，即提高自己英语语言综合应用能力，但是由于他们英语基础薄弱，课堂教学偏重语言知识的传授，忽视了少数民族大学生英语能力培养的需求，基础级英语班的学生在访谈中谈到自己对大学英语学习期望的时候说：

"希望能学会用英语流利地表达。"（US12）

"希望以后能看懂无字幕的美剧。"（US02）

"我想大学阶段过英语六级，所以希望老师能在考试技巧上给我们作更多的指导。"（MS02）

另外，当笔者在访谈中问及英语文化教学方面的内容时，参加访谈的学生都表示了解不多，因为"以前英语教学中涉及文化方面的知识很少"，甚至有的学生认为自己的英语学习"还没到那个程度所以不用学"。在传统的少数民族大学生英语教学模式的考试压力下，英语教师习惯于向学生教授语法、词汇等语言基础知识而忽略了文化教学，制约了学生跨文化交际能力的发展。克拉姆契（Kramsch）认为："语言教学就是文化教学，文化从学习者开始学习外国语的第一天起就始终渗透其整个学习过程中。"[①] 因而，教师应该正确认识外语教育的文化属性，将文化教学融入课堂教学的各个环节，特别是在针对基础级英语班大学生的英语课堂教学中，教师还应该重视文化比较教学，鼓励中西方文化的平衡输入和输出，帮助学生减少因为文化造成的理解和交际障碍。

数据显示，基础级英语班的学生认为大学英语学习的难点从高到低排序依次是（图2-11）：词汇量太小（87.8%），语法不清（75.6%），听说薄弱（58.5%），阅读能力差（26.8%）。在访谈中笔者发现，英语语言基础知识薄弱是造成少数民族大学生英语学习困难的最主要因素，学生说："英语学了不敢写，写了不敢说，说了也不敢交流，单词背完就忘，

① Kramsch, C., *Language and Culture*, Oxford: Oxford University Press, 1998.

语法一片混乱，越学越吃力。”但是根据笔者的课堂观察以及访谈了解到，少数民族大学生在英语学习的过程中更加重视语言的实用性，课堂上讲解英语语言基础知识的时候，很多学生感到“很无聊，注意力无法集中”。

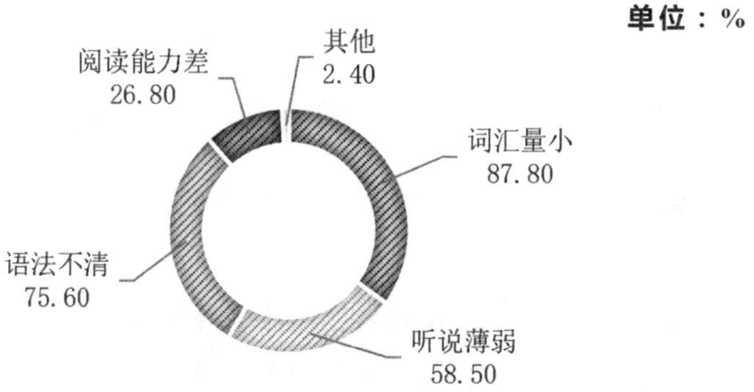

图2-11 大学英语学习的难点

综合以上两题的分析结果可以看出，少数民族大学生的英语学习需求与其自身英语基础水平和基础级英语课程教学目标并不一致，这可能也是导致基础级英语班课堂教学效率不高的重要因素之一。教师应该根据学生的实际情况制定教学目标，教学目标既要适应学生现有水平，又应处于学生的最近发展区内；既要满足学生的个性化学习需求，又要符合英语高素质人才培养的要求。

（二）被调查者对使用教材的满意度

从图2-12中可以看出，基础级英语班的学生对目前教学中使用的教材满意度一般，其中31.7%的学生认为教材能满足他们的需要，39.0%的学生认为基本能满足需要，29.3%的学生认为不能满足需要。

单位：%

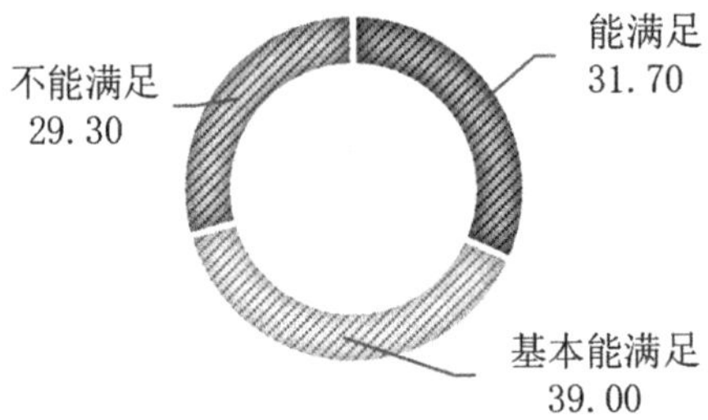

图2-12　对教材的满意度

对于教材的难度，被调查者普遍认为外语教学与研究出版社的《零起点大学英语基础教程2》（读写教材）的难度适中，但是课程选用的西安交通大学出版社的《剑桥实境英语·听说1》（听说教材）的难度偏大。这与笔者在授课的时候感受一致，笔者认为该班第二学期使用的听说教材难度跳跃性大，一个章节里的听力内容有的偏难，有的偏简单。该教材的优点是内容编排比较合理，每章围绕同一主题将听说练习结合在一起，内容丰富，主题贴近实际生活，如酒店、指路、购物场景等，但是听说教材的主题与读写教材主题严重脱节，课堂上无法提高词汇出现的重复率，不利于基础相对薄弱的少数民族大学生记忆、掌握新的单词和表达。同样教授基础级课程的ZT2听力课使用的是《零起点大学英语基础听说教程》，这是《零起点大学英语基础教程》配套的听说教材。该教师认为："这套听说教材的优点是内容简单，学生接受起来比较容易，题型单调，有点接近四级考试题型，对少数民族大学生提高听力有帮助，但是缺乏口语练习，而且《听说教程》中每一个章节没有统一的场景设置，话题比较零散。"对于读写教材ZT1持否定态度，她的理由是：①教材跳跃度太大（从第一册的字母到第二册的从句，难度跨越太大）；②用不到的知识点太多；③课文题材缺乏趣味性；④教材形式陈旧，缺乏新意；⑤练习题与课文中的知识点不匹配（比如后面的单词练习有的在课文中根本没出现过）。

对于教材的不足之处（图2–13），多数基础级英语班的学生认为是教材内容缺乏趣味性（36.5%），实用性不强（19.5%），缺少互动练习（19.5%），缺乏少数民族特色（14.6%），以及内容太抽象（9.8%）。有的学生在访谈中说：“现在课堂使用的教材话题太陈旧，与现实生活没有任何联系，不知道学习这些单词和课文的意义是什么。”部分学生认为：“教材缺乏针对性，基础级英语班的英语教材只是比普通班的简单了，并没有什么特别之处。”

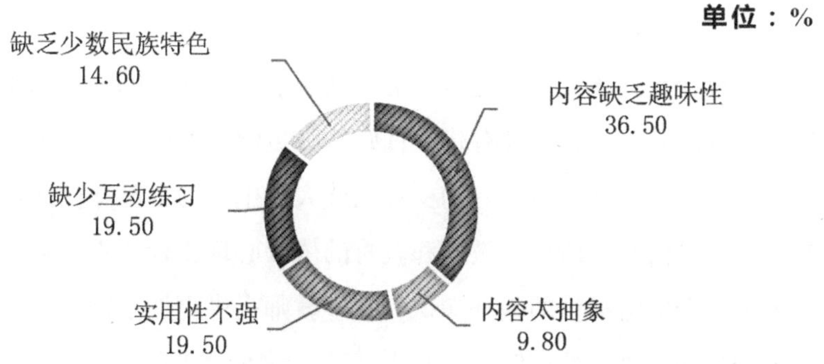

图2–13　教材的不足之处

被调查者希望如何使用英语教材，43.9%的学生认为应该全部由教师讲解，而且讲解得越详细越好，34.1%的学生认为授课教师应该少花时间在教材本身，多补充些课外知识，12.2%的学生认为课堂应该以自学为主，老师负责解答问题，9.8%的学生认为教师只讲难点就行，其他时间可以安排学生自学。

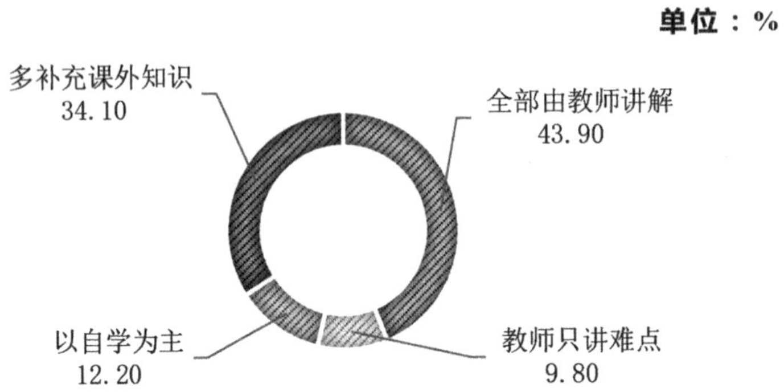

图2-14　希望如何使用英语教材

大多数少数民族大学生受传统英语教学“满堂灌”的影响比较深，习惯于做课堂的旁观者，还没有建立良好的自主学习习惯，仍然希望以输入为主；从另一个角度分析，有的少数民族大学生因为自己基础薄弱，对英语学习缺乏自信心，所以对教师和教材的依赖心理比较严重。基础较好的学生不满足于书本提供的基础知识，希望教师提供更加丰富的英语学习相关知识，加深对语言的理解，同时提高英语学习的兴趣。对于教材的使用方式，两位接受访谈的教师都表示课堂上基本以书本知识讲解为主，并补充一些课外辅导材料。

ZT1：“我会补充一些有意思的内容，比如我给学生分享过欧亨利的小说，给他们看不同的翻译版本，就是让他们感受翻译的魅力。”

ZT2：“我上课会补充一些阅读材料，但是学生的基础不一样，补充太多内容怕基础差的学生掌握不了，所以还是会以课文讲解为主。”

综合以上三道题的分析结果，笔者认为目前使用的读写教材《零起点大学英语基础教程》基本适合基础级英语班的英语教学实际水平，但是教师在教学内容的选择上应该遵循实用性和趣味性相结合的原则，灵活使用课本内容，设计不同的课堂练习和课堂活动，强化基础知识，补充课外知识，扩大学生的知识面，培养学生自主学习的能力。对于听说课，由于基础级英语班的学生水平差异较大，学习需求不同，笔者建议采用分层次小班授课的方式，课堂使用教材也应该根据学生水平有所区分，听说基础较好的学生可以在教材的基础上适当添加影音视听等真实语言材料，增加听力难度，在课堂上多提供语言实践的机会，提高语言综合应用能力；对于听说基础薄弱的学生以音标、辨音、拼读等基础知识教学为主，夯实听力基础，加强学生使用简单英语进行会话的能力。

（三）被调查者对大学英语教师的看法

从图2-15中可以看出，对于大学英语教师角色的期待，分别有29.2%和26.8%的少数民族大学生认为英语教师应该在其英语学习中起到学习协助者和知识传授者的作用，另外有19.5%的学生认为教师应该能够激发英语学习的动机。但是对于计划制定者和学习评价者这两个角色，学生并不十分认同，均仅占总百分比的12.2%。这说明少数民族大学生已经初步具有自主学习的意识，认识到英语学习的主体是学生，应该由自己制定适合的学习目标和学习计划，进行自我监控和自我评价。与此同时，他们也希望在英语学习遇到问题的时候教师能够及时提供帮助，在课下起到督促作用，以促进学生个体学习方法的优化。

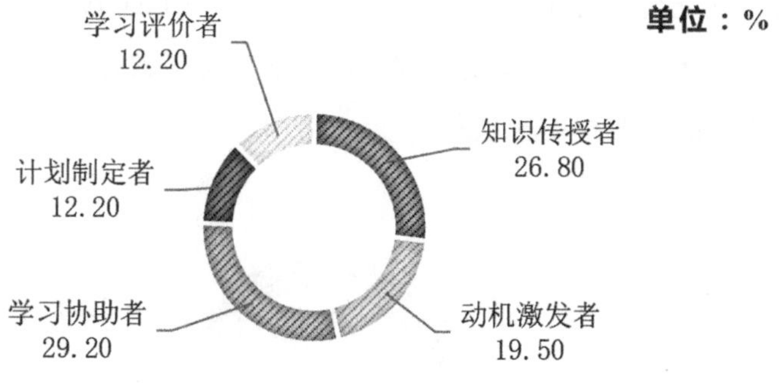

图2-15　大学英语教师的角色

图2-16是少数民族大学生心目中的理想英语教师应具备的素质，其中关心爱护尊重学生（34.15%），敬业、认真、责任心强（29.27%）和

教法灵活新颖（24.39%）排在4个选项的前三位，相对来说，学生对教师知识渊博（12.2%）的需求不高，这样的结果进一步说明少数民族大学生渴望教师营造一个民主、和谐的课堂心理环境，关注每一个学生，同时他们也希望教师在课堂教学中对学生认真负责，实施多样灵活的教学方法，创造轻松、活跃的课堂气氛，激发学生主动获取知识的动力。

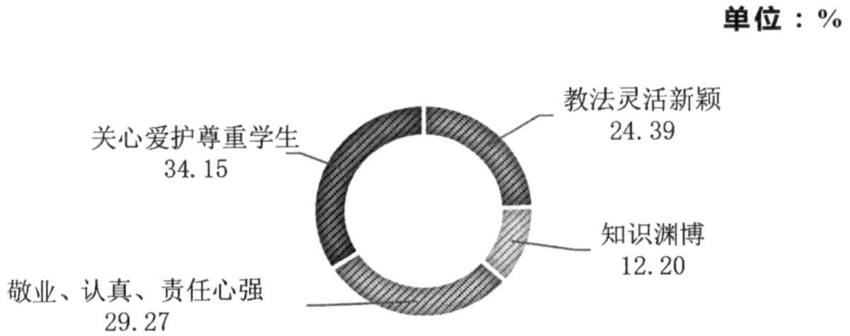

图2-16 大学英语教师需具备的素质

（四）被调查者对英语教学环境的评价

基础级英语班的学生对当前教学评价最不满意的地方（图2-17）依次为：缺乏公平性（41.5%）、方式过于单一（31.7%）和不能调动学习积极性（26.8%），这说明少数民族大学生希望教师设置适合自己实际英语水平的多元化的考核方式。

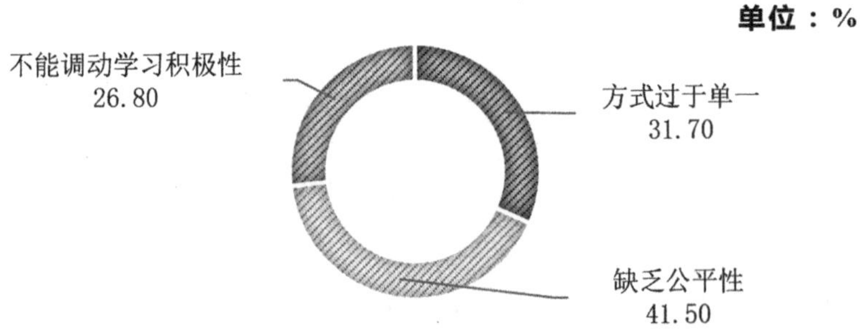

图2-17 英语教学评价的不足之处

在访谈中US07说：“不同水平的学生用相同的考试内容，这对基础差的学生不公平，反正怎么学也跟不上，很容易产生放弃的想法。”任课教师认为教学评价过于单一，无法体现学生的真实水平。ZT1认为：“现在的考核方法过于强调期末考试的重要性，所以学生平时上课不积极，作业也不能按时完成。”ZT2表示：“仅凭一次考试很难体现学生的真实水平，因为要照顾基础水平不好的学生，所以期末卷子不敢出得太难，结果是无法区分学生的层次，打击了好学生的学习积极性。”

基础级英语班的学生对大学英语教学条件最不满意的地方是（图2-18）：缺乏网络教学平台等配套设施（41.5%），在访谈中学生表示“英语教材提供的内容不够丰富，课下无法进行自学，英语课程缺乏连续性”。另一方面，他们也认为现行的英语教学分班不合理（31.7%），因为“大家水平基础不一样，学习需求和目标也不一样，课堂教学无法照顾到每一个人，统一的课程安排很容易使基础不好的学生产生放弃英语学习的想法”。另外，部分少数民族大学生认为现在的英语课程设置不够合理（26.8%），有学生提出英语每周4课时无法满足目前的学习需求，希望增加课时量。

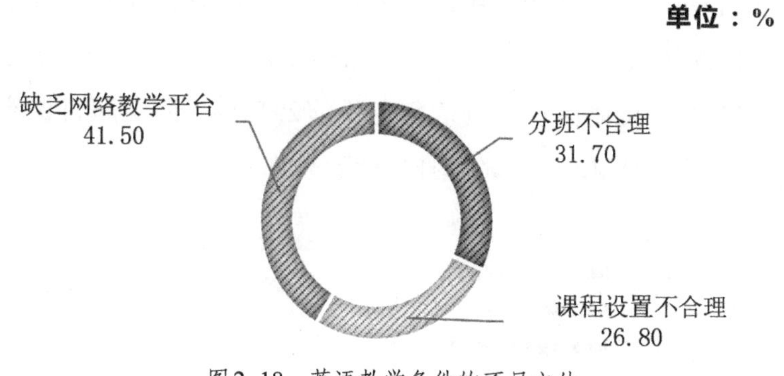

图2-18　英语教学条件的不足之处

对于分班的问题，在访谈中US13表示：“40多人一个班人太多了，老师没办法照顾到每一个学生。”US05说：“应该根据每个学生的需求分班，因为每个学生的水平不一样，需求和目标也不一样，所以应该在这个方面进行调整。”任课教师对于这个问题也持相同的看法：

“一个班40多人，大班授课问题太多了，互动减少，学生的水平也不一样，学生会觉得没有照顾他的水平。”（ZT1）

“我的班有55个学生，很难照顾到每一个人，又不能总是个别辅导。”（ZT2）

由此可见，无论是从教师的角度还是从学生的角度来看，大班授课都是影响英语课堂教学效果最主要的因素之一，在基础级英语班的特殊教学环境中，统一的授课内容、方式和评价方法会使得基础较好的学生觉得“吃不饱”，基础薄弱的学生“够不着”，久而久之学生会逐渐失去学习的动力和方向，出现课堂出勤率不高，学习气氛欠佳的状况。另外，缺乏网络教学平台等配套条件使得少数民族大学生的英语教学无法延伸到课下，学生缺乏自主学习的途径。

（五）被调查者喜欢的英语课堂教学形式

对于个人喜欢的英语课堂教学形式，少数民族大学生的选择呈现出个性化的趋势，相对比较集中的形式有：观看电影或录像（70.73%）、语言游戏或竞赛（46.34%）、课堂陈述（41.46%）、小组或配对活动（39.02%），其他活动（包括角色扮演29.27%、制定题目课堂讨论26.83%、教师讲解21.95%）的选择均低于30%。

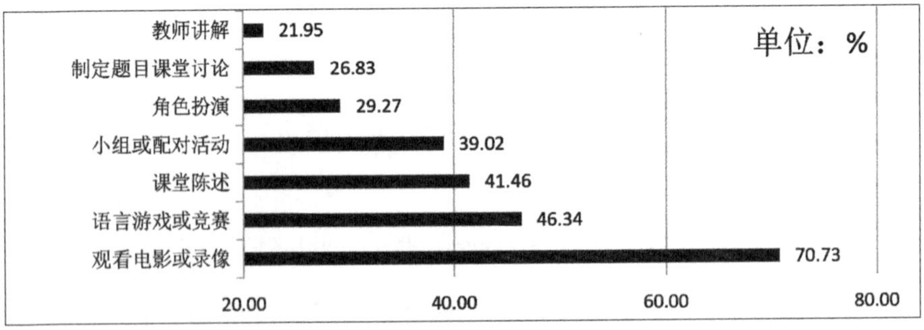

图2-19　学生喜爱的英语课堂教学形式

在以往的教学实践中，笔者会使用一些经典影片的相关主题片段作为课堂教学的导入，这种方式很受基础级英语班学生的欢迎，学生们经常表示这种方式“很有趣”，而且课下会把影片拷贝回去继续观看，但是也有学生希望老师能够就影片的内容展开讨论，或者对电影进行片段配音等活动，这让笔者意识到电影仅仅作为课堂导入的使用不足以引发学生的思考和锻炼学生口语表达能力，应该针对少数民族大学生偏爱影音资料的特点设计更加丰富的课堂活动，提高英语学习的趣味性。访谈中另外两位授课教师也提到少数民族大学生喜欢的课堂活动：

“课堂上争取让学生动起来，比如讲指路那次口语课，我让学生表演，让他们自己设定讲台是什么路，走廊是什么路 …… 学生对站起来做游戏很开心，感觉有新意。有的时候我也会放一些视频，然后让学生做pair work（配对活动），模拟嘉宾访谈之类的活动。”（ZT1）

“少数民族大学生很喜欢小组活动，我每节课会给他们10 — 15分钟的小组讨论时间，他们在小组讨论中表现更积极。有时我会给学生做一些语言类的游戏，调动课堂的活跃气氛。另外，我还让学生做过电影配音，学生也很喜欢。”（ZT2）

由此可见，学生并不喜欢传统的教师讲、学生听的教学模式，他们更喜欢参与到各种课堂活动中来，通过亲身实践和体验掌握知识。教师在教学活动安排方面，应该尽量根据学生的喜好特点有意识地调整自己的教学风格和教学策略，设计可以带动学生学习热情、激发学生学习潜能的课堂活动，满足学生不同的学习需求。在教学活动的实施方面，也应该注意根据学生的实际水平有针对性地选择有利于发挥其优势的教学组织形式，让学生在各种活动中体验“成就感”。

（六）被调查者认为英语课堂教学应该改进的地方

前期调研关于少数民族大学生需求调查问卷的最后一题是开放型问题：请学生详细说明现在的英语课堂教学模式应该从哪些方面进行改进。

基础级英语班的学生分别对教学的组织形式、教学内容、教学方法等方面提出了自己的看法，学生提到最多的还是由于学习基础不同导致的教学问题。以下为笔者整理的学生答案中的部分内容（去除前面曾经引用过的内容以及重复内容），希望能够对教学计划的制定提供借鉴。

（1）我喜欢做presentation（课堂陈述），这样我能学到更多。

（2）希望使用《新视野大学英语》，虽然难，但是觉得有帮助。

（3）能否请一些留学生来作现场交流，能不能助力辅导英语四、六级和考研。

（4）希望老师课下安排作业督促我们去学，我们的英语学习计划往往无法完成，自我控制力低。

（5）我觉得英语课上应该让我们多讲，多说，然后老师给布置一些对于我们来说有挑战性的作业，这样我们可以给英语分配多一点时间，如果课太轻松了，我们也不会学习的，因为现在专业课的学习任务比较重，所以分配给其它学科的时间比较少。

（6）希望以后能有配套的电影课程，上课有趣一点。

（7）本人不喜欢死记硬背，英语课上应该再加一些相关的资料或者两三周放一次关于英语的影片。

（8）多教课外知识。

（9）应该抓住零基础的同学。

（10）要多考虑低水平的学生。

（11）按学生的实际水平分班，编出适合各班的课件教材，提高讲解语法知识的量。

（12）调好每个班人数，学生少老师也能更仔细地引导每一个学生，这样英语学习就比较容易，学生的收获也多，希望老师不要忽视每一个学生。

（13）提供一对一的教学，每个人都不同，老师应该帮助学生找到其适合的学习方法。

（14）以学生水平为标准进行分班，关注到每个人。

（15）班里学生英语水平差距特别大，希望能给不同学生不同的学习方法。

（16）因为我们英语水平差距很大，所以在教学方法上多考虑我们的实际情况。

第三节　少数民族大学生英语课堂教学问题归因分析

综合以上对笔者授课班级的少数民族大学生和其他基础级英语班授课教师的调查结果分析，我们不难发现，导致少数民族大学生综合英语水平偏低、参与课堂教学程度不高的原因有很多，主要体现在教学的两大主体上，另外少数民族大学生特殊的语言学习环境也成为影响基础级英语班课堂教学效果的重要因素。

一、教学层面

（一）教学目标不明确

教学目标是一切教学活动的出发点和归宿，对制订教学计划、确定教学重点、组织教学内容、选择教学方法等起着导向作用，明确的教学目标可以使教师明白“为什么教”“教什么”以及“怎么教”的问题。[①] 现实情况是，目前国家并未针对少数民族大学生制定专门的教学目标，而是由各学校根据学生的具体情况灵活掌握。以中央民族大学为例，学校层

① 束定芳：《大学英语课堂教学，我们教什么，怎么教？——写在首届“外教社杯”全国大学英语教学大赛闭幕之际》，《外语界》第6期总第141期，2010年12月25日，第27页。

面没有制定校本大纲，而是由外语学院大学英语教学部依据教育部颁布的2005版《大学英语课程教学要求》制定了符合各个级别教学用的课程纲要，在基础级（一级）课程纲要的文件中，笔者摘抄了关于课程目标的如下描述："本学期的课程要求学生掌握基本的英语音标和语法规则，为今后的英语学习打下坚实基础。通过课程学习和相关练习让学生逐渐熟悉听、说、读、写、译等英语综合应用能力，能够用英语进行简单的语言交流，并能够用英语对人、事物、地点进行简单的描述。"从语言表述上看，这个教学目标基本做到清晰、全面，但是依然存在三个比较严重的问题：第一，该教学目标在实践中的可操作性不强。比如目标中虽然使用了"掌握""熟悉"等目标分类用语，但是在文件后续的课程内容和考核方式中并没有对该级别少数民族大学生具体要达到的语言水平作明确规定，任课教师很难在课堂教学中把握学生应该"掌握"的内容和程度。第二，重视语言运用，凸显了外语教育的外部目标，但忽视了外语教育的内部目标。[①] 英语不应该仅视为一门工具课，还应该对少数民族大学生的认知能力和精神发展起到一定的作用，应该做到既重视语言技能训练，也注重学生自主能力的培养，同时提高学习者的文化意识，真正实现大学英语作为素质教育课程的任务。第三，没有照顾到少数民族大学生的英语起始水平差异，基础级英语班水平参差不齐，相同的教学目标会挫伤基础较好的学生的学习积极性，也会使水平基础较薄弱的学生对英语学习产生抵触心理。由此可见，调整教学理念，明确教学目标，是提高课堂教学质量的核心因素。

（二）忽视学生的主体地位

在前期调研中笔者发现，目前少数民族大学生基础级英语班的课堂教学主要采用以课堂为中心、教学内容为中心、教师为中心的讲授式教学模

① 韩宝成：《重构大学英语教学目标，完善大学英语课程体系》，《东北师大学报（哲学社会科学版）》第1期，2012年1月20日，第89–96页。

式。教师是所有课堂教学步骤的决定者和主要执行者，教师决定讲授什么材料，讲授多少，如何讲授等。[①] 学生的学习往往局限于课堂、书本，不能参与课堂决策，[②] 这使学生在学习中处于被动接受的地位。另外，由于班级学生人数多，所以课堂的讲解和操练一般是集体的形式，老师没有机会关心和指导个别学生的练习。在语言输出阶段，学生一般只能按照教师的要求，说出或写出与操练过的语言项目有关的语言形式，缺乏自由发挥的空间。[③] 这种灌输式的课堂教学模式，使学生不用思考就可以获得现成的知识，创造性和个性被压制，自主能力和创新能力得不到提高，英语课堂缺乏有意义的“互动”。

（三）教学形式陈旧单一

尽管少数民族大学生英语课堂教学受到多种因素的影响，有学生学习基础薄弱、起始水平差异大、学习动机不强等特点，但是目前针对基础级学生的教学依然采用的是传统的教学形式，实施统一的大班集体授课标准，使用千篇一律的教材。陈旧单一的教学形式难以完全适应少数民族大学生的学习特点和需求，忽视了学生的个体差异，不利于因材施教和学生的个性化发展。同时，缺乏针对性的教学也使得教师难以有效地组织课堂活动，激发学生的英语学习兴趣，调动其学习积极性。

（四）教师角色的错位

“师者，传道授业解惑也。”这句流传的古训说明了教师在课堂教学中的职责：向学生传授知识，为学生化解疑惑，教给学生为人正道。因此，

① 许海燕、李侠：《大学英语国家级精品课程中课堂话语的特征分析》，《东华大学学报（社会科学版）》第12卷第3期，2012年9月15日，第202页。

② 曹曦影：《任务型外语教学与传统外语教学之比较研究》，《外国语文论丛（第3辑）——外语教学专辑》，2010年12月1日，第101–111页。

③ 戴凌靓：《情境式教学在英语口语“第二课堂”中的运用》，《中国科教创新导刊》总第463期，2007年8月11日，第114页。

传统的教学模式容易使教师产生预设心理，这种心理支配着教师在课前进行固定化和程式化的备课，课上按照教学材料按部就班地讲授。[①] 在整个课堂教学过程中，教师很好地扮演了“传道”的角色，课堂权威使教师成为课堂的管理者、课堂教学的控制者，使学生失去对自己的掌控，并最终导致学生对学习失去兴趣。在前期调研中，少数民族大学生最认同的教师角色是学习的协助者。这说明学生们希望教师也参与到教学活动中来，与学生一起讨论、探究问题，并在这个过程中提供必要的帮助，协助学生们自己得出最终结论而不是告诉他们标准答案。这种共同探究的方式有助于提高学生的自主学习能力，增进师生的关系。学生并不认同教师是计划制定者和学习评价者这样的角色，学生心目中最理想的状态应该是教师采取一种“民主的、平等的”姿态来管理课堂，实施教学计划，这就要求教师在制定课程目标、课堂规则、进行教学评价的时候充分考虑学生的水平和需求，积极采取多样化的形式让学生参与到课堂管理与教学评价中来，使他们对学习产生责任感。

二、学习者层面

（一）缺乏英语学习的动机和信心

动机是个体产生行为、与外界建立联系、获得个人控制感和胜任感的一种内部心理倾向，是自主行为或自我决定的基础，是个体积极学习和成长的一种先天能力和倾向。[②] 动机从本质上讲是推动人们做事、实现某个目标的内在驱动力，来自外部的动机称为外在动机，是由大量外部因素引

① 常涛：《高职院校翻转课堂教学模式创新与实践》，北京：中国纺织出版社，2018年，第27页。

② 巴巴拉·L·麦库姆斯、詹姆斯·E·波普：《学习动机的激发策略》，伍新春、秦宪刚、张洁译，北京：中国轻工业出版社，2002年，第19页。

起的，比如要达成一个学习目标、学生所在的社会价值导向和学生身边人的影响都可以成为外在动机的来源。在前期调研中可以发现，少数民族大学生英语学习的外在动机主要可以分为：①考试取向型动机，即通过英语四、六级考试，考研等；②自身发展型动机，即出国、找工作等；③社会取向型动机，即希望得到社会认同和满足家人的期望。这些外在动机刚开始可以带给学生一定的学习热情，但是当外部因素发生变化时，学生的英语学习兴趣也会随之变化，进而影响学生的英语学习态度。特别是对于少数民族大学生来说，他们的外在动机驱动力相比汉族学生要弱得多，民族地区英语普及率和社会认可程度没有汉族地区高，很多少数民族大学生认为回到家乡后不会再使用英语，中央民族大学对基础级英语班的学生也没有通过英语四、六级考试的硬性要求，而且还规定少数民族大学生可以使用其他外语考研，这些因素都不利于少数民族大学生保持英语学习动机。很多研究者认为，对于学习结果，内在动机比外在动机产生了更好的结果。与外在动机相反，内在动机来自个人的内部。因此，一个人可能受学习过程本身的愉悦，或者受想让自己感觉更好所驱动。[①] 尽管大多数学生认识到英语学习的重要性，但是仅有少数学生表达了强烈的内在动机，这也是影响英语教学效果的重要内部因素之一。

对一些少数民族大学生来说，母语是民族语，第二语言是汉语，英语是第三语言，三种语言在语音、词汇、语法等方面的差异十分明显，加之他们的英语学习起步晚，导致少数民族大学生的英语学习压力远远高于汉族学生。这种心理压力使许多学生对英语学习既害怕又紧张，思想包袱沉重，上课经常沉默寡言，学习不能集中精力，影响学习成绩的提高。在前期调研中可以看出，少数民族大学生自尊心较强，特别害怕在课堂活动中“丢面子”，有的学生尽管在上课之前已经做好充分的准备，也不能以放松的心态参加课堂活动，因而极易产生英语学习的消极心理。在这种消极

① 杰里米·哈默：《朗文英语教学实践（第4版）》，王蔷、陈芳、柳伟等译，北京：人民邮电出版社，2011年，第98页。

心理支配下，少数民族大学生在课堂上不敢表达，有问题不敢和同学或者老师沟通，渐渐地对英语学习产生厌学情绪，甚至放弃英语学习。另外，社会的巨大变化也会对少数民族学生带来心理震荡，尤其是市场经济中新旧价值观发生剧烈的碰撞，给少数民族学生的心理造成诸多不适，出现了社会心理失调症。① 在多元文化背景下，少数民族大学生经常会对英语学习的意义产生困惑，滋生“英语无用论”的消极心理，不利于英语教学。

（二）英语学习差异较大

被调查者的英语学习差异主要表现在英语基础水平和学习需求两个方面。通过调研了解到，少数民族大学生的英语教育缺乏连续性，导致他们的英语教学从基础教育到高等教育出现了“脱节”现象。由于生源地教育水平、受教育经历和重视程度不同，少数民族学生的英语基础水平参差不齐，在进入高校后，大学生们对英语学习的需求相应地产生了较大反差。一部分基础薄弱的学生希望老师从字母、音标和单词等简单的语言基础知识讲起，一部分中等水平学生有一定的语言知识积累，鉴于长时间不接触或者没有系统认真地学习，他们希望在大学英语课堂上老师能够像中学老师一样“手把手”地传授英语知识，另外少部分基础较好的学生有通过英语四级考试或考研的需求，他们希望高等英语教育可以侧重语言应用能力的培养，加强考试技巧训练。在实际教学实践中，教师对学生情况不了解，课程缺乏针对性，没有进行分级分类指导，是导致英语课堂教学“费时低效”的症结所在。

（三）英语学习策略使用不当

英语学习策略是指学习者为有效学习所采取的措施，这种行为可以是外部活动，也可以是内部活动，包括观念意识和方法两个系统，观念意识

---

① 黄海滨：《少数民族大学生英语学习心理障碍与对策研究》，《青海民族学院学报（社会科学版）》第32卷第3期，2006年8月25日，第115页。

是学习者对如何学好英语的认识，而方法是学习者对如何学好英语所采取的行为。[①] 正确的英语学习意识和英语学习方法不仅有利于学生提高英语学习效果，减轻英语学习负担，也会增强英语课堂教学的有效性。近几年，大量的实证研究证明策略训练可以使学习策略实现内化和程序化，经过策略培训后学生的策略使用和成绩之间呈现正相关，这说明策略培训对提高学生语言学习是有效的。[②]

在笔者与学生进行访谈的过程中发现，少数民族大学生不但对专项技能的学习策略不熟悉，而且在一般性语言学习策略的使用过程中也存在很多问题。具体表现在以下几个方面：首先，记忆策略方法单一。与学生沟通的时候，学生反馈最多的英语学习困难是单词记不住。在教学实践中，笔者发现基础级英语班学生的英语词汇储备量较低，深入交流后笔者了解到，反复背单词是少数民族大学生的首选策略，而在其他单项技能的学习方面，学生也以机械背诵为主要记忆方式。不善于运用记忆策略是影响少数民族大学生英语学习的最主要因素之一。其次，翻译策略的频繁使用阻碍了英语思维的形成。在笔者与该班学生的沟通中，很多同学都表达了如下困惑，在英语阅读中即使单词基本认识，也无法理解句子的意思，或者说英语的时候，经常表达不出自己心里所想的内容。这主要是因为少数民族大学生在英文翻译、写作、阅读和口语表达的过程中经常习惯性地将目的语句子先翻译成母语或者汉语再向英语进行转换，这样做会使学生更多地关注在母语和汉语中寻找一个“对等体”，[③] 非常不利于英语句子的理解和表达，比如常常会出现中式英语。再次，情感策略管控效果不佳。有些少数民族大学生不善于管控自己在学习中的情绪，在英语学习中一旦遇

① 文秋芳：《英语学习策略论》，上海：上海外语教育出版社，1996年。

② 油小丽：《英语学习策略意识与使用相结合的融入型课堂培训模式研究》，《学周刊》第6期，2015年6月15日，第38页。

③ 油小丽：《新疆少数民族大学生英语学习策略培养模式探析》，《决策探索（下半月）》第8期，2011年8月20日，第63页。

到困难，容易产生焦虑和畏难情绪，不能独立解决难题，依赖教师和课堂教学的心理比较严重，对英语学习缺乏自信心，这点常常是教学中被忽略的问题。另外，少数民族大学生元认知策略意识淡漠。元认知策略包括监控、调节和评价学习、记忆及思维的过程。少数民族大学生不善于有意识地规划自己的学习，不会合理地确定英语学习目标、制定学习计划、选择学习方法，对自己的学习过程缺乏监控能力和正确评价学习效果的能力。[①] 元认知策略的运用能力是学习者对自身内部认知活动的调控能力，但是少数民族大学生普遍对英语学习重要性认识不够，在实际学习中计划性不强，时间利用效率低，课外很少主动地、有意识地练习和运用所学英语知识。最后，少数民族大学生使用最少的应该是社交策略。这与民族地区学生英语学习环境有很大关系，在传统教学模式中，英语学习主要在课堂上进行，教师提供给学生交际的机会非常少，学校也没有针对少数民族学生开展第二课堂活动，使得学生缺乏与其他人交流、合作的意识，也很少接触到地道的目的语，语言知识无法在实践中得以运用和巩固。

（四）没有建立良好的学习习惯

良好的学习习惯可以使学生学习效果事半功倍。但是在前期调研中笔者发现，由于少数民族大学生特殊的英语学习经历，缺乏语言学习的环境，学生没有建立起良好的学习习惯，这主要体现在两个方面：①自主学习能力差。少数民族大学生进入大学以后仍然沿袭着中学的学习方式，课堂教学是他们获得英语知识的主要途径，课后除了看美剧和听英文歌曲，几乎没有其他自学英语的方式，不会主动预习、复习课堂听课的内容。多数学生对于英语课堂依赖程度过大，希望通过教师的讲解短时间内大幅度提高英语成绩，这样被动的学习气氛助长了学生的英语学习惰性，不利于

① 全鸿翎：《新疆师范大学民考民/民考汉少数民族学生外语学习过程中学习策略应用的调查报告》，《新疆师范大学学报（哲学社会科学版）》第27卷第4期，2006年12月30日，第129–133页。

培养学生的独立自主性，进而阻碍了学生主动探索知识、发现问题和寻找答案的能力发展。②缺乏合作意识。学习是个体性和社会性的统一，自主学习并不意味着学习者完全孤立进行活动，而应该在现实教学活动中注重互动，在与其他学习者的合作过程中形成共享知识的主动建构。但是少数民族大学生因为英语基础薄弱，缺乏自信心，学习焦虑情绪比较严重，因而不愿意与其他学生开展合作学习。

三、语言环境影响因素

（一）三语习得的复杂性

少数民族学生在学习英语之前，经历了学习母语和汉语的过程，属于第三语言习得的范畴，学生在三语习得的过程中也会出现语际迁移、语码转换、语言接触等一系列语言问题影响英语教学的效果。奥德林（Odlin）指出："当学习者已掌握两种语言时，这两种语言都会对第三种语言的学习产生影响。"[①] 少数民族三语学习者面临着中介语（汉语）的叠加影响，更增大了学习的复杂性和难度。由于母语、汉语和英语三种语言的相互影响，少数民族大学生在三种媒介语间进行语码转换需要付出额外的努力，因而在课堂内容理解与接受上会表现得相对迟缓，造成语音、语法和词汇等语言知识方面的习得障碍。

（二）文化的差异

任何一个国家或民族都拥有自己的文化，反映不同的信仰、道德、习俗。[②] 正是由于文化的不同，才使我们的世界变得更加多元化，异彩纷呈，

① Odlin,T. *Language Transfer: Cross- linguistic Influence in Language Learning*, Cambridge : Cambridge University Press, 1989.

② 刘素杰：《浅议英语教学中跨文化交际能力的培养》，《安徽教育论坛》第4期总第76期，2002年4月16日，第37页。

但同时，文化的差异也使得人们在接受来自不同文化的内涵时面临一定的困难。语言差异和文化差异必然导致学习者大量减少在语言能力方面的正迁移。①

少数民族文化与欧美等西方国家文化之间存在较大差异，学生在特殊的文化形态下成长，形成了独特的思维方式与价值取向，缺乏对西方文化的了解和认同。而语言是文化的载体，语言教学自始至终伴随着文化教学，在语言交际中如果违背了特定的交际规则和文化特征，语言行为就会不得体。② 胡文仲教授的研究发现：文化错误比语言错误更加严重，直接影响到跨文化交际的成败。③ 中国的少数民族外语教育普遍强调语言的工具性价值，忽略了外语教育的文化属性，导致学生在跨文化交际时出现“文化焦虑”，少数民族大学生在英语学习时受到不同的文化产生的“文化碰撞”容易造成比汉族大学生更多的“文化诧异”现象，使学生产生学习上的压力，从而产生外语学习焦虑甚至是自卑情绪。这些不良情绪最终都会转化为英语教学中的不利因素，严重影响英语课堂教学的效果。

（三）其他环境因素的影响

除此之外，少数民族大学生英语教学还受到家庭环境、社会环境和教学环境等外界因素的影响。

从家庭环境方面来看，在维吾尔族或蒙古族等一些单语家庭里，家长对英语的认识不够全面，不支持孩子学习英语，孩子无法从家长那里得到适时的辅导和实质性的帮助，在家和学校以外的环境接触英语的机会很少，造成英语学习困难。

---

① 束定芳，庄智象：《现代外语教学——理论、实践与方法》，上海：上海外语教育出版社，1996年，第126页。

② 杨明：《大学英语课堂教学中的文化教学与文化导入》，硕士学位论文，山东大学，2005年，第16页。

③ 胡文仲：《英语教育自选集》，北京：外语教学与研究出版社，2006年。

从社会环境方面来看，由于民族地区双语学生高考英语不计入总成绩，部分中学不重视英语教学，取消了英语课，或者占用英语课上其他科目的课程，使得英语教学出现了“脱节”，不能跟高校的外语教学相衔接，学生进入高校后，外语教学又从零开始，造成重复教学的现象，影响了少数民族大学生英语学习的兴趣。

从教学环境方面来看，少数民族大学生英语学习背景差异大，学习水平和能力参差不齐，但是多数高等院校并没有针对少数民族大学生的实际困难改变课程设置。中央民族大学基础级英语班的教学安排与普通班的教学安排一致，每周4课时面授课，进行大班教学，采用统一的授课方法、教学内容和考核方式。这样的课程设置无法满足少数民族大学生英语学习的特殊需求，教学不能做到“因材施教”。另外，针对少数民族大学生的英语教学科研没有得到充分的重视，教师忙于完成教学任务，科研积极性不高，导致英语教师理论意识淡漠，课堂教学缺乏理论指导，这也是少数民族大学生的英语教学质量难有突破的重要原因之一。从前期调研的结果看来，无论是学生还是教师都认为教材在英语教学的过程中起到举足轻重的作用，教材内容的难易度与学生英语学习基础和英语学习能力不匹配、不能为学生提供大量可以选择的语言学习资料和课堂活动建议、没有发挥文化内涵和示范作用、缺乏网络配套资源等问题都直接影响到少数民族大学生英语学习的兴趣和教学质量的提高。

综合以上调研结果分析可以看出，传统的教学模式不符合基础级英语班的课堂教学特点和少数民族大学生的英语学习需求，具体表现在以下几个方面。

（1）没有充分调动少数民族大学生英语学习的主观能动性和参与性，导致课堂氛围枯燥，学生对英语学习缺乏兴趣，限制了学生潜力的发挥，进而阻碍学生英语能力的提高。

（2）教材和教学内容难度不符合少数民族大学生的实际英语水平，没有突出学生的心理需求，教学材料不能吸引学生的注意力，缺乏实用性和文化内涵，阻碍了大学英语教学目标的顺利实现。

（3）忽视了少数民族大学生特殊的三语习得环境因素对教学的影响，没有使用有效的对比分析方法和错误分析教学方法，文化教学意识淡薄，没有帮助学生减轻英语学习中的困难，降低了英语课堂教学的有效性。

（4）单一的教学评价方式使评价过程与教学过程相脱离，没有形成有效的激励机制，不易于激发少数民族大学生英语学习的积极性和保持学习的持久性，降低了学生的自我效能感。

（5）没有充分考虑少数民族大学生群体和个体的英语学习特点，根据学生的技能水平设计分层次的教学管理方式，找到适合学生学习的客观环境和因素，使每一个学生在原有的基础水平上都有收获。

（6）少数民族大学生基础级英语教学大纲的制定与中学英语教学大纲的制定缺乏系统关联性，导致教学目标和要求脱节，进而导致教学内容重复，分配不合理。

（7）缺乏现代化的信息技术与课程教学的整合，不利于少数民族大学生自主学习能力的提高，不能提供丰富的学习资源和良好的沟通平台，使课堂教学无法延伸到课外，影响了英语教学的效果。

第三章　少数民族大学生“分层—探究”英语课堂教学模式的构建

教学模式是在一定教学思想或教学理论指导下建立起来的较为稳定的教学活动结构框架和活动程序。作为框架结构，它突出了教学模式从宏观上把握教学活动整体及各要素之间内部的关系和功能；作为活动程序则突出了教学模式的有序性和可操作性。它是教学理论的具体化，又是教学经验的概括化，是教学理论与教学实践的桥梁。① 建立科学的教学模式应该考虑到以下几点。②

（1）教育目标是培养适应国际经济发展和对外交流需要的跨世纪英语人才；

（2）教学过程要符合英语学习的客观规律和学科特点；

（3）要完善科学的教学大纲，并对建立科学的教学模式起指导和建设性作用；

（4）教学模式要符合本校建设和发展的具体情况。

本研究旨在教学实践的基础上，构建一个微观层面的校本教学模式，研究的目的是解决民族院校基础级英语班的课堂教学实践中存在的各种问

---

① 孙龙国：《以学定教：“自主—服务”教学模式的构建与应用》，郑州：郑州大学出版社，2016年，第7页。

② 张楚廷：《教学论纲》，北京：高等教育出版社，1999年。

题，搭建一座能够起到沟通教学思想和实际操作程序作用的桥梁。[①] 模式的构建包括一些基本要素：教学理念、教学理论、教学目标、操作程序、实现条件和教学评价等。在本章中，笔者将通过理论阐释、演绎的方式构建一个符合少数民族大学生英语学习特点和需求的教学模式："分层—探究"英语课堂教学模式，以期帮助英语教师把握少数民族大学生英语教学过程的本质和规律，提高课堂教学的有效性。

第一节 "分层—探究"英语课堂教学模式的含义

"分层—探究"英语课堂教学模式是指在少数民族大学生基础级英语班的课堂教学中实施分层次的教学组织方法，通过学生和老师之间的互动、学生和学生之间的互动使学生达到知识的自主建构的教学方式。其中，"分层"的含义是"分层教学"，"探究"的含义是"自主探究"。

一、分层教学

分层教学的主旨是"关注"每一个学生，让不同水平、不同能力的学生在学习中都能学有所得。有学者认为，分层教学是教师在教学过程中因学生的差异性而有区别地对待，并在此基础上进行教学设计，针对不同类型的学生给予不同的指导和帮助，让每一个学生得到最优化的发展。[②] 还有学者指出，分层教学以"因材施教""掌握教学"和"分组教学"等理

① 张筱玮、纪德奎、张红妹：《校本教学模式研究》，天津：天津人民出版社，2016年，第27页。

② 詹振权：《关于"多层次教学"研究的历史、现状和进展》，《外国教育资料》第5期，1989年10月28日，第65页。

论为指导，以学生在发展过程中存在的差异为前提，教师在个人教学过程中针对不同层次、不同心理倾向、不同个性、不同学习能力和不同知识结构的学生，采取不同的方法分类指导。①

基础级英语班的少数民族大学生由于学习背景差异较大，导致其产生了差异化、个性化的学习需求，因而在课堂教学中，传统“一刀切”的教学模式会降低课堂教学的有效性，造成学生出现“两极分化”的现象。一方面，基础较好的学生会认为内容过于简单而降低了他们的求知欲；另一方面，基础薄弱的学生会觉得内容太难而失去学习的信心，出现放弃英语学习的消极思想。分层教学的实施可以使教师在教学过程中，正视学生的基础差异，将差异转化成教学优势，进而达到优化教学组织形式的目的。分层教学体现了“因材施教”的教育思想，其出发点是将学生的共性发展有效地转化为个性发展，使每一个学生在原有的基础上获得更大限度的发展。正如美国著名的教育学者布鲁姆指出的：“学生是一个特殊的群体，这个群体最显著的特点就是他们有着独立的人格、迥异的个性和巨大的发展潜力，因此，教师在教育教学过程中就应该培养和提高学生的非智力因素，努力提供适合学生的学习条件，使所有学生有所发展。”②

（一）分层教学的优势

分层教学是改善少数民族大学生英语课堂教学的根本办法，它主要具有以下几方面优势：①分层教学尊重学生的差异，注重不同学生的学习需求，让能力水平不同的学生都能充分发挥自己的潜力而得到最优发展。②分层教学关注每一个学生发展，照顾到不同层次学生的心理需求，有助于激发学生学习动机与兴趣，使学生回归课堂，主动参与到教学活动中

① 肖连奇：《分层教学的实施策略》，《上海教育科研》第1期，2010年1月15日，第76–77页。

② 林永柏：《布鲁姆掌握学习理论学生观评介》，《外国教育研究》第2期，1993年5月1日，第21–24页。

来，提高教学效果。③有效的分层分组教学可以破解大班教学的难题，提升课堂教学的互动性，增强学生的学习能力和沟通能力。

（二）分层教学的实施方法

分层教学在少数民族大学生基础级英语班教学实践中的应用可以从学生、教学和评价三个层面进行。

1. 合理分层，体现人文因素

合理分层是确保分层教学有效进行的基础，合理分层的首要任务是对班级内每位学生的学习水平、能力和学习动机进行充分的了解。[①] 在教学中，教师应该发挥主导地位，帮助学生客观地把握实际情况，确保分层的合理性。在课堂活动中，学生应该居于主要地位，因此对学生进行分层不仅要考虑学生的成绩，也要遵循以人为本的学生观，关注学生的学习态度、个人能力、性格特点等方面，依照学生的意愿进行分层。

另外，教师在对学生进行分层时还应该遵循两个原则：①分层的多元性。鉴于少数民族大学生基础级英语班的班额较大，将全班学生做整体划分不能够做到有针对性地教学，因此，教师应该依据分层的多元性的原则，采用大班教学、小班教学、小组合作相结合的方式进行授课。同时，教师也可以将大班分成若干教学小组，加强学生间的合作学习，调动学习的主动性。②分层的动态性原则。分层分组不是固定不变的，教师可以根据学生的掌握情况进行适时的调整，使不同层次的学生都更有学习的动力。另一方面，学生也可以根据自己的上课感受、进步幅度随时申请调整，使教学难度适合自己的实际水平。

2. 教学分层，提高教学针对性

教学分层是指教师在英语教学中，从学生的实际情况出发，实行不同

① 车振华：《民族地区分层教学模式在高中英语阅读教学中的应用研究》，《教育理论研究》第二辑，2018年10月1日，第11页。

的有针对性地教学，这种分层主要体现在教学目标上和教学内容上。[①]“最近发展区”理论认为，最利于学生发展的教学活动应基于学生已有知识技能水平并指向在教师的指导下学生可能达到的水平。[②] 教师应该依据学生的现有水平制定分层次的教学目标，并根据其发展情况及时调整目标，保证学生在自己的努力下都能够实现目标，提升学习自信心。对于教学内容而言，教师应该依据不同的教学目标，根据学生的层次有针对性地准备不同的教学内容。教学分层要求教师深入了解学生的实际情况，让每一个层次的学生都能取得进步，分层达标，分层练习，达到更好的教学效果。[③]

教师可以利用现代信息技术辅助教学分层的实施。首先，教师可以使用微课辅助教学，微课是以短小精炼的微视频为主要载体，针对某个知识点或教学环节而设计开发的一种情景化、支持多种学习方式的微型课程。[④] 微课可以随时随地使用，突破了课堂和时间的限制，它的应用在很大程度上弥补了传统教学模式的不足。[⑤] 在基础级英语班的教学中，教师可以根据少数民族大学生英语学习的难点或教学的重点制作微视频，为不同层次的学生提供课下自学的机会。其次，教师也可以在教学中引入移动学习的方法。移动学习是指利用智能手机等移动通信设备获取教育信息、教育资源和教育服务的一种新型学习方式。智能手机现在已成为学生最广泛使用的移动终端设备，学生只要打开手机APP（即应用程序，英文全称为Application）和移动网络就可以获取海量资源，使“时时可学，处处能

① 周韬：《高中英语分层教学探究》，《读与写（教育教学刊）》第15卷第10期，2018年10月15日，第139页。

② 王晓明：《实施分层教学的有效路径探究》，《青海教育》第9期，2018年9月25日，第53页。

③ 易苑飞：《破解大班额教学之难，形成分层分组教学》，《学周刊（教学动态）》第32期，2018年10月23日，第85页。

④ 孙曙辉，刘邦奇：《智慧课堂》，北京：北京师范大学出版集团，2016年，第25页。

⑤ 车振华：《民族地区分层教学模式在高中英语阅读教学中的应用研究》，《教育理论研究》第二辑，2018年10月1日，第11页。

学”成为可能。[①] 合理利用手机里的学习APP，督促学生选择适合自己的内容进行课外学习，可以使少数民族大学生更加有针对性地学习英语，逐步养成自主学习的良好习惯。

3. 分层评价，促进学生积极学习

传统教学模式下的评价方式主要是考试，统一的评价方式可能会导致部分基础薄弱的学生产生自卑心理，缺乏学习积极性。分层次的评价方式可以根据学生的基础不同设置不同的教学任务，使每个层次的学生都能得到相应的分数，体会到成功的喜悦，从而激发学生的学习兴趣。在进行测试的时候，教师可以在同一次考试中使用不同难度的考题，例如在试卷中设置必做题、选做题等不同形式和层次的考题，或者在同一份试卷中采用不同的评价标准。这种分层命题多样化的测试，有利于缩小不同层次学生之间的分数差，使每一个学生都能保持良好的学习心态和自信心。

在少数民族大学生基础级英语班课堂教学的评价过程中，教师还可以使用多种形式的评价手段，比如把课堂活动、小组任务、单元测试、口语表达等各种分数一起进行统计，对学生的英语应用能力做出综合评价，增强评价的客观性，鼓励学生积极参与到课堂教学中来。

二、自主探究

语言学习是一个积极体验的过程，要求学生去探索和建构语言的意义，因此，语言学习是一种非程序式的、非事先设定的活动，促使学生在原有的知识结构基础上进行分析和思考，从而建构对语言新的理解。[②] 杜威“做中学”的理论强调，“做”并非机械、重复的学习过程，而是通过

① 郭鋆:《信息化时代基于手机APP的外语听力翻转课堂新模式》,《英语广角》第12期，2016年11月25日，第79页。

② 鲍文:《基于建构主义理论的大学英语课堂教学探讨》,《科技资讯》第18期，2006年6月23日，第156页。

“做”来不断思考问题、发现问题、解决问题的过程，是通过这一过程来建构属于自己的知识框架的过程。① 探究式教学的本质是让学生在已有知识的基础上自主建构新知识，自主进行新旧知识的衔接，是一种科学探究的过程。② 探究式学习是通过好奇心形成问题，通过实验从而发现问题的答案、获取知识的一种方法，③ 是自我导向学习的一种形式，由学习者决定他们需要学习什么，确认和运用资源，评价他们自己的学习过程。④ 在英语课堂中实施自主探究教学就是在教师的主导下，由学生通过分析和沟通他们的发现，最终找到解决问题的方法的过程，目的是帮助学生深刻地理解所学英语知识，引导学生自主提高英语技能。教师可以将教学内容巧妙地融入探究问题的过程中，在课堂上提出任务，激发学生的学习动机。学生在自主查找资料和与同学沟通的过程中提升自己的学习能力，全面提高英语学习效率。⑤

少数民族学生基础级英语班的教学受到传统教学模式的影响比较深，课堂教学以“教师讲，学生听”为主，以英语知识的传授为主，导致教学形式陈旧单一，无法激发学生的学习兴趣和积极性，忽略了学生自主学习能力的培养。因而，在前期调研中，基础级英语班的学生表现出过度依赖英语课堂教学、没有建立良好的学习习惯等问题。现代教育观认为，学生是学习的主体，“英语学习的效果很大程度取决于学生的主观能动性”。⑥

---

① 段有国、程文华：《新时期大学英语教学研究 —— 以〈新视野大学英语〉读写教程为例》，天津：天津大学出版社，2015年，第66页。

② 刘亚兰：《基于“问题解决”的英语探究教学模式构建》，《教学与管理》，2018年2月20日，第113页。

③ Jorgenson, O. , *What K-8 Principals Should Know about Hands-on Science*. Principal, 2005, pp49–52.

④ 许明，洪明编：《当代国外大学本科教学模式的改革与创新》，福州：福建教育出版社，2013年，第147页。

⑤ 孙奇：《英语自主探究式教学论析》，《淮南师范学院学报》第19卷第5期，2017年9月15日，第138页。

⑥ 刘润清：《论大学英语教学》，北京：外语教学与研究出版社，2000年，第78页。

自主探究的基础和核心就是学生，教师的“教”起源于并最终服务于学生的“学”，教与学紧密联系在一起，它可以帮助学生自主建构知识和意义，通过师生之间的平等对话，以及生生之间的交流互动，挖掘学生自主探索知识的潜能，学会探究解决问题的方法。[①]

（一）自主探究教学的特点

探究式教学模式鼓励学生积极参与到教学过程中并进行知识的自我建构，其教学特点具体可以表现在三个方面：第一，问题性。自主探究教学是以问题为中心的教学方式，教师应该为学生提出具有吸引力和挑战性的问题，让学生产生问题意识，并愿意尝试通过自己的努力找到解决问题的方法。第二，过程性。自主探究教学模式强调学生探索新知识的经历和获得新知识的体验，要求学生在教师的指导下，对事物和现象主动地去研究，经过探究过程来理解知识的内在联系，从而达到灵活掌握和运用知识的目的。[②] 这就意味着学生可能会花费很长时间或者很多精力在探索的过程中，但这种经历是一种不可量化的“长效”，可以促进学生学习能力的提升。第三，开放性。教师在设计问题时应该以开放性的问题为主，允许和鼓励学生从不同的角度探索答案，并且以其擅长和喜爱的方式呈现答案。在此过程中，教师应该为学生提供更多支持，对学生的成果给予恰当的评价，让学生逐渐掌握学习的策略和方法。

（二）自主探究教学的应用策略

1. 培养学生的英语自主学习意识

英语课堂教学从传统的教学模式转向自主探究的模式，实际上是对教师和学生地位和权利的一次再分配。在这种模式中，教师从传统地位的知

① 李慧英：《自主探究模式在高中英语阅读教学中的应用》，硕士学位论文，山东师范大学，2017年，第3页。

② 孙自挥主编：《外语教学模式创新实践》，成都：四川大学出版社，2014年，第25页。

识的传授者转变成课堂的组织者、教学的引导者、学生的促进者和帮助者，帮助学生快速转变为自主型的学习者，让学生真正参与到学习过程中去，由被动变主动。[①] 对于一直处于传统英语教学模式中的少数民族大学生来说，在开始阶段可能存在一些抵触情绪，这就需要教师在教学过程中通过介绍自主学习的理念，对学生的自主学习进行督促等方法，加强培养学生自主学习的意识，为学生创设自主的学习环境，逐步提高他们的自主学习能力。

2. 保持教师的教学主导地位

在鼓励学生进行自主学习的过程中，教师应该始终保持教学的主导地位，以确保学生的自主学习潜力得到最大限度地发挥。在英语课堂教学中，教师的主导地位主要体现在三个层面上：①选择适合的教学内容。在基础级英语班的课堂教学中，教师应该尽量选用符合学生难度、实用性强的教学内容，帮助学生积极拓展课外学习途径，使学生对自主探究的内容产生兴趣。②创设一定的语言情境。学习总是与一定的社会文化背景即“情境”相联系，学生只有在真实的语言环境中感知语言才会完成语义的整合，在接近实际的情境下学习，生动的形象可以有效地激发联想，从而唤醒记忆中的相关知识，通过对已有知识的同化或改造，重组和建构新的知识。[②] 在自主探究式的教学过程中，创设与实际学习、生活相关的真实语言情境，比如教师可以根据少数民族大学生的文化特色布置一些学习任务，既能增强学生的文化认同感，培养学生使用英语讲民族故事的能力，又可以使教学内容从抽象、枯燥的形式中解放出来，激发学生的学习热情。③建立民主平等的师生关系。良好的师生关系是师生良性互动的前

① 张雅军：《建构主义理论为指导的英语自主学习策略研究》，《吉林广播电视大学学报》第7期总第115期，2011年7月15日，第72页。

② 褚晓欣、张磊、宋玉芳：《基于建构主义理论的大学英语教学模式探讨》，《中国成人教育》，2008年6月30日，第188页。

提，是创设自主学习环境的重要一环。[①] 民主平等的师生关系可以降低少数民族大学生在学习中的焦虑情绪，提高自我效能感，创造轻松愉快的课堂教学环境，使学生愿意和其他同学或者和教师共同交流对知识的探索，把课堂变成学习语言知识和应用语言技能的场所。

3. 引导学生在英语学习中使用元认知策略[②]

学习者的自主学习能力是指确立适合的学习目标，并为达到其已经确立的目标而实施学习计划的能力，为了培养学生英语自主学习的能力，教师应该教会学生合理运用学习策略，例如认知策略、元认知策略、社会情感策略等。在这些策略中，元认知策略属于较高层次的技巧方面的管理策略，学生可以通过元认知的管理策略设定自身的学习计划，并学会评价自己的学习。弗拉维尔（Flavell）认为，元认知就是对认知的认知，是关于个人认知过程的知识以及调节这些过程的能力，是对思维和学习活动的认识和控制，由元认知知识、元认知体验和元认知监控三部分组成。[③]

前期调研的结果显示，基础级英语班学生的英语学习策略使用不当，导致学生学习效率偏低。因而，在教学中教师首先应该帮助少数民族大学生意识到英语学习的规律，了解不同学习策略的特点和效用，并在各种学习任务和活动中有意识地选择恰当的策略对学生进行训练。其次，教师也应该重点培养少数民族大学生计划、监控和调节策略的能力。即引导少数民族大学生根据自己的学习情况制定恰当的学习目标，安排合理的学习计划，提高策略意识；在学习的过程中，帮助学生不断对其学习行为作出评价，并以此为依据及时修改和调整计划。

“分层 — 探究”英语课堂教学模式是结合少数民族大学生学习特点和

---

① 邢献红：《自主学习在大学英语教学中的立体模式建构》，《中国大学教学》第12期，2019年12月15日，第81页。

② 张雅军：《建构主义理论为指导的英语自主学习策略研究》，《吉林广播电视大学学报》第7期总第115期，2011年7月15日，第72页。

③ 周敏新：《英语网络自主性学习与元认知策略》，《安徽文学》第6期，2009年6月15日，第276页。

需求设计的教学模式，该模式的核心教学理念是：尊重少数民族大学生的个体差异，根据学生的实际水平和能力调整教学难度，制定有差异的教学目标，实施分层次的教学组织形式；以问题探究为教学的重点，激发学生的学习兴趣和学习动机，促使其正确使用元认知策略，加强少数民族大学生英语自主学习能力的培养，促进学生英语学习可持续性发展。在教学的过程中，教师应该注重角色的转变，创造师生合作、平等参与的课堂教学环境；积极完善少数民族大学生英语课堂评价方式，提高学生的自我效能感；并且根据少数民族大学生的语言学习规律，加强语言对比教学和文化对比教学，建立新旧知识之间的衔接，循序渐进，反复强化，以达到良好的教学效果。

观念是行动的先导，在实施“分层 — 探究”英语课堂教学模式时，教师应该注意更新教学观念，正确处理教学中的几个关系。

（1）课堂“内”与“外”的关系

传统的课堂教学观认为，教学只是在特定的时间、空间内进行的系统性的双边活动，因而在旧式的教学模式中，教师很难在相对较短的课堂时间内照顾到所有学生的差异化的需求。“分层 — 探究”英语课堂教学模式实施的目的是使不同层次的少数民族大学生在其原有的学习水平上有所提升，所以，教师在充分利用课堂有限的教学时间的同时，也应该改变教学观念，将课堂“内”的教学活动延伸到课堂“外”，积极拓展学生的课外学习途径，使少数民族大学生在课堂“外”进行探究，在课堂“内”进行展示与讨论，提高英语课堂教学效率。

（2）“教”与“学”的关系

传统的以教为主的教学观认为学生的意识是“一个空桶”，教师应该以“填鸭式”的教学方法将总结出来的语言理论直接灌输给学生，这样的教学观念忽视了学生在教学关系中的主体地位，导致少数民族大学生在课堂中缺乏参与感，在英语学习中出现过度依赖课堂教学的问题。教学是“一种在特定环境中，借助课程这一中介，通过教师与学生主体间有目的、有计划的交流与互动，从而促进学生学习与发展的专业活动”。[①]“分层—探究”英语课堂教学模式将教师作为教学的主导，学生作为教学的主体，教师在其教学过程中，应充分了解少数民族大学生的具体需求，并在其学习水平的基础上进行合理分层，使教学成为新旧知识相互作用、师生共同实践、学生主动建构信息的过程，进而激发每一个学生的学习潜力。

（3）语言知识与语言交际能力的关系

传统的语言教学观念把英语学习视作机械操练，把语言当作工具，由此产生教师“满堂灌”的旧式课堂教学模式，学生也因此认为英语就应该是靠“死记硬背”掌握的，而不是在语言环境中习得的。英语教学在这些观念的驱使下，一直把传授语言知识作为教学的重点，对培养学生的语言运用能力缺乏足够的重视，导致少数民族大学生学了英语不知道如何在实际情境中运用，从而对英语学习失去兴趣。语言学家海姆斯（Hymes）认为：一个人只有获得较好的交际能力，才同时具备了使用语言基础知识的能力，掌握较多的词汇和语法知识不一定就真正掌握了一门语言。[②]因此，在实施“分层—探究”英语课堂教学模式时，教师应该依据少数民族大学生英语学习的规律，设计既注重语言基础知识又兼顾语言实际应用的学习任务，让学生在自主探究的过程中能够加强英语基础知识的学习，同时也在听、说、读、写等各个方面达到均衡发展。

① 陈晓端：《当代教学理论与实践问题研究》，北京：中国社会科学出版社，2007年，第3页。

② 史先平：《言语交际中的歧义容忍度及其对外语教学的启示》，《黑龙江教育学院学报》第29卷第12期，2010年12月15日，第162页。

第二节 “分层—探究”英语课堂教学模式的理论基础

一、建构主义理论

（一）建构主义的形成及其主要思想

建构主义是一种关于知识来源、学习本质的理论，其形成与多种哲学、心理学理论和其它社会科学思潮的影响有关。建构主义最核心的思想来源是杜威的经验主义教育哲学思想、皮亚杰的认知发展论、维果茨基的文化历史发展理论，布鲁纳的认知结构理论、科尔布的体验学习论从不同方面丰富了建构主义的内容；同时，后现代思潮、社会人类学、知识社会学等新兴理论不同程度地影响了建构主义的思想体系。① 由于理论来源不同，建构主义并不是一个单一的理论，而是一个理论群，包括激进建构主义、认知建构主义、社会建构主义、社会文化理论等。② 建构主义理论源于瑞士心理学家皮亚杰（Piaget）通过研究儿童认知规律提出来的理论，他认为儿童的认知结构是在与周围环境的交互作用中通过“同化”与“顺化”的方式逐步建构起来。③ 科恩伯格（Kernberg）在皮亚杰的理论基础上进一步研究了认知结构的性质和发展条件，他强调个体的主动性在建构

① 谭清：《建构主义视野下基于网络的大学英语写作教学：课堂行动研究》，博士学位论文，中央民族大学，2009年，第10页。

② 斯特弗 L. P.，盖尔 J.：《教育中的建构主义》，高文等译，上海：华东师范大学出版社，2002年。

③ 魏永红：《外语任务性教学研究》，博士学位论文，华东师范大学，2003年，第7–45页。

认知结构过程中的关键作用。[①] 布鲁纳（Bruner）将认知发展的理论与课堂教学联系起来提出了“学习者为中心”的理论，该理论倡导“发现学习”，认为教育的目的在于培养学生的理解力和认知的技能与策略，而不仅仅是机械地获得已有信息，教学的目的应该是教会学生如何学习，从求知活动中发现规律，进而整理统合，组织生成属于自己的知识经验。[②] 在此基础上，奥苏泊尔（Ausubel）提出了“有意义的学习”理论，即认知学习论，他认为学生大脑中已有的知识对学生的学习有至关重要的影响，老师应该按照学生已有的知识进行教学。此外，维果茨基（Vygotsky）提出了“最近发展区”的理论，他主张“教学不应该以成熟的东西为目标，而应以要求发展的东西为目标”。[③] 他认为，每一个学生在个人的学习发展过程中，都会存在两种水平，即潜在的水平和现在的真实水平，但两者之间存在一定的“距离”，这种“距离”就叫作最近发展区。[④]

（二）建构主义的教学观

建构主义的教学观主要体现在以下几个方面：①建构主义认为知识是学习者通过与外界的相互作用，在自己原有经验的基础上主动建构起来的，同时学习者要在真实的环境中积极进行有意义的体验活动。[⑤] ②建构主义强调学生是知识意义的主动建构者，而不是外部信息刺激的被动接受者。③教师是学生在学习过程中的帮助者，而不是知识意义的灌输者。建构主义教育理论的核心在于强调学生是自我控制的知识建构者，是教学实践的主体，教学的中心任务就是要帮助学生提高自己的认知能力。可以看

① 陈琦：《教育心理学》，北京：高等教育出版社，2001年。

② 施良方：《学习论》，北京：人民教育出版社，1994年，第225–227页。

③ Vygotsky, L. S. , *Thought and Language*, Cambridge, Mass: MIT Press, 1962.

④ 维果茨基：《维果茨基教育论著选》，余震球选译，北京：人民教育出版社，2005年，第2页。

⑤ 永海燕：《建构主义学习理论在英语教学中的指导与应用》，《云南民族大学学报（哲学社会科学版）》第23卷第6期，2006年11月15日，第151–153页。

出，建构主义的教育理论对改革传统的以教师为中心的教学方法，更新教学理念有着重要的指导意义。① 这一理论最大的贡献在于它把人们的观念从“知识是一种产物”转向“学习是一个过程”。② 在建构主义课堂教学中，所有的教学内容和教学活动都是围绕着学生进行的。

目前使用较多的建构主义教学模式主要有三种：①支架式教学（Scaffolding Instruction），指的是从学习者角度出发，建立可满足学习者学习需求的框架，旨在帮助学习者有序提高自身学习水平及相关能力。③ 支架式教学强调学生的差异性，认为教师应该在了解学生的“最近发展区”后，根据学生的不同水平制定有差异的学习目标，并且根据学生的学习能力为其搭建相应的“支架”，即对繁杂的学习任务予以逐层分解，引导学生逐步掌握自主学习的能力。②抛锚式教学（Anchored Instruction）亦称为基于问题的抛锚式教学，这种模式的核心是“锚”的设计，即真实事例或问题。抛锚式教学的特点是以内容情节逼真的影像作为“锚”，为学生提供一个可靠的宏情景，运用情景化教学促进学生独立思考，解决问题的能力。④ ③随机进入式教学（Random-Access Instruction），该模式的核心内容是学习者可以随意通过不同途径、不同方式，在不同的学习阶段进入同样教学内容的学习，从而获得对同一事物或同一问题的多方面的认识与理解，螺旋式提高学习者的理解能力和知识迁移能力。⑤

建构主义理论把情境、协作、会话和意义建构作为课堂教学的四大

① 陈立伟：《促进个性化自主学习，创新高职英语教学的新模式》，《安徽职业技术学院学报》第6卷第3期，2007年9月15日，第76页。

② Jones, M. G., Brader-Araje, L., “The Impact of Constructivism on Education: Language, Discourse, and Meaning”, *American Communication Journal*, vol. 5, (2002), p3.

③ 候曲萍：《大学英语词汇教学中支架教学理念的运用》，《现代交际》第15期，2018年8月10日，第187页。

④ 石磊：《职业院校英语教学的有效性研究》，《中国职业技术教育》第29期，2017年10月11日，第96页。

⑤ 张立新、苏红英：《网络自主学习与课堂教学的整合》，《教育评论》第5期，2008年10月28日，第89页。

要素。“情境”就是指学生学习的环境，在英语教学中，教师应该为学生创造接近真实情境的英语使用环境。“协作”是指学生之间相互的学习和讨论，让学生通过合作学习的方式，成为知识的积极建构者，学会自主学习，为终身学习打下良好的基础。“会话”既指学生和老师的师生交流，也指学生之间的生生交流，是“协作”的重要环节。“意义建构”是建构主义教学的最终目标，就是要让学生把所学的知识和现实生活的经历联系起来。①

（三）建构主义在“分层—探究”英语课堂教学模式中的应用

本研究将依据建构主义教学观的思想理念，在教学实践中明确教学目标，完善教学过程、改进教学评价手段，设计以少数民族大学生为中心的“分层—探究”英语课堂教学模式。建构主义在该教学模式中的应用主要体现在教学方法上，在新的教学模式中，教师将使用建构主义提倡的任务型教学法、情境式教学法和探究式教学法相结合的方法，在课堂教学中设计灵活多样的、与实际情境相结合的课堂活动和教学任务，促使少数民族大学生积极参与到英语教学中来，激发学生英语学习的兴趣，培养学生自主学习和合作学习的能力。

任务型教学法以具体的任务促进学生学习目的的形成，以展示任务成果的方式来体现教学的效果，通过引导学生完成真实的学习任务的方式培养学生运用英语的能力，它为学生提供了在真实语境中运用语言的机会，能够增强学生参与教学的动机，进而提升学生的英语学习兴趣。② 教师可以在少数民族大学生英语课堂教学中，设计一些符合学生实际水平的学习任务由学生以个人或者小组合作的形式完成，这种将学习任务与实际问题挂钩的教学设计使学生的学习带有明确的目的性，完成任务的目的成为学

① 袁波：《建构主义理论在英语专业精读课中的应用》，《中州大学学报》第25卷第1期，2008年2月20日，第93页。

② 黄雷：《任务型教学法在〈新思维英语阅读〉课程中的运用》，《世纪桥》第6期，2007年6月10日，第128页。

生学习知识和掌握技能的驱动力，解决问题的实际需要促使学生主动完成对相关知识的建构。

情境式教学法认为，教师不应该作为知识权威的象征强迫学生接受知识，而应该利用现实情境提供的场景，使学生将自身原有的相关经验和知识与当前学习到的新知识联系起来，从而达到将新知识吸收并纳入自己已有的认知结构中的目的。比如，通过课前导学引导学生回忆已经学过的知识，为学生提供相关范例，建立新旧知识之间的衔接；或者通过pair-work（配对活动）、role-play（角色扮演）等课堂活动巩固所学知识，提升英语教学效率和质量。

探究式教学法的内涵在于通过给学生主动参与、自主探究的机会与空间，老师引导学生积极参与到发现问题 — 分析问题 — 解决问题的教学活动中，从而使学生从中获取知识，并且体验探究的曲折与乐趣。[①] 在探究式教学中，教师可以围绕主题开展教学，将重点放在探究和论述主题的深层次意义的建构上，创造有利于问题解决的、丰富的、有意义的学习情境来延伸课堂教学。[②]

二、差异教学理论

（一）差异教学的内涵和特点

差异教学（Differentiated Instruction）是“在班级教学中，立足学生个性差异，满足学生个别学习的需要，以促进每个学生在原有基础上得到充分发展的教学”。[③] 美国著名差异教学研究专家汤姆林森（Tomlinson）

① 张凤丽：《探究式教学法在高职英语教学中的运用》，《文学教育（下）》第9期，2018年8月23日，第74页。

② 褚晓欣、张磊、宋玉芳：《基于建构主义理论的大学英语教学模式探讨》，《中国成人教育》第12期，2008年6月30日，第188页。

③ 华国栋：《差异教学论》，北京：教育科学出版社，2001年，第24页。

和艾伦（Allan）将差异教学界定为："教师针对学习者需要做出的响应性反应。"① 在其撰写的《多元能力课堂中的差异教学》一书中，汤姆林森对差异教学的内涵做了进一步的阐述，她认为差异教学应该重"质"胜于重"量"，教师可以为学生提供学习内容、过程与成果的多元选择，实施全班、小组与个别教学的组合式教学组织形式，将"教"与"学"有机结合在一起。②

（二）差异教学策略

差异教学是一种思考教和学的方式，是一种集大成的教学策略。差异教学相对于统一化的教学而言，它把学生（而不是课程内容）放在教和学的中心位置，根据学生的需要指引教师设计教学。③ 差异教学强调满足不同学生的学习需要，从学生个体的情况出发，引导学生学会学习，它要求教师转变观念，在教学中给学生提供均等的机会，将学生的差异作为资源来开发，构建面向全体照顾差异的教学策略方法体系。

在中国教育科学院华国栋研究员主编的《差异教学策略》一书中，将"差异教学策略"定义为："在特定的教学任务中，为了提高教学的实效性，在差异教学观念、理念和原则的指导下，根据教学条件的特点，对教学任务的诸要素进行的系统谋划，以及根据谋划在执行过程中所采用的具体措施。"他认为差异教学策略体系应该由一系列的策略方法组成，具体包括以下内容。④

---

① 汤姆林森、艾伦：《差异教学的学校领导管理》，杨清译，北京：中国轻工业出版社，2005年，第3页。

② 汤姆林森：《多元能力课堂中的差异教学》，刘颂译，北京：中国轻工业出版社，2003年，第3–10页。

③ 吴颖惠、宋世云等：《初中学校差异教学策略》，北京：北京师范大学出版集团，2012年，第3页。

④ 华国栋主编：《差异教学策略》，北京：北京师范大学出版社，2009年，第9页。

（1）全面、动态测查学生差异的策略

（2）选择性的课程和灵活安置的策略

（3）并列式教学计划与个别教学计划的制定和实施的策略

（4）提供认知前准备与激发学习动机策略

（5）预设与生成挑战性学习目标的策略

（6）教学内容选择和组织的策略

（7）多样化的教学方法手段

（8）动态分层与互补合作相结合的策略

（9）全面兼顾与个别指导相结合的策略

（10）大面积及时反馈与调节策略

（11）创设平等和谐学习环境的策略

（12）弹性作业的策略

（13）扬优补缺的辅导与训练策略

（14）差异教学实施的机制与管理策略

（15）社会、家庭、学校联手促进学生个性发展的策略

（三）差异教学理论在“分层 — 探究”英语课堂教学模式中的有效应用

在任何一种教学活动中，学生的“发展水平都会制约其学习的可能性：学什么，在哪里学，何时学，为什么学以及如何学”。① 在少数民族大学生的英语课堂教学中，教学应该是建立在学生的现有水平之上，教师必须重视对学生在教学起点上的差异、学习能力上的差异和发展状况的差异的研究，才能对学生进行合理的分层教学管理，充分调动少数民族大学生在英语学习中的自主性。因此，差异教学理论在“分层 — 探究”英语课堂教学模式的应用中应该做到以下几点。

① 戴尔 · H. 申克：《学习理论：教育的视角》，韦小满等译，南京：江苏教育出版社，2003年，第210页。

1. 为不同层次的学生设定不同的教学目标

差异教学是旨在促进学生差异发展的教育教学活动，其目标是促进全体学生全面发展基础上的个性化发展。因此，在针对基础水平差异较大的少数民族大学生运用“分层 — 探究”英语课堂教学模式进行教学的过程中，教师要根据学生不同的水平特点设计不同层次的问题和要求，针对学生的不同情况调整教学目标，科学安排相应的教学内容和环节，使不同层次的学生都能体验英语学习的“成就感”。比如，在进行课后练习中，给不同水平的少数民族大学生安排不同难度的学习任务或者学习内容，让所有学生都能完成与自己能力水平相适应的部分，鼓励基础水平较高的学生大胆创新，充分发挥自己的优势和个性。

2. 针对不同学习能力的学生实施不同的教学评价

差异教学中的评价标准，不仅强调统一化的标准，而且也强调对学生发展的适宜性进行评价，即实现相同行为不同评价或者不同行为相同评价的方法。[①] 在实施“分层 — 探究”英语课堂教学模式的过程中，教师应该改变“划一性”的教学评价方式，以承认和尊重少数民族大学生的个体差异为前提，运用差异性的教学评价方式，关注学生英语学习的进步，在学习中学习方法、情感态度的改变。差异性的教学评价方法注重少数民族大学生个性发展的需要，重视学生成绩背后的动机取向和努力程度，使学生通过外在评价了解自己的成长与发展，可以有效地提高不同层次学生英语学习的自信心和积极性，消除少数民族大学生英语学习的畏难心理，使每一个学生认识到，只要付出努力都有可能获得成功。

3. 对不同水平的学生开展合作式学习

在课堂教学中，学生的学习是通过师生和生生之间的交流及对话得以实现的，充满生机与活力的课堂不仅源于教师精湛的教学艺术，也可能源于学生对教学活动的积极参与，从一定程度上说，差异教学理论

① 夏长虹：《英语差异教学的实施策略探究》，《成才之路》第9期，2016年3月25日，第79页。

在“分层—探究”英语课堂教学模式中的应用是通过以“异质分组”（heterogeneous grouping）为基础的小组合作学习得以体现的。在少数民族大学生的英语课堂教学中，不同学习背景、不同学习基础、不同学习喜好的学生通过小组成员之间的交流，突破原有认知和局限，建立了对新知识的理解，形成了教育主体之间的互补性和异质性。与此同时，异质分组可以使水平基础不同的少数民族大学生通过合作学习取长补短，形成互帮互助的良好学习风气，将英语学习转变为探究式的学习，使学生之间的差异转化为学生发展的推动力量，获得事半功倍的教学效果。

三、有效教学理论

（一）有效教学理论的起源和定义

有效教学理论提出的背景是美国实用主义哲学和行为主义心理学影响的教学效能核定运动，这一运动使人们逐渐意识到，教学也是科学。于是人们开始关注教学的哲学、社会学、心理学理论基础，以及如何用观察、实验等科学的方法来研究教学的一系列问题。①

关于有效教学的定义，学术界尚未形成统一的看法。从教学投入与教学产出之间的关系来看，有效教学是指为了实现特定的教学目标、满足社会宏观需要和个人教育需要，以遵循教学规律为前提，教师尽最大可能投入较少的时间、物力和精力，获取较多的教学效果的教学。② 从学生学习的角度来说，有效教学被视为促进学生有效学习的教学，③ 它的特殊性在于可以实现学生乐意学习，在学习之后可以从事学习之前不能进行的活

① 陈晓端：《有效教学理论与实践》，西安：陕西师范大学出版社，2007年，第3–10页。

② 程红、张天宝：《论教学的有效性及其提高策略》，《中国教育学刊》第5期，1998年10月25日，第37–38页。

③ Border, Dorfman, “Departments of Teaching Quality: What’s Important to Student”, *Research in Higher Education*, no. 35,（1994）, pp235–249.

动。[①]

（二）有效教学的特征

有效教学应该是彰显教学的内涵、有助于教学活动的实施，有助于教学目标的实现的教学。费尔德孟（K.A.Feldman）在综述大学生对有效教学特征看法的研究的基础上总结出，大学生将引起并激发学生的学习兴趣和讲授清晰视为有效教学的两个最重要标准。[②] 伯龙提尼等人（R.Ballantyne）对澳大利亚的优秀大学教师进行了研究，这些教师普遍认为有效教学具有下述特征：①教师对所教学科和教学工作充满热情，关心、尊重、爱护学生；②教师善于引起和维持学生的学习兴趣，能够将教学内容与解决实际问题联系起来；③教学切合学生的水平，注重培养学生的终身学习能力、探究精神和研究能力；④教师在教学中注重与学生交流与沟通，根据学生的反馈对教学作出改进。[③] 笔者认为，有效的教学应该包含以下基本特征。

1. 教学目标明确

清晰正确的教学目标是教师开展教学的前提，它可以为教师提供必要的教学指导，使学生了解教学的最终目标。有关研究结果显示，教师在教学过程中对教学目标是否明确直接影响着学生对教学的满意度和学生的学习成就。[④] 教学目标明确，是指教师能够提出切合学生实际水平的教学要求，明确教学任务，在教学中让学生清晰地知道教学的重点和难点。与此

① Ballentyne，R. et al.，“Researching University Teaching in Australia: Themes and Issues in Acadmics’ Reflections”，*Studies in Higher Education*, vol. 24, no. 2,（1999），pp237–257.

② K. A. Feldman, “The Superior College Teacher from the Students’ View”，*Research in Higher Education*, no. 5,（1976），pp243–288.

③ Ballentyne，R. et al.，“Researching University Teaching in Australia: Themes and Issues in Acadmics’ Reflections”，*Studies in Higher Education*, vol. 24, no. 2,（1999），pp237–257.

④ 唐纳德·R·克里克山克等著：《教学行为指导》，时绮等译，北京：中国轻工业出版社，2003年，第115页。

同时，教学内容也应该围绕着教学目标进行安排，具有一定的系统性和条理性，易于学生的掌握。

2. 注重教学中的互动

大学教学的效果在很大程度上决定于教师在了解学生的基础上因材施教，调动学生的学习积极性，促使他们主动参与教学活动。[①] 因此，有效的英语课堂教学也应该注重教师与学生之间以及学生与学生之间的互动。这就要求教师做到以下几点：①努力了解学生的需求，根据学生的现有水平和实际需要因材施教；②关心、爱护学生，与学生之间建立平等的关系，注重与学生的沟通，根据学生的反馈进行有针对性的教学改进；③促进学生之间的合作，使学生之间形成互相帮助的学习习惯和良性竞争的学习氛围。

3. 促进学生的有效学习

有效教学应该从几个方面促进学生的学习：①兴趣是最好的老师。有效教学应该在了解学生兴趣的基础上进行有针对性的教学，激发学生的学习热情，进而有效提升教学效果；②调整教学内容和方法，使其与学生的能力与认知发展水平相适应；③帮助学生克服学习中的障碍，摆脱学习困难。[②]

（三）有效教学理论在“分层 — 探究”英语课堂教学模式中应用的条件

有效教学理论为教师开展丰富多样的教学提供了理论依据，确保教师在教学过程中能够明确教学目标、改进教学内容、加强有效的沟通。根据有效教学理论，“分层 — 探究”教学模式在少数民族大学生英语课堂教学

---

① 姚利民：《大学有效教学特征之研究》，《现代大学教育》第4期，2001年12月30日，第43页。

② 吴耀武：《大学英语阅读分层处方教学模式研究》，西安：西北工业大学出版社，2016年，第60页。

实施的过程中应该满足以下两个基本条件。

1. 教学调控的有效性

在课堂教学中，教师对教学方法的选择和教学内容难度的调控，直接影响到教学效率的高低。[①] 在实施“分层 — 探究”英语课堂教学模式的过程中，教师应该有针对性地选择和组合相关的教学方法和内容，构成有特色的教学方案；科学运用课堂管理策略，关注学生的整体学习效果，以激发学生的有效学习为目的，指导学生在学习过程中掌握各种学习策略，形成优良的学习习惯，增强少数民族大学生英语学习的可持续性。

2. 教学交往的有效性

课堂教学是师生双边活动的过程，教师与学生的交往构成了教学活动的复合主体，教学活动的有效性在很大程度上取决于师生双边关系的融洽程度和互动关系。因而在“分层 — 探究”英语课堂教学模式的实施过程中，教师应该运用心理学规律组织课堂教学，尊重和爱护少数民族大学生，建立和学生之间的良好关系，获得学生对教师的尊重和信任。另一方面，教师也应该充分了解自己的学生，了解学生的学习经历、喜好和需求，努力培养和维持学生的学习动机，有效促进每一位学生的学习和发展。

四、语言习得理论

（一）输入假说和情感过滤假说

20世纪80年代，在乔姆斯基（Chomsky）的“语言习得机制”论的启发与影响下，美国应用语言学家克拉申（Krashen）建立和发展了一套完整的第二语言习得理论（Second Language Acquisition），这一理论框

① 倪牟双、陈杰主编:《高效课堂教学模式》，北京：中国轻工业出版社，2015年，第22页。

架包含5个假设理论，语言输入假说和情感过滤假说是其中的两个核心理论。语言输入假说认为二语习得产生的一个条件就是习得者需要比他现有水平更高一点的语言输入，[①] 只有当习得者接触到“可理解的语言输入”，即“i+1”（i代表习得者现有的水平，1代表略高于习得者现有水平）的语言材料，才能习得第二语言，理想的输入必须有足够的输入（i+1）。根据输入假说理论，学生熟练掌握英语的能力是靠大量的听和读的练习，通过接触大量的语言输入后自然习得的，而不是通过学习获得的。

情感过滤假说是将情感因素纳入第二语言习得的理解中，认为情感变量会影响第二语言习得，包含学习动机、焦虑感、自尊心、自信心等，这些情感因素会造成不同学习者的第二语言习得差异。[②] 克拉申认为，“情感过滤”是由于缺乏动机和自信心引起的，在相同的语言输入下，“情感过滤”造成的心理障碍阻止了语言习得过程中语言输入的充分利用，造成学习者语言水平的参差不齐。因此，在教学过程中，教师应该充分考虑学生的学习动机、自信心、焦虑心理等情感变量，降低可理解性输入的情感过滤，提高教学有效性。

（二）语言迁移理论

早期的二语习得理论是专门针对第二语言学习的研究，逐渐扩大到第一语言以外的任何语言习得（统称为三语习得）的研究，该研究的目的是揭示人类多种语言习得机制的“黑箱”之谜，涉及人类在学习多种语言过程中的认知、记忆、思维等心理活动。三语习得中语言迁移的现象比二语习得中母语迁移的现象更具复杂性。语言迁移是指目标语和其他任何已经

---

① 万红梅：《语言学视角下的大学英语教学研究》，北京：中国纺织出版社，2017年，第45页。

② 许西萍：《基于网络多媒体的大学英语教学模式的研究》，长春：吉林大学出版社，2017年，第47页。

习得（或者没有完全习得）的语言之间的相似和差异所造成的影响。[①] 语言迁移一直是语言习得及教学研究中的重点问题，它是习得者进行语际辨认并选择性地使用已学语言的过程，可以表现在语音、词汇、语法等各个语言学习层面。迁移分为正迁移（positive transfer）和负迁移（negative transfer）两种。[②] 负迁移也叫“干扰”（interference），是由于套用母语模式或规则而产生的不符合外语规则的用法而带来的副作用。

语言迁移理论的基础是对比分析理论假说，即通过运用对比分析的方法，对外语教学过程中的难点进行分析，从而达到提高语言教学质量的目的。对比分析论主要分析两种或多种语言之间因语言结构上的不同造成的相互影响，教师在讲授语言之前，应该预测哪些地方可能对学习者造成特殊困难，集中教授对学生最有益的语言结构，以帮助学生更好地克服和纠正语言错误，提高英语学习能力。

（三）语言习得理论对“分层 — 探究”英语课堂教学模式构建的启示

少数民族大学生的英语学习是建立在民汉双语基础上的第三门语言的学习，既符合二语习得研究的典型性，又具有三语习得研究的特殊性，因此，语言习得理论对少数民族大学生英语课堂教学起到教学指导作用，为构建“分层 — 探究”课堂教学模式提供重要的启示。

1. 重视课堂教学的语言输入

对于少数民族大学生来说，英语课堂教学是他们重要的语言输入来源，因而，教师在教学中必须重视课堂教学的语言输入，根据学生的实际水平调整语言输入材料的难度，注意输入要由浅入深，由易到难，增加语言输入的多样性和趣味性，使其真正符合少数民族大学生的学习需求，调

---

① Odlin, T., *Language Transfer: Cross-linguistic Influence in Language Learning*, Cambridge: Cambridge University Press, 1989, p27.

② 严若芳、李新娇:《三语习得视域下的新疆少数民族大学生英语学习》,《兵团教育学院学报》第26卷第6期，2016年12月15日，第16页。

动学生的学习兴趣。

2. 培养学生的多语言心理和多文化意识

三语环境下的外语教育不仅要追求学生外语语言知识、语言能力和文化意识的习得，而且要重视三种语言接触所引发的语言心理和文化共存意识的培养。[①] 少数民族大学生的英语教学应该特别重视学生的心理需求，帮助学生建立语言学习的自信心，降低学习中的焦虑情绪。

3. 合理使用母语和第二语言进行对比教学

少数民族大学生普遍面临着三种语言相互迁移的问题，在课堂教学中，教师应该正视语言负迁移带来的负面影响，合理使用母语和第二语言进行对比教学，帮助学生减轻语言迁移带来的学习困难。三语习得研究中的对比教学法主要包括两种类型：①翻译练习法，教师可以利用翻译结果作为对比资料，帮助学生了解不同语言在结构、表达方式等方面存在的差异，从而有效减少学生在容易出错的地方出现语言错误的频率。②错误分析法，研究人员发现有些通过对比分析预测到的错误没有发生，但是没有预测到的学习错误却发生了，因而教师也应该引导学生分析在语言负迁移现象影响下产生的错误，帮助学生掌握这些错误所呈现出的规律，使学生了解在英语学习中存在的薄弱项，促使学生获得更好的三语学习效果。[②]

---

① 徐苏：《藏—汉—英三语视域下藏族学生英语教学模式探究》，《教育观察》第7卷第16期，2018年8月20日，第46页。

② 刘念：《如何提高少数民族三语学习的效率》，《文化创新比较研究》第7期，2018年3月1日，第71页。

第三节 “分层—探究”英语课堂教学模式的实施原则和特征

一、实施原则

（一）以学生为中心原则

以学生为中心的理论来源于美国教育学家杜威（Dewey）的“儿童中心论”。杜威认为，尊重人类自由的天性，遵循教育的自然规律对儿童的发展具有重要作用。[①] 在英语课堂教学中，教师应该根据少数民族大学生的语言水平和实际运用能力来制定合理的教学目标、教学计划、教学任务、教学评价方法等方案，从学生的角度出发设计教学活动，努力让学生成为课堂教学活动的主体。但是在此过程中，教师始终要起到教学的主导作用，在学生遇到困难的时候及时给予帮助，使学生的困难得以解决；在学生受挫情绪低落时积极引导，帮助学生建立信心；在学生面对学习任务跃跃欲试时给予学生展示的机会，提高学生的学习热情；看到学生取得进步时予以鼓励，促使学生向更高的目标前进。“以学生为中心”的英语课堂教学模式，可以实现教学中心由“教”到“学”的转换，提高少数民族大学生英语学习的主动性，促进学生的课堂参与。

（二）可接受性原则

可接受性，是指教学内容的分量、难度和教学速度，必须最优地符合

① 姜英男：《英语课堂教学中“以学生为中心”的问题思考》，《中小学教学研究》第4期，2013年4月10日，第39页。

学生最近发展阶段的实际学习能力。[①] 少数民族大学生的自我效能感整体处于中等偏下的水平，特别是对抗挫折的能力不强，教师进行英语课堂教学时，应该依据学生的能力水平调整教学内容和安排教学任务。如果教学内容太难或者教学任务过重，会对少数民族大学生的心理和生理上造成负担，容易产生放弃的思想，不利于培养学生的意志力。但是，教学内容也应该保持适当的复杂程度和难度，否则过于简化的教学方案无法给学生带来“挑战性”，只能降低学生的学习兴趣。在教学内容的安排方面，教师也应该遵循系统性和重复性原则，注意从学生已有的语言知识和已经熟悉的语言技能出发，以旧引新，不能一味地追求教学速度，而是根据学生学习的效果和教学反馈不断调整教学方案，经常复习巩固已经学过的知识点，保证所教内容都符合学生的实际学习能力，让少数民族大学生真切感受到只要努力就能学好英语，增强学习自信心。

（三）灵活性原则

少数民族大学生天性活泼，善于表达，因此针对他们构建的教学模式必须坚持灵活、开放性的原则。在课堂活动的设计上，教师应该设计多种多样的教学任务，比如选用小组讨论、课堂辩论、情景模拟、比赛竞答、课堂陈述、角色扮演等方法，激发学生的兴趣，营造课堂轻松活跃的氛围，使每一个学生都愿意参与其中，表现自我。在课堂问答环节上，教师应该采用开放式的问答方法，启发学生的思考，培养学生的创新能力，鼓励学生更多地参与课堂讨论，同时辅以必要的机械练习和封闭式问答，如语音教学中的语音模仿或朗读练习等。在教学组织形式上，教师可以根据教学内容选择进行全班教学或者分组指导的方式，组织进行知识点的共同学习和学生间的互教互学。在教学方法的选择上，教师可以突破传统的教学方式，因循少数民族大学生英语教学这一特定的教学环境，通过对教学

① 巴班斯基：《教学教育过程最优化》，吴文侃译，北京：教育科学出版社，2001年，第12页。

对象的深入了解和教学动态的进一步掌握，使多种课堂教学方法有机结合，形成自己的探索性教学概念，充分发掘学生的英语学习潜力。教师还应该在教学内容上坚持灵活性原则，善于开阔思路，不必拘于固定教材，结合少数民族大学生的生活背景，旁征博引，使语言教学与实际生活结合起来，让学生在整个教学的过程中保持轻松愉快的心情，全心投入到英语学习之中。

（四）自主性原则

教育的本质是学习。教师不仅应该教给学生知识与必要的学习技能，更应该教给学生学习的方法和能力，“授人以鱼不如授人以渔”，让学生学会学习，培养良好的自主学习习惯，形成学习的兴趣才是教学的最终目标。[①] 迪金森（Dickinson）认为：“自主学习既是一种学习态度，又是一种独立学习的能力。”[②] 态度就是一种对自己的学习做出决策的责任，能力就是对学习过程的决策和反思。[③] 由此可见，培养学生的自主学习意识应该从心理和能力两个层面共同完成。对于自主学习能力较弱、英语学习内在动机不强，课堂依赖心理严重的少数民族大学生来说，实施“分层—探究”英语课堂教学模式需要注意以下几点：①强调英语学习的重要性，减少“英语无用论”心理的消极影响，使学生愿意采取一种积极的态度对待英语学习。②教会学生正确使用元认知策略，使学生能够确定适合自己的学习目标，针对自己的学习情况不断调整和灵活运用认知策略，提高英语学习效率，促进个体自主学习能力的发展。与此同时，外部环境在自主学习中也起到非常重要的作用，因为学习是在社会环境下发生的，带有明

---

① 辛立志：《如何培养学生的自主学习能力》，《读写算（教研版）》第4期，2014年8月27日，第232页。

② Dickinson, L. , “Autonomy and Motivation: a Literature Review” , *System*, vol. 23, no. 2, (1995), pp165–174.

③ 王琳娜：《非英语专业大学生英语学习自我效能感与英语自主学习的关系的调查研究》，硕士学位论文，西安外国语大学，2011年，第7页。

显的社会属性，有效学习的发生离不开外部条件的支持，始终受到外部环境的制约。[①] 因此，在少数民族大学生英语课堂教学中，教师还应该给予学生更多可以选择的学习资料和大量在实际情境中运用英语的机会，加强英语课堂教学和课后学习的输入与输出，营造良好的语言习得环境。

（五）合作性原则

合作学习是指以异质学习小组为基本形式，系统利用教学动态因素之间的互动促进学生的学习，以团体成绩为评价标准，共同达成教学目标的教学活动。[②] 学生通过小组内的学习交流与经验分享，建立相互信赖关系，树立个体责任感，学会相互学习，增进社交技能。同时在合作学习过程中，教师与学生之间原有的“权威 — 服从”关系逐渐转变成了“指导 — 参与”的关系。[③] 合作学习可以建立师生以及生生之间的对话氛围，培养学生的小组责任感以及个人责任感，提高学生的沟通和社交能力。但是少数民族大学生的合作学习经验不足，因此教师应该在课堂教学中将合作学习融入课堂设计之中，并且进行正确引导，适当调配小组人员，明确小组任务和分工安排，给予学生足够的准备时间，使每个人都能为小组学习做出自己的贡献，体会到通过小组每个成员的共同努力实现成功的喜悦。另外，教师也可以通过让少数民族大学生在课堂上展示合作成果的方式，给学生提供展示的机会，激发学生的“荣誉感”，促进小组之间的良性竞争。

---

① 顾世民：《促进大学英语自主学习的课程因素研究》，博士学位论文，上海外国语大学，2013年，第38–39页。

② 莫雷主编：《教育心理学》，广州：广东高等教育出版社，2005年，第123–134页。

③ 王坦：《论合作学习的基本理念》，《教育研究》第2期总第265期，2002年2月17日，第68–72页。

（六）对比原则

对于少数民族大学生来说，英语学习是在三种语言相互融合的三语接触环境中进行的，语言迁移比汉族学生的更加复杂，其中母语在英语学习中起到了非常重要的作用，因为人们习惯使用较为熟悉的具体概念来理解不太熟悉的抽象概念。① 因此，针对少数民族大学生的英语教学不应该忽视母语对英语负迁移的影响，应该适当利用母语与英语的比较，或者母语、汉语、英语三语间的比较，帮助学生更好地理解不同语言的特点，进而将三语环境下的母语负迁移影响降到最低限度，合理引导、发挥语言的正迁移作用，提高英语教学的效率。另外，语言文化体系之间的差异也会给少数民族大学生造成跨文化交际障碍，容易使学生对英语学习产生抗拒心理。文化对比教学可以培养学生对西方文化和英语学习的积极态度，增强学生的跨文化交流意识。

二、特征

（一）教学价值取向：尊重差异

承认差异、了解差异、尊重差异是全球化、多元化时代对学校教育的客观要求。英语教学目标的制定、课程的设置、教学内容的选择、教学方法的运用、学习策略的培养、教学组织形式的具体安排既要制定统一的要求，也需要考虑到不同民族学生群体和个体的不同特点。尊重学生的差异，设计面向全体的教学方案，贯彻因材施教的教学思想，是构建符合少数民族大学生英语学习特点的“分层—探究”课堂教学模式的重要特征之一。

在民族院校英语课堂教学中，教师应该将少数民族大学生英语学习的

① 李佳：《维吾尔族学生英语学习中母语负迁移现象研究》，《校园英语》第31期总第419期，2018年8月1日，第188页。

基础水平差异作为教学活动设计的出发点，在教学模式的各个要素中体现差异教学的原则，这一教学思路较好地反映了实际教学活动的真实流程，具有较高的可操作性。与传统的教学模式相比，新的教学模式以研究学生“学的基础”为前提，以满足学生“学的需要”为目的，在教学目标的设定上不搞“统一划齐”，在教学内容和方式的选择上“灵活多样”，让每一个学生在原有基础上、不同起点上获得最优发展。在具体教学实施的过程中，教师可以将实施有差异的教学这一理念细化到教学组织、教学内容、教学评价等多个教学环节，采取诸如分组教学、提供可以选择的学习内容、设计有差异的评价方法等教学措施，激发少数民族大学生英语学习积极性，实现每个学生个体潜能的充分发展。

（二）教学活动取向：激发兴趣

现代外语教学理论认为，课堂教学的最基本的功能之一应该是培养学生的兴趣。少数民族大学生“分层 — 探究”英语课堂教学模式在课堂活动安排上，应该遵循有利于语言学习的原则，即以语言活动为主，注重真实语言情境的创设，以发展学生的语言素养为目标，着力提升教学的目标层次。另一方面，课堂活动本身也应该符合少数民族大学生的认知特点和兴趣爱好，举行一些英语竞赛和展示活动，既能激发学生的竞争意识，又能够培养学生的合作精神，使学生在活动中既发展语言能力又加强互动合作的能力。另外，在课堂教学环节的设计上，教师对内容安排、资源整合、方法运用也应该进行深入地思考，尽量选用能够激发少数民族大学生学习热情的方式方法，根据学生的反馈信息调整课堂教学操作程序，尽可能多地让学生参与到课堂中来。在学生进行课堂活动展示的时候，教师应该积极地肯定与表扬学生的每一次成功与进步，使每一个学生都能体验到“成就感”，激发学生进一步学习的信心和决心。

“最伟大的教师是那些善于激发学生的教师。”（The great teacher

inspires)[①]“分层—探究”英语课堂教学模式可以有效激发学生的学习兴趣，解决少数民族大学生英语课堂教学参与程度不高的问题，也可以增加学生英语学习的内在动机，使学生充分发挥学习自主性，提高课堂教学质量。

（三）教学目标取向：自主建构

建构主义理论指导下的少数民族大学生“分层—探究”英语课堂教学模式强调“以学生为中心”，强调“情境”的重要性，强调“会话”在“协作学习”中的关键作用，强调对学习环境的设计，强调利用各种信息资源丰富学习途径，强调教学的最终目的是引导学生自主完成意义建构。[②]学习是一个积极主动的知识意义建构的过程，学生以已有经验为基础，通过与外界的互动作用，主动建构对当前事物的意义，即建构对新信息的解释。[③]“分层—探究”英语课堂教学模式的实施重点不在于督促教师完成多少教学内容，而在于让教师了解应该如何激励学生，如何使学生获得独立的自主学习能力，为其终身学习创造条件。

在新的英语课堂教学模式实施的过程中，教师可以通过任务型、情境式和探究式教学法帮助学生在接近真实的情境中掌握自己解决问题的方法，让学生在与他人交流合作的过程中明确自己应承担的责任，共同完成学习任务。另一方面，教师也应该对少数民族大学生进行元认知策略训练，引导学生设置合理的学习目标，培养学生监控自己的学习进度和计划执行情况，评估自己的学习效果，让学生在主动建构知识的过程中学会学习。

---

① 河北外国语学院：《大学英语课堂教学注重自主学习、教学功能》，2012年11月7日，http://www.hbwy.com.cn/11jiangong2/show.asp?id=766。

② 汤艳霞：《关于初中英语教学的若干思考》，《考试周刊》第55期，2013年7月9日，第98页。

③ 曾美玲：《高校扬长教学模式的构建研究》，硕士学位论文，湖南科技大学，2007年，第18页。

（四）师生关系取向：平等交流

列宁曾经说过：“人类在探究真理时，积极肯定的情感起激励促进作用，消极否定的情感起抑制阻碍作用。”[①] 情感是主体对客观事物是否满足自己需求时所持的态度体现，积极肯定的情感不能靠灌输，而要靠熏陶和感染，教学经验证明，建立民主、平等、融洽的师生关系可以营造轻松愉快的课堂氛围，培养学生热爱英语的美好情感。少数民族大学生“分层—探究”英语课堂教学模式要求教师树立平等的思想，摒弃旧观念中师生之间“权威—服从”的关系，而成为课堂教学活动的组织者，创设接近真实的语言环境激发学生的学习兴趣；在学生进行讨论、角色扮演和小组决策活动时成为参与者，帮助学生解决学习中遇到的困难；成为学习资源的提供者，来丰富教学内容、拓展学生的学习途径。

积极融洽的师生关系同样取决于教师和学生之间的交流方式，在课堂教学中，教师应该特别关注少数民族大学生英语学习的需求，通过各种渠道的交流方式了解学生在学习中遇到的问题，倾听他们对教学情况的评论，并对此做出积极回应；学会尊重学生，不在课堂上当众批评学生，能够看到学生的进步并予以鼓励，当学生出现错误的时候，教师也会给予正确的反馈，但是不会以嘲笑、讽刺的方式，避免加重少数民族大学生的自卑心理；公平地对待每一个学生，尤其是基础薄弱、有学习困难的学生，专门给这些学生进行个别辅导，让所有学生感受到教师的关注。教师以平等的观念与学生保持良好的沟通方式是建立融洽的师生关系的关键，也是培养学生对英语学习产生积极情感态度的最重要的方法。

① 魏莹莹：《教师在英语教学中的主导体现》，《语数外学习（英语教育）》2013年第1期，第95页。

第四节 “分层—探究”英语课堂教学模式的教学目标和操作程序

一、教学目标

外语教学目标是指学生在学习外语的过程中达到预期学习行为的持久变化，或获得预期的学习结果。明确外语教学目标，并遵循、贯穿于整个外语教学过程之中，是有效提高外语教学质量的先决条件。[①] 外语教学目标分为课程目标，即各级各类学校为完成国家制定的课程标准所提出的英语课程教学总目标，以及教师根据课程设置情况、学生实际水平和课堂教学语境变化进行动态调整的具体目标，包括：学年目标、学期目标、模块目标、单元目标和每一节课的教学目标。

《大学英语课程教学要求》中明确规定：“大学英语的教学目标是培养学生的英语综合应用能力，特别是听说能力，使他们在今后学习、工作和社会交往中能用英语有效地进行交际，同时增强其自主学习能力，提高综合文化素养，以适应我国社会发展和国际交流的需要。”[②] 该教学目标强调培养大学生以听说能力为主的英语综合应用能力，增强学生的自主学习能力和提高他们的综合文化素养，这对于学习英语时间较长的汉族大学生来说比较适合，但是对于接触英语时间比较短、基础水平薄弱、对英语学习缺乏自信心的少数民族大学生来说缺乏一定的针对性。笔者认为，少数民

① 章兼中主编:《外语教育学》，福州：福建教育出版社，2016年，第142页。

② 陈坚林、谷志忠:《要求更完善，方向更明晰——对07版〈大学英语课程教学要求〉的新解读》,《外语电化教学》2008年第119期，第4页。

族大学生“分层 — 探究”英语课堂教学模式的课程目标应该包含以下几个方面：英语素养、文化素养、情感态度、自学能力。从语言学的视角来看，英语教学中的英语素养具有三个要素：语言知识、语言技能和交际运用，少数民族大学生特殊的英语学习经历造成他们英语学习出现“断层”，不学好语言基础知识（语法知识、语音知识、词汇知识）和进行基本的技能训练（听、说、读、写、译），就无法发展英语的综合应用能力。另外，培养积极的情感态度对少数民族大学生克服英语学习的畏难情绪，提高自我效能感，激发学习热情非常重要，也应该和其他三个结构要素处于相同的层次关系之中。因而，少数民族大学生英语课程目标可以具体表述为：以提高学生英语学习的综合素养为基本目标，在夯实双基（基础知识、基本技能）的基础上发展学生运用英语交际的能力，通过文化对比教学提高综合文化素养，培养学生积极的英语学习情感态度，增强其自主学习能力，从而使学生获得可持续的语言发展能力，以适应社会经济发展和国际交流的需要。少数民族大学生“分层 — 探究”英语课堂教学模式的课程目标层次如图3–1所示。

图3–1　少数民族大学生英语课程目标层次图

二、操作程序

在传统模式的教学中，教师为了完成知识的传授任务、保证教学过程顺利开展，往往会以“呈现新知识（presentation）+实践（practice）+输出（produce）”的方式来设计课堂教学，这种以知识“灌输”为主的方式忽略了学生的主体性和学习自主性。事实证明，学生在英语课堂通过“灌输”学到的知识十分有限，英语学习是一个艰苦的实践和积累过程，仅靠课堂教学无法保证学生学习外语所需的输入与输出质量和数量，学习英语也不仅仅是语言学习，更重要的是为学生提供参与真实交际活动的机会，这就需要将课堂教学延伸到课外。

在少数民族大学生“分层—探究”英语课堂教学模式中，我们要建立一个将课内教学和课外学习有机结合的、立体化的教学操作程序，充分利用学生课前和课后的时间，为少数民族大学生创造良好的英语学习环境，保持英语学习的连续性。具体教学操作程序如图3–2所示。

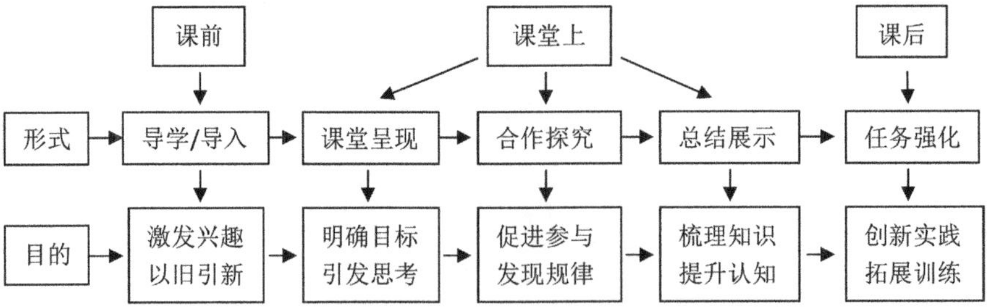

图3–2 “导学/导入+合作探究+任务强化”立体化教学操作程序

在立体化的教学操作程序实施的过程中，少数民族大学生可以通过课前导学/导入的方式激活自己原有的知识体系，特别是针对一些基础薄弱的学生，使他们能够在上课前了解课堂将要学习的知识，找到自己的知识漏洞提前进行自学，以免出现课堂上不知道老师在讲什么、小组活动中不敢发言的现象。在课堂学习中，教师首先明确学习目标，介绍情境引发学生的思考，让学生参与到课堂活动中来，学生通过合作探索，将新知识与原有知识经验联系起来，经过反复地练习在同学面前进行展示。课后学生以个体或小组的方式完成学习任务，强化学到的新知识，形成知识的意义建构。在整个过程中，学生是课堂的主体，教师应充分发挥课堂的主导作用，组织课堂活动，引导学生积极参与，在学生遇到困难时提供帮助。

立体化的教学操作程序以“知识的自主探究”为主轴，将课前激活、课中探索与课后强化环节有机结合起来，以分层次的课堂活动为主线，完成教学任务为主要目的，引发学生独立思考和积极表达的能力以及提升学生的学习兴趣、自主学习能力和创新能力，使不同层次的少数民族大学生都能够主动地获取新知识，在原有的水平基础上取得进步。

第四章　少数民族大学生“分层 — 探究”英语课堂教学模式行动研究

行动研究是一个不断循环发展的研究过程。在这个过程中，首先是发现问题，并通过提出假设和进行初步调查确定问题。问题确定之后，就要设计行动方案，设法解决问题。行动方案确定之后，还需要制定行动研究工作计划，包括实施计划的内容和方式、实施中的数据收集方法和收集时间，最后在分析数据的基础上讨论行动效果，发现新的问题，为下一步研究做准备。[①]

本研究是以课堂为切入点，扎根于教学的实践取向研究。在实施少数民族大学生“分层 — 探究”英语课堂教学模式行动研究的过程中，笔者通过对教学中存在的问题进行反思，不断地总结和改进教学，整个行动过程遵循：分析问题→计划→行动→反思→再分析问题→再计划→再行动→再反思的循环往复、螺旋上升的行动模式。

笔者针对2017 — 2018学年第一学期和2017 — 2018学年第二学期的基础级大学英语三级、四级英语教学（即基础级英语班教学的第三学期和第四学期）制定了为期一个学年的行动方案（2017年9月5日 — 2018年6月28日），行动周期为十个月。本次行动研究共实施两轮行动计划，其

① 王蔷、张虹：《英语教师行动研究（修订版）》，北京：外语教学与研究出版社，2014年，第118页。

中2017—2018学年第一学期为第一轮行动研究（2017年9月5日—2018年1月5日），减去国庆等公共假期授课时间共计17周；2017—2018学年第二学期为第二轮行动研究（2018年3月6日—2018年6月26日），减去学校春假和五一等公共假期授课时间共计17周。

2017年9月新学期开始，笔者在少数民族大学生基础级英语班实施“分层—探究”课堂教学模式行动计划，并且按照分类抽样的原则，在实施每一轮行动计划的两个阶段都对部分研究对象进行了一次访谈，每次25人左右，确保在每一轮行动计划实施的过程中与该班所有学生进行一次以上的个别访谈，以观察研究对象在学习态度、观念、语言知识和能力方面的变化。在第二轮行动研究实施的过程中，笔者在与基础级英语班的学生进行深度访谈的基础上，还要求学生每两周写一篇学习日志，加强了教师与学生之间的有效沟通，为教师改进新的英语课堂教学模式奠定了基础。

第一节　第一轮行动研究

一、问题和教学改进措施

（一）分析问题

通过前期的课堂观察、现状调查和针对基础级英语班进行的前期调研，笔者对该班少数民族大学生英语教学中存在的问题及其原因进行了充分的了解，具体可以归纳为以下几个方面。

1. 语言基础知识薄弱

在基础级英语班第一学期（一级）和第二学期（二级）的英语教学中，

学生虽然温习过基础语法知识，但是由于教学进度问题，语法教学缺乏系统学习和强化训练，使少数民族大学生感到大学英语学习与中学英语学习无法很好地衔接，导致基础薄弱的学生对英文句子的成分和基本结构依然缺乏认识，对时态概念模糊不清，基础较好的学生虽然能够理解英文句子的意思，但是在写英文句子时语法错误出现率较高。由于更换听说教材的缘故，语音教学和词汇教学在一级和二级英语教学中从未涉及，成为少数民族大学生英语学习中最薄弱的环节，学生词汇量较小，不能根据音标读出单词发音。另外，少数民族大学生在英语学习的过程中会受到来自母语和汉语的干扰，增加了学生英语学习的难度。语言基础知识薄弱和语言负迁移的影响是导致少数民族大学生在英语学习中缺乏自信心，越学越吃力的主要原因。因此，在巩固学生语言基础知识的基础上加强语言综合技能训练和交际训练，帮助少数民族大学生将语言知识通过语言技能训练，转化成听、说、读、写的语言运用能力，再把语言运用能力转化成跨文化交际运用语言的能力，实现语言知识、语言技能、交际运用语言学习三要素的相互促进和协调发展，是本轮行动研究中最重要的教学内容。

2. 学生之间存在较大个体差异

前期调研的结果显示，基础级英语班的少数民族大学生在英语学习起始时间、学习习惯和特点、学习喜好和需求方面有较大个体差异，导致学生之间不仅存在既有知识水平的差异，也存在认知水平上的差异。学生在学习新知识的过程中，理解和掌握的程度千差万别，使英语课堂教学面临巨大的困难。传统的英语课堂教学模式下，教师使用通用的教材和统一的标准要求学生，更加关注成绩优秀的学生的发展和成长，使用单一的教学方法与评价方式，导致少数民族大学生逐渐对英语学习失去兴趣，容易产生“放弃”的思想。因此，如何调整教学难度，适应不同学生的学习水平；设计灵活多样的教学活动，兼顾不同学生的学习喜好；创设良好的学习环境，满足不同学生的学习需要，是笔者设计本轮行动研究方案时重点思考的问题。

3. 缺乏自主学习的能力

少数民族大学生对英语学习的重要性有较充分的认识，但是在实际的英语学习中，投入的时间和精力比较少，英语学习计划性不强，时间利用效率低，学习途径单一，对课堂教学、教师依赖心理较强，课外很少主动地、有意识地练习和运用所学英语知识。这表明少数民族大学生在英语学习的过程中缺乏自我监控、自我管理和自我强化的意识行为，即缺乏自主学习能力，这主要是受到传统的“以教师为中心”的教学观念的影响，使学生不能积极主动地参与教学活动，自觉有效地监控调节自己的学习过程，灵活地运用学习策略完成学习任务，难以发挥自己的学习自主性。英语学习的目的是使学生熟练运用英语表达思想，用英语完成交际任务，仅靠课堂和书本上的语言输入和操练不足以真正掌握一门语言。因此，要想有效地提高少数民族大学生的英语水平，教师必须引导学生在课堂内外主动、有计划地进行大量的语言学习、操练和实践，培养学生的自主学习能力。①

（二）提出教学改进措施

在设计实施第一轮“分层 — 探究”英语课堂教学模式的行动计划之前，笔者首先针对少数民族大学生基础级英语班的教学问题，在教学组织形式、教学内容、教学活动、教学方法和教学评价五个方面提出了相应的教学改进措施。

1. 实施分层教学，优化教学过程

为了解决少数民族大学生个体差异较大，特别是英语基础水平差异过大的问题，笔者在行动研究中将采用分层教学的教学组织形式进行授课，尊重学生的差异，设计面向基础级英语班的全体学生，兼顾不同层次学生需求的教学计划。

---

① 张津海：《谈学习者自主学习能力的培养》，《天津市教科院学报》2011年第3期，第85页。

具体来说，在课程开始前，教师需要根据基础级英语班学生的实际水平设计既照顾差异又具有挑战性的差异化教学目标；在课堂教学中，根据学生的差异设计一些动态的分层分类教学活动；布置课后作业时，在考虑一些共性的基本准则的同时，鼓励学生按照自己喜好的学习风格以多元化的方式展现作业成果。在课程设置方面，鉴于班级人数和课程要求的限制，教师将依据“动态分层”的教学原则，采用大班教学、小班教学和小组合作相结合的方式进行授课，即保持原来每周二2课时的大班面授课的方式不变，在每周四2课时的面授课实施班内分层教学，将基础级英语班分成A（基础）和B（提高）两个层次进行小班授课，学生可以按照自己的实际水平选择A班、B班，并且根据上课感受、进步幅度随时申请调班。另外，教师也将按照“组内异质，组间同质”的原则，遵循“差异即资源”的理念，在充分考虑学生的成绩、性别、认知风格、性格特点的基础上，将大班分为8个教学小组，促进班级形成组内互相学习，组间合理竞争的学习氛围，[①] 让学习成绩好的同学带动和帮助组内的其他同学，刺激水平相近的小组之间形成竞争意识，调动少数民族大学生的学习主动性。

2. 科学调整教学难度和内容，增加语言对比内容

维果茨基（Vygotsky）的最近发展区理论认为，在个体智力活动中，对于要解决的问题和原有能力之间可能存在差异，个体可以在教师的帮助下消除这种差异。[②] 克拉申（Krashen）的输入假说理论也认为：学习者接受的语言必须是可理解的，即稍高出学习者目前的语言输出水平，也就是当语言输入满足“i+1”（学生已知语言加上高一层次的语言信息）的条

① 杨静：《浅谈自主合作式课堂教学的尝试与收获》，《试题与研究：新课程论坛》2014年第17期，第23页。

② 马新彤、康光明：《维果茨基最近发展区理论及其对英语教学的启示》，《泰安教育学院学报岱宗学刊》2010年第14卷第3期，第82–83页。

件时，学习最有成效。[①] 按照这两种理论，教师在考虑搭建知识框架时，应该尽可能地使教学内容在难度上调整为稍高于学生的原有水平，在教学中把复杂的任务分为若干步骤，每一步都上一个台阶，这样就可以通过“脚手架”的支撑作用，帮助学生逐步接近并最终达到自己能力范围可及的学习目标。对于英语基础薄弱的少数民族大学生来说，教学难度的安排应该遵循由易到难，循序渐进的原则。在语言学习中，语言知识是语言技能发展的基础，这个基础打不扎实，后续的语言技能学习就如同在沙地上建楼，随时可能有倒塌的风险。因此，在第一轮行动研究的课堂教学中，基础级英语班将增加语音、语法、词汇语言基础知识教学，先夯实基础再逐步过渡到听说、阅读和写作等技能练习。

3. 设计灵活多样的教学任务，促进语言的输入与输出

克拉申（Krashen）认为大量的可理解性语言输入是语言习得的关键所在，语言使用能力不是教出来的，而是在接触到大量的语言资料后自然习得的，因此，在英语教学中，教师要给学生提供充足有效的语言输入。语言输出假说是由著名语言学家斯威（Swain）提出的，她认为语言输出对于语言习得同样重要，通过输出练习，学习者能够不断提高语言使用的流利性和准确性。[②] 因此，英语教学不能单纯地教授“陈述性知识”，必须让学生通过操作、探究、体验等方法掌握“程序性知识”，即遵循知识的内在特性规律，坚持“在用中学”和“在做中学”。[③] 根据少数民族大学生的学习喜好，在课堂教学中，教师将为基础级英语班的学生增加真实性语言材料的输入，并且设计灵活多样的教学任务，让学生在完成任务中体验语言，感悟和发现规律，在用目的语解决实际问题的过程中学会交

---

① 鲁华山:《克拉申可理解性输入假说的研究》，硕士学位论文，吉林大学，2004年，第26页。

② 张元元:《儿童语言习得中的语言输入与输出对大学英语教学的启示》,《英语广场》2018年第9期，第70页。

③ 石艳:《“教学做合一”教学模式在英语教学中的应用》,《语数外学习（高中版上旬）》2018年第31期，第58页。

际，为学生创造接近真实的语言学习环境，促进语言的有效输出。

4. 增强元认知策略训练，引导学生学会学习

元认知策略是一种学习个体对自身认识过程的意识策略，是指作为学习者的个体，主动地、有意识地运用元认知来对自己学习进行合理的安排、计划、监控、调节和评价，从而使自己的学习方法和过程更加合理、高效。[①]“分层 — 探究”英语课堂教学模式强调培养少数民族大学生的英语自主学习能力，因而，在行动研究中教师应该注重学生的元认知策略培训。在行动研究开始实施时，教师让基础级英语班的学生基于自身现有的水平，合理地制定学习计划，在行动研究实施的过程中，教师督促学生使用元认知策略监督自己的学习情况，总结自己的阶段性进步，对自己的进步作出评估并适时调整学习计划。通过元认知策略的训练，培养少数民族大学生元认知意识，认识到自身英语学习的需求，明确学习目标。[②]元认知策略的训练还可以培养少数民族大学生积极利用学习策略的意识，有助于学生找到适合自身的学习策略，从而激发更深层次的自主学习动机，引导学生学会学习。

5. 建立合理的教学评价机制，突出形成性评价的重要性

教学评价是整个课堂教学中非常重要的部分，合理的评价机制可以加强学生的参与感，激励学生课前预习，课后按时完成学习任务。[③]由于各种条件的局限，少数民族大学生基础级英语班的英语能力评估一直以终结性评价为主，即以考试成绩来评定学生的学习能力。终结性评价方式的弊端在于，单纯依靠测试成绩无法准确评定出学生的真实水平。以往出期末试卷时基础级的任课教师总是很为难，难度大的试卷可能造成大多数学生

① 韩艳会：《基于元认知理论的大学英语教学研究》，《海外英语》，2015年3月8日，第72页。

② 曹慧芳：《基于元认知理论的英语语言学习者自主学习能力培养及提高》，《黑龙江教育学院学报》2015年第34卷第5期，第131页。

③ 罗少茜、黄剑、马晓蕾：《促进学习：二语教学中的形成性评价》，北京：外语教学与研究出版社，2015年，第31页。

不及格的现象，对考试成绩不理想的学生自尊心和学习热情都是极大的打击，难度小的试卷区分度又不高，使学生认为不用努力大家都可以取得好成绩。美国心理学家布鲁姆（Bloom）把教育评估分成三大类：一是诊断性评估或事前配备性评估，二是形成性评估，三是终结性评估。这三种评估是对应于各自处于一连串的教育活动的开始前、活动过程中、活动终结时而做出的区分。[①] 形成性评价是以过程为主的评价，更看重学生在学习过程中的表现，注重培养学生的综合能力，[②] 改变仅以考试分数来评定学生的做法，让学生不必担心考试带来的压力和紧张情绪，能够把学习的注意力转向学习的过程，[③] 更加积极主动地投入学习中去。

因此，笔者将在行动研究中使用形成性评价和终结性评价相结合的方式，增加形成性评价所占的分数比例，突出平时成绩的重要性，将基础级英语班学生的课堂表现和完成的教学任务以小分的方式计入平时成绩，让学生们意识到学习态度和学习能力同样重要，强调学习过程比学习结果重要。

二、制定行动计划

在实施第一轮“分层—探究”英语课堂教学模式的行动研究中，笔者将按照差异教学的指导原则，将少数民族大学生基础级英语班分成A（基础）和B（提高）两个层次，实现目标分层教学管理，并将分层教学具体细化到教学内容、教学过程、教学评价等环节。

---

① Bloom, B. S. , *Education to Improve Learning,* New York: McGraw–Hill, 1981.

② 陈静：《大学英语教学中形成性评价刍议——以动态评估为着眼点》，《赤峰学院学报（汉文哲学社会科学版）》2018年第39卷第8期，第159–161页。

③ 王彦昌：《形成性评价对大学英语口语课堂教学的反拨作用研究》，《考试周刊》2012年第56期，第86页。

（一）课程类型及教学目标

第一轮行动研究的课程教学目标是在帮助基础级英语班的少数民族大学生巩固语言基础知识的基础上加强语言综合技能训练，再把语言运用能力转化成跨文化交际运用语言的能力。因此，本轮行动研究分成两个阶段、四种课程类型。其中，第一阶段（1—9周）包含语法课和语音、词汇课两种课程类型；第二阶段（10—17周）包含读写课和听说课两种课程类型。每一种课程类型将从知识目标、能力目标和情感态度目标三个维度分别对A（基础）、B（提高）两个层次的学生展开教学目标设计（第一轮行动研究课程类型及教学目标参见附录五）。

（二）教学内容准备

由于第一轮行动研究的教学思路是先帮助少数民族大学生夯实英语基础知识再逐步过渡到听说、阅读和写作等技能训练，教材的选用也做出了相应调整。在第一阶段，英语语言基础知识的教学主要使用教师自己编写的教学资料，其中语法从词性、句子成分、基本句型、时态等基本语法现象进行梳理；语音从元音、辅音、发音规律等方面调整学生发音问题；词汇使用教师编辑的常用英语基础词汇表（包含初中词汇1800个、高中词汇2000个），让学生进行朗读和背诵练习。第二阶段，在复习语言知识的基础上开设读写课和听说课，读写课教材选用外语教学与研究出版社出版的《零起点大学英语基础教程》（第3册），学习两个单元的内容：Unit1和Unit3，包含语篇阅读和写作练习两个教学重点内容。听说课使用《零起点大学英语基础听说教程》，A班（基础）使用第1册，共教授四个单元：Unit1—Unit4，B班（提高）使用第3册，共教授四个单元：Unit1—Unit4，以西安交通大学出版社的《剑桥实境英语·听说2》作为B班教学辅助材料。在教学内容的编排方面，以教材单元为基本链接模块，按照课堂任务需求重组教学资料，使内容安排呈现连续性和层次性，以满足不同层次水平的少数民族大学生的学习需求。

第一轮行动研究的第一阶段，授课主要采用教师的自编内容，因此上课前教师需要准备的材料比较多。

1. 语法课微视频

语法课分为8部分内容，即词性1（名词、动词、形容词），词性2（9大代词），句子1（句子成分和谓语），句子2（句子构成、陈述句），句子3（疑问句、祈使句、感叹句），时态1——一般时态（一般现在时、一般过去时、一般将来时），时态2——进行时态（现在进行时、过去进行时），时态3——完成时态（现在完成时、过去完成时、现在完成进行时）。2017年暑假期间，笔者和课程组的其他教师将这8部分内容做成微视频上传到优酷视频网站，将视频网址公布在班级微信群里，确保基础级英语班的学生在上课前可以自行下载并提前学习课堂上需要讲解的内容。微视频是本轮行动研究语法课前导学的重要内容，微视频围绕每堂课要讲解的语法内容编排，由教师使用自带录制功能的Office PPT 2013或手机录制而成，每个视频时长10分钟左右，声音配合画面信息帮助学生回顾重要的语法现象和规律。微视频的优点是形式简短，内容直观，可以循环反复播放，方便学生上课前进行自学。每个微视频结束前都有对重点信息的总结以及提问或者设置学习任务的环节，引发学生独立思考。

2. 语法课练习题

为了帮助少数民族大学生更好地理解以及灵活运用课堂所学语法知识，8个微视频各配套设计了一套语法练习题，以检验学生的掌握情况。语法练习题由以下几类题型组成：填空题、单选题、翻译题、词形转换、分析句子成分、正确排列句子语序、句型转换等。

3. 语音课教学PPT

语音课教学PPT由三大基础语音知识组成：20个元音、28个辅音和发音规则（音节、单词重音、句子重读、连读、语调）。每个音标发音都有相应的单词听读练习，帮助学生总结了每个音标对应的字母拼写组合，建立发音与单词拼写的联系，使学生达到“听音知形、见形会读”的境界，从而减少记忆单词的困难，提高记忆效果。[①] 在语音课的PPT中，笔者根据少数民族大学生发音的问题设计了丰富的课堂活动，如绕口令练习、听歌辨音练习、诗歌跟读练习、开闭音节歌谣等练习，增强了英语学习的趣味性，提高了学生的课堂参与程度。

4. 词汇表

暑假之前，教师已经将整理好的初/高中单词汇总表电子版传给基础级英语班的学生，要求暑假期间A班学生背诵初中词汇1800个，B班学生背诵高中词汇2000个。开学后，教师根据学生听写单词的情况将初/高中单词汇总表浓缩成精华版，其中4个字母以下200个单词，5—7个字母的单词580个，8个字母以上的单词380个，供拼词比赛使用。

5. 教学辅助材料

为了增强语言学习的趣味性，在第一轮行动研究阶段教师还准备了一些英文歌曲和电影片段，以及《新概念英语》和《书虫》牛津英汉双语读物作为教学辅助材料。

（三）教学环节设计和评价标准

第一轮行动研究开始前，笔者首先向基础级英语班的少数民族大学生介绍行动研究的整体教学安排和课程教学目标，重点强调教学内容和评分标准的变化，帮助学生进行分班和分组。分班遵循自愿的原则，学生可以根据听课情况随时申请调班。分组的要求是：41人分成8个组，其中7个组5人，1个组6人，分组时尽量按照水平差异和性别差异混合搭配的原则，每个组由基础较好的学生1—2人，基础中等的学生1—2人和基础薄弱的学生2—3人构成，各组选出1名英语水平较高、责任心强的学生担任组长。

① 江苏云：《单词，是英语学习中的拦路虎吗？》，《海外英语》第1期，2011年1月15日，第27-28页。

另外，根据本轮行动研究的教学改革措施，教师在学期初引导少数民族大学生根据课程教学目标制定自己本学期的学习计划，并在行动研究的过程中监督学生学习计划的完成情况。学习计划提纲如下。

（1）本学期最想提高的英语技能

（2）本学期最想掌握的英语学习策略

（3）本学期希望通过努力达成什么目标

（4）将通过什么方法达到学期目标

（5）除上英语课，每天计划花多长时间学习英语

（6）课下自学英语的方式

在第一轮行动研究的第一阶段，教学的主要目的是巩固少数民族大学生语言基础知识，因此教学环节主要围绕提高学生的语法、语音和词汇设计，培养学生的自主探究意识。教学环节包括以下几个重要设计。

1. 单词听写

每节语音、词汇课开始上课的前5—10分钟，教师组织10名学生在黑板上听写单词，A班听写单词的范围是词汇表中的初中词汇，B班听写单词的范围是词汇表中的高中词汇，听写分成两轮，一轮5名同学听写10个同样的单词，写对一个单词记1分，达到满分10分的同学不再参加听写练习。如此循环反复，增强学生对基础单词的记忆。单词听写满分为10分，占平时成绩的10%。

2. 语法讲解

语法讲解是第一轮行动研究第一阶段的重要教学活动，即由基础级英语班8个学习小组的学生分别讲解本学期的8个重点语法内容。语法讲解的具体流程依据“导学/导入+合作探究+任务强化”立体化的教学操作程序安排，将少数民族大学生的课堂学习与课外学习有机结合起来，提升英语教学效果。首先在上课前，教师将8个语法微视频发给学生进行课前自学，各小组根据微视频的内容选择适合自己组水平的语法讲解任务，由组长组织本组学生一起研究微视频的教学内容、讨论微视频后面的思考

题，并按照内容难度分配具体任务，共同合作完成本组的课堂讲解PPT；课堂上，各组的每一名学生负责讲解自己准备部分的PPT，最终教师及全班为该组课堂讲解表现打分；课后，教师将打印好的配套试题发给学生独立完成，第二次上课时教师检查试题完成情况，并根据上次学生讲解的情况进行重点内容强化，巩固已经学习过的知识点，引导下一个组的学生进行语法点的课堂讲解。语法讲解中增加了语言对比环节，每一个组安排一名学生在讲解该组语法重点的时候，分析母语和英语之间的相同和不同之处，增强学生对语言差异的感性认识，强化少数民族大学生的语言对比认识。

学生分组课堂讲解语法知识满分为10分，占平时成绩的10%。具体评分标准为“教师评分（50%）+小组互评（50%）”，其中语法讲解知识的准确度4分，语言表达的清晰度3分，语言对比讲解3分，共计10分。

3. 拼词比赛

拼词比赛采取小组间竞赛的办法，要求基础级英语班的所有学生以小组的形式参加比赛，每个小组成员可以根据自己的实际英语水平选择拼写单词的难度级别，其中Ⅰ类词（4个字母以下的单词）10分，Ⅱ类词（5—7个字母的单词）20分，Ⅲ类词（8个字母以上的单词）30分，同时写出Ⅲ类词正确词义的额外加10分。拼词比赛时8个小组轮流站在黑板前，每个组员先选择适合自己水平的单词类别，教师读出单词后迅速写出正确拼写，5分钟内书写正确单词累积得分最高的两个组为一等奖，可以参加随后的班际拼词比赛，参加班际比赛的小组均有奖品奖励。

拼词比赛满分为10分，占平时成绩的10%，其中取得成绩最好的前两个组为一等奖，每个小组成员各得到10分，成绩排名第3—6名的四个组为二等奖，每个小组成员各得到8分，成绩排名最后的两个组为第三名，每个小组成员各得到6分。

英语学习的最终目标不是简单地记住一些语言规则，而是将语言的形式与其意义、交际功能有机地结合起来，通过实际的语言运用内化语言规则，达到准确运用语言进行有效交际的目的。[①] 因此，在第一轮行动研究的第二阶段，教学的主要内容转变为训练少数民族大学生的语言综合运用能力，再把语言运用能力转化成跨文化交际运用语言的能力。第二阶段行动研究的教学环节主要围绕提高学生的听力、口语、阅读、写作等应用技巧，以及提高学生的跨文化交际意识进行设计，教学环节的设计突出两个重点：①加强对学生课外学习的督导；②加强语言在实际情境中的运用，具体教学环节包括以下的内容。

4. 口语展示

口语展示任务要求学生以单人或双人合作的形式录一段英语视频。鉴于基础级英语班A、B两个层次学生水平的差异，口语展示的要求也有所不同，A班学生的口语展示是介绍一个朋友/家人/美剧/电影等介绍类的视频，B班学生的口语展示是与外国人进行话题讨论的访谈类视频，视频时长2—3分钟，学生在上课前将视频上传至班级微信群，上课时在课堂上播放，教师点评并引导班里的学生进行重点信息复述。口语展示满分为10分，占平时成绩的10%，口语展示分A、B班进行，每次上课展示4个视频，每个视频2—3分钟，具体评分标准为话题设计3分、语言流畅度2分、语言准确性2分、表现力3分，共计10分。

5. 单词打卡

为了巩固第一轮行动研究第一阶段的基础知识教学成果，加强教师对学生自主学习的督导作用，第二阶段的行动研究在课前知识传递、课上知识内化、课后巩固提高的教学操作程序基础上引入移动学习理念，利用网络上丰富的教学资源，引导学生合理利用碎片化时间，完成课下英语自主学习任务。在第一轮第二阶段行动研究中，教师利用班级微信群为基础级英语班的学生提供更加丰富的自学资料，如音标学习视频、《新概念英语》《书虫》系列书籍音频等资料，要求学生在课后根据自己的实际水平选择

① 周文筑：《对中学英语语法教学的再认识》，《中小学教材教学》2006年第2期总第194期，第53-56页。

相应的学习内容进行自学巩固。

同时，为了督促少数民族大学生课后继续背单词，教师要求基础级英语班的学生每周完成单词打卡任务，即每周日把本周背诵的单词以手机拍照或软件截屏的方式上传至班级微信群，教师定期统计点评。鉴于少数民族大学生对背单词软件的使用情况和喜好，教师建议学生使用百词斩、扇贝等手机APP软件进行统计打卡，但是也允许基础薄弱的学生复习课文后面的单词进行拍照打卡。打卡形式多样，给予学生足够的选择权利和发挥空间，既能够激发学生的英语学习兴趣，也能够满足不同层次学生的学习需要。单词打卡满分为10分，占平时成绩的10%，教师每周进行统计，一次未完成者减1分，扣完为止。

6. 课堂辩论

课堂辩论活动要求学生以小组合作的形式完成一个关于保险话题的辩论比赛。辩论前教师先介绍辩论术语、辩论流程、辩论题目和辩论话题有关的英语词汇，帮助学生熟悉辩论的过程，了解辩论前应该准备的材料。为了体现小组任务的层次性，教师将辩论任务分解成高、中、低三个任务类型，具体为每组派出2个组员作为辩手参加辩论赛（高），1—2个组员帮助组织辩论材料（中），1—2个组员负责在网上搜集辩论话题原始资料（低）。辩论赛话题为：人们是否应该买地震保险/人们是否应该买恋爱保险，每个辩论题目分成正方和反方，基础级英语班的每个组可以邀请一个合作组与另外两个组共同就一个话题展开辩论，每个题目辩论时间为10分钟。辩论赛结束后教师总结各方观点，作为下一步学生议论文写作练习中的论点。课堂辩论满分为10分，占平时成绩的10%，具体评分标准为“教师评分（50%）+小组互评（50%）”，共计10分。

7. 写作练习

针对少数民族大学生英语写作存在不知如何下笔、文章逻辑混乱、言之无物、语言错误较多的问题，在第一轮行动研究的第二阶段，笔者为基础级英语班的学生设计了命题作文的写作任务：人们是否应该买地震保险？（Should People Buy Earthquake Insurance）或人们是否应该买恋爱保险？（Should People Buy Love-relationship Insurance）学生可以根据所参加辩论赛的辩题任选一题写一篇英语议论文，A班学生可以根据实际英语水平选择完成填空作文。写作教学分为三个步骤：第一步，收集素材，提炼观点。笔者将辩论赛中学生陈述的正方和反方观点总结出来，帮助学生明确写作主题，理清写作思路。第二步，技巧训练，谋篇布局。笔者介绍了英语议论文的三段式论证模式，帮助学生在动笔之前从整体上规划文章的衔接与照应，并提供了议论文写作的结构性表达，以便学生在写作过程中引用参考。第三步，错误分析，修改校正。笔者认真评阅基础级英语班所有学生的作文，归纳其中错误比较集中的句子，在课堂上帮助学生进行错误分析。写作练习满分为10分，占平时成绩的10%。

第一轮行动研究采用形成性评价和终结性评价相结合的方法，突出形成性评价的重要性，因此总评成绩=平时成绩（60%）+小测成绩（20%）+期末成绩（20%）。

其中平时成绩的具体评价标准为：考勤（10%），课堂表现（10%），学习计划（10%），单词听写（10%），语法讲解（10%），拼词比赛（10%），口语展示（10%），单词打卡（10%），课堂辩论（10%），写作练习（10%）。小测成绩由第一轮行动研究第二阶段教授的《零起点大学英语基础教程》（第3册）Unit1和Unit3两个单元的测试成绩组成，单元测试包含的内容有：词汇、语法和课文句子翻译，测试形式为随堂笔试，每次单元测试占小测成绩的50%，总评成绩的10%。期末考试由4部分内容组成：听力、语法、阅读和写作，听力题与语法题以课堂讲授内容为主，期末考试成绩满分为100分，占总评成绩的20%（第一轮行动研究教学环节设计和评价标准明细参见附录六）。

三、行动计划的实施与观察

新学期开始，笔者按照第一轮行动研究计划，在基础级英语班的教学实践中实施了“分层 — 探究”课堂教学模式，第一轮行动研究为期17周（2017年9月5日 — 2018年1月5日），第1 — 9周为第一阶段，授课类型为语法课和语音、词汇课，第10 — 17周为第二阶段，授课类型为读写课和听说课，其中语法课和读写课为大班授课，以分组的形式体现分层教学方法，语音、词汇课和听说课为小班授课，基础级英语班的41个学生中有25人申请上A班（基础），其余16人申请上B班（提高）。

（一）行动计划的实施

1. 语法课

传统的英语语法教学仅仅把语言作为学习日标，教师将各种语法结构直接介绍给学生，让学生被动模仿、记忆以达到掌握语法知识的目的。这种教学模式虽然有一定的教学效果，但是严重削弱了课程的创造性与趣味性，使学生难以参与到语法教学中。少数民族大学生曾经学习过基本的语法知识，只是基础不够扎实，没有系统地总结语法规律，导致学生语法概念不清。因此，本阶段语法课的教学重点是温故知新，学生进行知识的自主建构，并最终在课堂上呈现出来。首先，教师要求基础级英语班的学生以自学微视频的方式激活原有的语法知识结构，水平不同的学生根据自己的需求选择微视频学习的内容和速度，基础薄弱的学生可以进行重复观看弥补自己知识的漏洞，查漏补缺。随后，学生通过小组合作学习的方法共同探究，相互学习，构建新的知识体系。由学生在课堂上进行语法讲解，既能激发少数民族大学生语法学习的主动性，又能培养学生团队合作精神和搜集资料的整合能力（语法课的详细教学目标、教学方法和教学过程可以参考附录七）。

2. 语音、词汇课

语音、词汇课按照差异教学的教学组织原则进行分班授课。语音课A班（基础）和B班（提高）的教学内容基本一致，但是教学重点和讲课速度不一样。A班的教学重点是单音教学，教学过程中首先集中进行音标教学，在短时间内帮助基础薄弱的少数民族大学生突破发音难关，建立学好英语的信心，再分门别类地进行教读和拼读练习，帮助学生建立发音与单词拼写之间的关联，培养拼读能力，使其可以正确朗读单词，记忆一些发音规律的基本词汇，如way, say, may, day等。B班的教学重点是语流教学，在课堂教学中教师带领学生复习音标知识，以学生练习为主，帮助班里基础较好的学生总结读音规则，教会他们使用音形一致的方法记单词，提高单词记忆效果，同时纠正学生语音语调方面的错误，使其可以准确、流畅地朗读英文句子和文章。

词汇教学是语音课的一部分，分成单词强化和活学活用两个环节，单词强化环节在语音、词汇课一开始，由教师组织学生在黑板上听写单词，A班听写单词的范围是词汇表中的初中词汇，B班听写单词的范围是词汇表中的高中词汇，增强学生对基础单词的记忆。活学活用环节是在语音、词汇课结束前，A班学生由教师带领朗读词汇表中的初中词汇，学生根据单词读音自己总结拼写规律，B班学生自己朗读词汇表中的高中词汇，朗读教师提供的短文资料，进行翻译并且找出重点词汇，说明词汇在短文中的语义。

3. 读写课

在第一轮行动研究中的第二阶段，读写课涉及教材《零起点大学英语基础教程》（第3册）中两个单元的内容：Unit1和Unit3，教学重点内容是语篇阅读和写作练习。

阅读的基本功主要涉及三个内容：词汇、语法和语篇，第一阶段的教学目标是增加词汇积累和语法知识，在本阶段的阅读教学中，笔者更加注重语篇教学，即先从文章整体入手，通过阅读全文构建语篇的语义图像，然后再到局部，通过理解词句等文字符号的解码来理解句子、段落的意思，最后再回归到整体，完善全文的语义图像。例如，在Unit3的课文《保险》（GMAC Insurance）的语篇阅读教学过程中，教师先帮助学生了解阅读文章的语篇体裁，掌握议论文的结构特点，引导学生讨论发现作者对于保险的观点，再辅助学生逐段消化吸收，找到段落的主题句，把握段落之间的逻辑关系，同时将词句知识融入语境，分析句子在语篇中的作用，让学生根据上下文猜测词义，使学生在语篇的基础上把握词句含义，最后引发学生对于保险的思考，从而获得对语篇的整体理解。在拓展训练中，笔者利用阅读话题设计了同步的课堂辩论活动和写作练习，讨论：人们是否应该买地震保险（Should People Buy Earthquake Insurance）或人们是否应该买恋爱保险（Should People Buy Love-relationship Insurance）。使阅读与写作在教学中相辅相成，培养学生在真实情境中运用语言的能力。

4. 听说课

由于少数民族大学生的英语教学还处于基础阶段，在培养学生英语技能时，需要注意对课堂教学知识复现频率的掌控。杰里米·哈默（Jeremy Harmer）认为："与语言偶然相遇的重复（repetition of encounters with language）对语言学习尤为重要，这种重复可以真正帮助学习者把语言在大脑中固定下来。"① 因此，在英语课堂教学中，要想使学生掌握一个语言知识或者掌握一项语言技能不能只通过一次讲授、一次训练，而是需要进行多次循环往复式的学习，在学生已有的语言知识和熟悉的语言技能的基础上讲授新知识、培养新技能，在讲授新知识的同时必须对以前学过的内容进行复习。在第二阶段的听说课中，笔者系统地安排听说教程教学内容，尽量做到前后呼应，新旧联系，提高知识点的复现率，并且通过反复练习，帮助学生实现对知识的掌握和实践能力的养成。

① 杰里米·哈默：《朗文英语教学实践（第4版）》，王蔷、陈芳、柳伟等译，北京：人民邮电出版社，2011年，第51页。

对于英语基础较薄弱的A班学生，笔者借助课本《零起点大学英语基础听说教程》（Book1，Unit1 — Unit4）中的练习，继续给学生进行拼读练习和听写训练，帮助学生巩固语音知识，提高辨音能力，并且在此基础上进行简单的口语对话练习。在B班的听说课教学中，笔者通过教材中（Book3，Unit1 — Unit4）的段落听力练习和对话听力练习增加少数民族大学生的听力输入，并且组织学生进行配对口语对话练习（第一轮行动研究第二阶段听说课教学安排参见附录八）。

（二）观察行动过程

1. 学习态度的改善

实施“分层 — 探究”英语课堂教学模式后，基础级英语班的少数民族大学生英语学习态度有了明显改观，增强了学生英语学习的动机。学习动机被认为是制约学习效果的重要因素，强大的学习动机可以提高学生的学习效率。[①] 对于少数民族大学生来说，外在动机比内在动机更多地占据了主导地位，导致学生遇到学习压力和挫折时容易产生焦虑情绪，进而降低了学生英语学习的热情。在第一轮行动研究中，教师要求学生按照自己的学习水平，合理地规划个体学习计划，可以让学生们体会到学生之间不分优等生和差等生，每个学生都能通过努力有所收获，同时也能通过目标的制定调动学生的参与，使学生在学习过程中看到自己的学习成果，激起追求成功的信念。

“今天上课效果非常好，尤其是在我分析大家英语学习的问题时，很多学生纷纷点头表示认同，随后我介绍了这个学期的教学计划以及教学目标，要求大家根据自己的实际情况制定本学期的学习计划，感觉基础级英语班的学生们已经摩拳擦掌准备马上开始投入英语学习

① 吴蓓蓓、李吉：《英语专业学生学习动机与自主性的实证研究》，《海外英语》第22期，2018年11月23日，第257页。

了。果然不出我所料，下午陆续有学生把学习计划发给我，US26还给我发微信说：‘老师谢谢你，这次你真的辛苦啦！我听到你今天的安排都太感动，大学遇到这种认真的老师真不容易。’看到学生的认可，我顿时感到信心十足，期待行动计划实施的效果。”（教学日志/第1周，2017年9月5日）

在大家的学习计划中，学生都认真规划了自己本学期的学习目标，基础较好的学生是通过英语四级考试，基础中等的学生决心使用英语考研，基础薄弱的学生也给自己制定了一些符合自己水平的近期目标，比如可以听懂英语课的内容、读懂英语小短文、进行简单的英语对话等，长期目标也是争取通过英语四级考试或者建立良好的英语学习习惯。在最希望提高的英语知识/技能方面，少数民族大学生表示希望增加词汇量，因为“单词量不够导致阅读有很大困难”；学好语法，希望“通过学习语法知识和增加词汇量达到独立造句的水平”；还有提高听力，尽量“做到不看（美剧）字幕也能听懂80%的意思”。基础级英语班的学生还在学习计划中详细地安排了每天学习英语的时间和内容，与上学期期末的调查问卷结果相比，本学期学生计划课余学习英语的时间有所增加（每天0.5—3个小时），自学内容更加丰富。也有学生受到合作学习的启发，计划一起学习英语。图4-1是基础级英语班三个水平比较接近的学生（US10、US12、US09）共同计划在新学期每天学习英语的时间和内容安排，目标是提高英语听说能力和阅读水平，并最终通过英语四级考试。

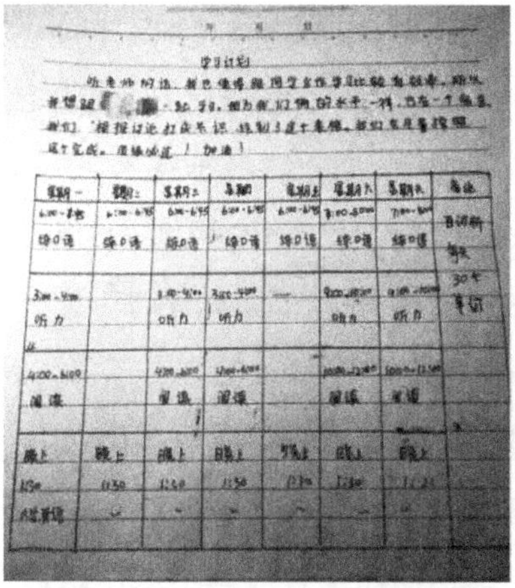

图4-1　少数民族大学生新学期英语学习计划

2. 语言对比教学中的负迁移现象

语言对比教学是指通过语言对比分析和错误分析帮助学生在语言学习过程中增强元语言意识，减少语言之间的负迁移，提高学生对语言多维性认识的行之有效的语言教学方法。在第一轮行动研究中，笔者在基础级英语班实施了语言对比教学，发现少数民族大学生在语音、语法、词汇和写作方面受到母语的干扰比较严重，受到汉语的影响相对比较小。

在语音教学过程中笔者发现，维吾尔族大学生英语发音受母语负迁移的影响特别明显，主要有以下几个方面：①虽然维吾尔语和英语同属于拼音文字，但是英语属于日尔曼语系，有26个字母和54个音素，字母与音素之间没有完整对应关系。而维吾尔语属于阿尔泰语系突厥语支，是字母与音素一一对应的语言，[①] 因此对音标不熟悉的A班学生经常习惯性地使用英文字母的发音来读音标，读单词的时候没有看音标的习惯。②在维吾尔语和英语元音里都有[e]这个元音，但是在两种语言中的发音却不同，维吾尔族大学生容易将含有元音[e]的英语单词里这个元音发成与它

① 马依努尔·艾则孜:《新疆维吾尔族学员英语学习中语音问题简析及其对策》,《和田师范专科学校学报（汉文综合版）》2009年第28卷第4期，第155页。

相似的维吾尔语元音[e]。如：electric，desk，pleasure，sell等词。③在维吾尔语的元音音位体系中长元音没有特别的符号标注，短元音与长元音之间也没有形成对称的关系，[①] 所以维吾尔族大学生在读单词时经常无法分辨英语长元音和短元音区别，比如[i:]和[i]。④维吾尔语中没有[ə]和[æ]这两个发音，因此在读有这两个元音发音的单词时，维吾尔族大学生容易把这两个音发成另外一个十分接近的维吾尔语元音[ɑ]，[②] 比如把about[əbaut]误读成[ɑbaut]，把black [blæk]误读成[blɑk]。⑤对于维吾尔族大学生来说，易给他们造成发音困难的英语辅音是齿间音[θ]和[ð]，由于维吾尔语里没有这两个音，他们在发音时基本上用跟这两个音相似的辅音[s]和[z]来替代，[③] 例如thanks[θæŋks]、thought[θɔ:t]、theater[θiətə] 等词常常误读成 [sæŋks]、[sɔ：t]、[siətə]等。⑥另外一个维吾尔族大学生在单词读音上容易犯的错误是重音位置混乱。维吾尔语的重音和其他突厥语言一样，两个音节以上的词重音一般都落在词的最后一个音节上。但是英语发音重音有其自己的规律，比如双音节单词重音在第一个音节，多音节单词重音在倒数第三个音节上，等等。重音误读不仅会影响英语词汇发音，还会造成维吾尔族大学生在朗读英语句子时的节奏和语调发生改变。维吾尔语由于单词的重音在词尾，所以句子的音调以降调为主，一般落在最后一个单词的重读音节上。[④] 但是英语是节奏感很强的语言，节奏的基本倾向表现为各个重读音节之间的时距大体相同，英语的语调升降变化出现在意群的末尾，调值的变化一般都发生在重读音节上，重读位置的变化会引起

① 力提甫·托乎提：《现代维吾尔语参考语法》，北京：中国社会科学出版社，2012年，第54页。

② 张少敏：《维吾尔语作为母语对维吾尔族学生英语语音的影响——一份来自对山东理工大学维族学生发音的调查报告》，《长春理工大学学报（高教版）》2010年第5卷第3期，第75页。

③ 赵乐、张志伟：《维吾尔族学生英语语音学习中的负迁移现象分析》，《吉林省教育学院学报》2014年第30卷第8期，第63页。

④ 马依努尔·艾则孜：《新疆维吾尔族学员英语学习中语音问题简析及其对策》，《和田师范专科学校学报（汉文综合版）》2009年第28卷第4期，第156页。

语调发生改变。

在英语和蒙古语的元音系统中，相同或相近的元音较多，所以基础级英语班的蒙古族学生在学习英语的元音发音时基本上没有障碍。但需要特别指出的是：蒙古语的长元音的数量、发音方法和特征与短元音一样，只是时间长短的区别；而英语的长元音的发音部位与短元音不同，分别属于不同的音位，所以对于蒙古族大学生来说，有4个双元音 [ei][eə][uə][iə] 在学习的时候存在一些困难。[①]

母语干扰对维吾尔族大学生的英语语法学习也十分明显，特别是英语和维吾尔语在谓语用法方面的差别。在维吾尔语里名词、形容词、副词、动词等词都能作谓语，比如在维吾尔语“مەن شىنجاڭدىن.”（我来自新疆）这句话里，“مەن”（我）是人称代词作主语，“شىنجاڭدىن”（来自新疆）是名词的从格形式作谓语。在“ئۇ بەك چىرايلىق”（她很漂亮）这句话里，“ئۇ”（她）是人称代词作主语，“چىرايلىق”（漂亮）是形容词作谓语，“بەك”（很）是程度副词，修饰谓语，因此，维吾尔族大学生把这两个句子翻译成英语时经常会缺少谓语，误翻成“I from Xinjiang”和“She very beautiful”。句子的语序方面，维吾尔语虽然是主 — 宾 — 谓的顺序（SOV），英语和汉语是主 — 谓 — 宾顺序（SVO），但是由于基础级英语班的学生很早就接受双语教学，经过多年的汉语学习，已经熟悉了汉语句子的语序，所以基本上不会出现语序上的错误。英语时态的学习对维吾尔族大学生是一个教学难点，维吾尔语是黏着语，因此在表示时态时在动词词干后缀接时态语缀，而英语属于曲折语，在表示时态时通过动词的形态变化，或通过用助动词结合相应的动词形态变化来表达。比如汉语句子“他写了一本书”，英语是“He wrote a book”，维吾尔语是“ئۇ بىر كىتاب يازدى.”，在这句话中，动词词干是“ياز”（写），其后缀接“-دى”构成一般过去时态。对于已经形成母语时态思维的维吾尔族大学生来说，接受英语时态的概念

① 杨晓峰、李玮：《蒙古族大学生英语学习中的“母语迁移”现象》，《河西学院学报》2005年第21卷第4期，第94页。

对他们来说有些困难，维吾尔语里面没有联系动词，时态的变化也不需要增加be动词或者助动词，因此他们经常写出“He doing his homework.”或者“When he came in, we are finished our meal.”这样的错误句子。

蒙古语和英语分属两种不同的语言体系，蒙古语属于阿尔泰语系，而英语属于印欧语系，两者在词法方面存在差异。例如，蒙古语和英语都有名词、代词、动词、连词等相互不同的词法。在名词的格方面，英语有两种表达法，而蒙古语只有一种表达法，其中蒙古语的表达法和英语的表达法有相似之处；在冠词方面，英语中有冠词，而蒙古语中没有冠词；在代词方面，蒙古语的人称代词没有主格和宾格之分，而英语的代词有主格和宾格的用法；在动词方面，英语有动词第三人称单数的用法，而蒙古语中没有动词第三人称的现象。[①] 因此，这些词法的不同可能会对蒙古族大学生的英语学习产生负迁移。

基础级英语班的学生听写单词的过程中，笔者发现维吾尔族大学生在单词拼写时也会受到母语的影响，其中比较容易出错的地方是：①维吾尔语中有一些从英文中“借来”的外来词，[②] 比如banana, computer, engineer等，由于发音近似，维吾尔族大学生很容易记住这些词的词义，但是在拼写的时候他们又习惯按照字母的读音来拼写，出现拼写错误。②由于维吾尔语的音节结构中没有复合元音，即每个音节只能有一个元音，因此维吾尔族大学生在拼写英文时，习惯性地把一些元音拼写成与汉语中发音相似的元音。例如，把trouble、coat、knife、paint误拼为trable、cout、knaife、pant。[③] ③维吾尔语没有开、闭音节的区别，维吾尔族大学生在拼写开音节英文单词时经常遗漏不发音的字母“e”。

---

① 朝鲁门、展素贤：《母语为蒙古语的英语学习者语言负迁移研究》，《基础外语教育》2016年第18卷第5期，第14页。

② 阿布力克木·喀吾孜：《维吾尔语中英语外来词研究》，硕士学位论文，中央民族大学，2012年，第11页。

③ 玛依努尔·艾比布拉：《浅析维吾尔族大学生英语学习中的干扰因素与对策》，《新西部》（中旬刊），2018年3月20日，第133页。

笔者观察到，在学生语法讲课的环节中，进行语言对比教学时学生之间的互动最多，“维吾尔族大学生特别热爱自己的母语，我问他们：‘你们的语言有没有声调’每个学生都争着回答，学生进行语言对比讲解的时候也经常会引发全班大笑，我觉得他们应该从母语与英语的对比中体会到了语言学习的乐趣。有的学生选择一句维吾尔语一句中文的方式讲语法，有的学生在这个环节选择全部使用维吾尔语讲课，我感觉后者的效果更好一些，虽然我听不懂，但是学生们听得很认真。”（教学日志/第3周，2017年9月19日）

研究表明，在学习英语时少数民族大学生基本上是通过汉语为中介语来学习的，学生学习英语的一般输入过程是先把用汉语编码接收到的英语信息编译成本民族语言，即他们的母语，然后用母语进行思维吸收和信息编码，最后再反馈编码成汉语或英语表达出来，由此一来，第三语言习得的过程经历双层语码转换，并受到汉语水平的制约。① 因此笔者认为，在对汉语基础比较好的少数民族双语大学生进行英语教学时，可以使用汉语作为教学辅助语言，但是教师在教学中应该适度加入母语 — 汉语 — 英语三语对比教学的内容，特别是针对少数民族大学生容易受到母语负迁移影响的地方要着重强调，反复练习，减少语言负迁移对英语教学的干扰。

3. 语言基础知识教学的积极作用

“重知识，轻能力”一直是我国英语教学的缺陷，因而英语教学界经常把英语学习的问题归结到语言基础知识教学上，② 认为学生可以在交际中发现语言规律，自然习得英语。这对于缺少语言学习环境的民族地区学生来说是一个误区，少数民族双语大学生虽然学习过英语，但是由于民族地区的英语教学质量问题和对英语教学长期缺乏重视等因素，学生的语音、词汇和语法知识非常薄弱，这给他们的英语学习带来很多困难，比

① 王晓燕、刘懋琼：《多元文化语境下语言类型差异对新疆少数民族学生三语习得之影响》，《长春理工大学学报》2012年第7卷第9期，第198页。

② 高雅平：《实用英语教学》，北京：中国纺织出版社，2018年，第158页。

如，写不出完整的句子，发音奇怪不敢张嘴说英语，有些基础薄弱的学生连基本的名词、动词、形容词等词性和句子结构都很难区分，有的学生阅读课文时80%的单词都不认识，怎么会对英语学习感兴趣呢？英国著名语言学家威尔金斯（D.A.Wilkins）曾经说过："没有语法，人们不能表达很多东西；而没有词汇，人们不能表达任何东西。"[①] 语音、语法、词汇是英语学习三要素，是语言学习的基石，忽略语言基础知识教学违反语言发展的规律，不利于学生英语能力的发展。

在第一轮行动研究中，我们重点强化了少数民族大学生的英语语言基础知识，语音教学已经初见成效。"很多维吾尔族大学生读英语不看音标，一方面是因为没有学过音标，另一方面是维吾尔语中字母和音素是一一对应关系，只需要看拼写就知道发音，所以学生根本没有看音标的习惯。经过几节课的训练，A班学生终于明白音标和字母的发音不一样，知道读单词前应该先看音标再读。以前学生使用有道词典只听单词发音，现在慢慢习惯看音标先试着读一遍，再根据标准发音纠正自己的发音，读音标准多了，让他们在课堂上读单词也不像以前一样扭捏局促，读英语的自信心增强了。"（教学日志/第5周，2017年10月12日）B班的学生发音比较准确，语音、词汇课练习以篇章朗读为主，效果非常好。"少数民族大学生很喜欢诗歌朗读。今天我找了泰戈尔的《世界上最远的距离》给学生练习，先介绍诗歌的背景和作者，然后给学生听录音划分意群和标注重音，把其中一些在诗歌中有不同含义的词汇找出来让学生分析，尝试翻译。再放一遍录音让他们找到读诗的感觉，练习几分钟之后上台来读，学生们特别踊跃。我给学生们拍了视频上传到班级微信群里，非常有仪式感。其实学生很有文艺感和表现欲，但有时担心能力达不到，不敢主动举手，我们在课堂中应该多给学生表现的机会，另外准备的朗读材料也应该尽量多样化。"（教学日志/第6周，2017年10月19日）英语语音教学使少数民族大学生

① Wilkins, D. A., *Linguistic in Language Teaching*, London: Adward Arnold, 1972.

不再畏惧读说英语，更重要的是建立了字母与发音之间的联系，掌握了英语单词拼读技能，为记忆英语词汇打下良好基础。

语法教学是语言基础知识教学的难点，讲得太简单了学生觉得无聊，讲得太难了学生不能理解。立体化的教学操作程序打破了单一的“教师讲，学生听”的授课模式，改由学生提前自学微视频内容，课堂上由学生讲课教师总结补充，课后学生做练习继续巩固所学知识的方法。这种授课方式的优点比较突出：①增强学生学习的主动性，学生不再被动地接受知识，而是变成主动获取信息，加速知识的内化过程。②讲练结合，达到强化巩固的效果。抽象地讲解语法知识，死记硬背语法规则只能让学生产生厌恶情绪，遇到题目时依然无从下手。教师讲练习过程中还可以重复重点信息，帮助学生理清思路。③微课导入的方式可以引发学生思考，让少数民族大学生根据自己的水平调整学习节奏，使基础薄弱的学生尽快跟上班级学习的整体进度。从语法课发生的一个小插曲中可以看出基础级英语班的学生不再“稀里糊涂”地学习英语。“今天第2组讲祈使句，学生讲到祈使句的反义疑问句时（这部分内容没有在微视频中体现），突然一个听课的学生问祈使句的反义疑问句为什么不遵循反义疑问句的变化规则，并指出PPT中的两个句子进行对比。这个问题引发了大家的热烈讨论，我现场留了一个作业，让大家回去查看反义疑问句的特殊变法。这虽然只是对一个小语法现象的讨论，但是说明学生已经开始运用所学的语法知识积极思考了，而不是像以前一样只要句子能看明白就行，不了解句子是怎样构成的。在一个多月的学习中我发现，多数给我发微信的学生都是问语法问题的。有时是学生在做语法练习的过程中碰到困难向我请教，基础较好的学生开始主动寻找课外的阅读资料，发现里面不能理解的句子划下来，请我帮助他们分析句子成分。”（教学日志/第6周，2017年10月17日）图4–2是基础级英语班的学生（US16）给笔者发微信的截图，在微信中该生向教师请教英文句子“I have just received a letter from my brother, Tim”中“Tim”的成分，该生自己分析了句子中的每一个成分，并认为“Tim”应该做插入语，笔者提示他“Tim”是“my brother”的同位语。

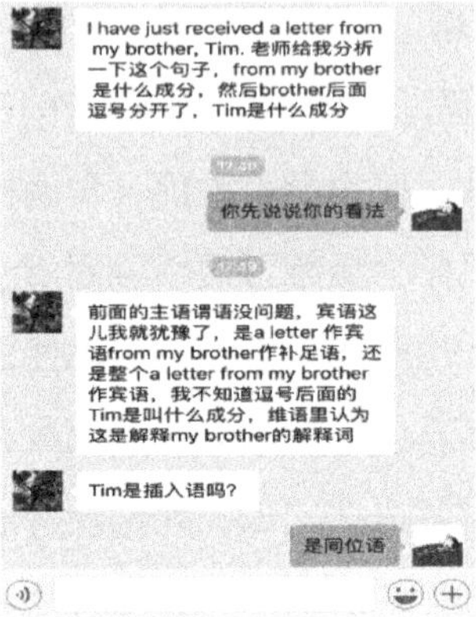

图4–2　语法问题微信截图

4. 合作学习的优长与弊端

“分层—探究”英语课堂教学模式鼓励学生积极参与到教学过程中，进行知识的自我建构，但是自主探究不代表学生只能以独立的方式进行个体学习，教师也应该为学生创造合作学习的机会，让学生在与其他同学的互动中促进知识全面、深刻的理解，有利于学生在学习中形成主动参与、乐于探究的态度。

在第一轮行动研究中，很多学习任务需要基础级英语班的学生以小组合作的方式完成，比如语法讲解、拼词比赛、课堂辩论和课堂讨论等教学环节，其中有一些合作学习取得了良好的效果，激发了学生的求知欲和英语学习的热情，比如第二阶段进行的英语辩论赛。

“周二早上到教室，看到要参加辩论的各位辩手都手拿着稿子，时而朗读时而和辩友进行交流，我觉得很有成就感，因为以前课前大家都是只说母语或者默默地背单词。我对基础级英语班的学生用英语进行辩论没有十足的把握，因此对大家的要求也降低了一些，允许大家使用英语陈述观点后再使用中文概括要点（担心有些同学听不懂，因为部分基础薄弱的学生的英语发音和听力还是存在一定问题的）。辩论赛先从是否应该买爱情保险开始，一开始大家都有些局促，说话声音偏小，论点不够清晰（虽然之前给各位组长做过指导，但是双方一辩还是在陈述部分罗列论据），我只好在两位一辩说完之后帮助他们总结了论点，这样做的好处是后面参加地震保险辩论的同学已经开始自我调整，第二场辩论赛中这个问题就不那么明显了。进入自由辩论环节一开始大家还是一板一眼地读稿子，我观察了一下其他的同学，发现很多学生都在看自己的资料，仿佛辩论赛与自己无关，我正在思考应该如何调动起大家积极性的时候，US03（不是辩手）突然举手，说：‘老师我能说几句吗?’大家的注意力都被他吸引了，我马上请他站起来发言，他用中文表达了自己的观点，逻辑非常清晰，说完大家都给他鼓起掌来。之后又有好几个不是辩手的学生举手要求发言（有的使用中文，他们说完之后我又用英语简要复述了一遍），课堂气氛一下子活跃起来，每个学生都跃跃欲试想站起来发言，让我没想到的是MS01，她从来都说自己对英语没兴趣，一上课就躲在角落里不说话，这次却频频举手抢着发言。眼看辩论的时间已经超出我要求的每个辩题十分钟，我只好强行中断了大家的自由辩论，让双方四辩用英语进行总结陈词，第一场辩论时长30分钟。为了体现公平公正的原则，这个辩题结束后我让全班学生举手表决自己是否会买恋爱保险，MS01居然主动要求把他们一方的观点写到黑板上进行拉票，另一方也不甘示弱跑到黑板前写出自己一方的观点（我随后将他们总结的观点用英语解释了一遍），最后结果是正方以微弱的差距输给反方。有了第一场辩论的经历，大家一下子对辩论产生了兴趣，第二场关于是否应该买地震保险的辩论一开始，学生就都想发言表达自己的观点，辩手们也不再照着稿子读了，所以第二场比赛进行得十分顺利，就连平时不太爱说话的MS09和US23都抢着发言，同学们有的反驳一方观点，有的说出自己家乡地震的例子作为论据，有一个学生甚至激动地站起来大声喊出：“地震时我们的祖国不会不管我们的，我爱祖国！”反方的辩手US13用英语问正方辩友“你们谁买地震保险了？”大家都热烈地鼓起掌来，辩论赛进入了最高潮。因为大家的声音太大，教室门外面引来了一些围观的学生，我及时叫停了自由辩论，让双方四辩简要总结自己一方的观点。虽然在是否应该买地震保险的辩论中反方看起来占优势，但多数学生最终还是举手表示自己会买地震保险，这可能与之前新疆地震的经历有关。辩论赛在热烈和谐的气氛中结束，虽然自由辩论部分有的学生使用中文进行表达，但是在这个过程中学生们掌握了分点论述自己观点的方法，这对他们写英语作文的主体段落非常有帮助。”（教学日志/第15周，2017年12月19日）图4-3是基础级英语班的学生在辩论赛中激动地站起来抢着表达自己的观点（照片已作模糊处理），图4-4是学生在辩论赛后将己方的主要观点写到黑板上。

图4-3　学生积极参与辩论赛活动

图4-4　学生在黑板上写出己方的观点

但是，在基础级英语班的学生进行合作学习的过程中也出现了一些问题，影响了少数民族大学生自主学习的积极性。首先，该班学生在分组活动刚开始时并不能理解合作学习的意义，单纯追求分数结果，忽视了个体对于小组的贡献作用，缺乏团队合作精神。“课堂上进行分组的任务没有完成，学生们为了在合作学习中得到高分都愿意和成绩好的学生一组，最后剩下几个基础薄弱又不活跃的学生没办法和任何人组成一组，无法达到异质分组的要求。可以看出基础级英语班的学生对合作学习的结果非常看重，最后他们干脆提出为了公平起见还是让老师来分组。课后我在学生自愿分组的基础上进行调整，尽量保证每个组基础较好和基础较差的学生、男生和女生的比例接近，把分组结果上传到群里，还是引起不少争议。”（教学日志/第1周，2017年9月7日）

其次，教师的主导作用和组长在小组合作中的重要性没有得到充分体现。学生分组讲语法课时，合作学习的问题又一次显现出来。“讲词性1的是第4组，在分组的时候我就发现这个组基础略低于其他几个组，分组后专门和组长（US20）进行了沟通，她表示可以胜任组长的职务，我叮嘱了几句就没有再督促。结果上课前两天晚上（交课堂讲课PPT的截止时间），US20告知我他们周二上课没有办法讲课，因为PPT还没有做出来，有的组员没联系上。我赶紧协助组长联系组员，发现问题出在组长身上，她根本没有分配任务，更没有组织大家学习。于是我只好帮助组长分配任务，为组员答疑解惑，忙了一晚上，第二天第4组总算把PPT做出来了。课堂讲课时我发现其实第4组的组员准备得很用心，讲课清晰有条理，每个人都希望把自己最好的一面展现在班级同学面前。”（教学日志/第2周，2017年9月12日）在合作学习中组长的作用非常重要，组长既可以是小组活动的领导者和组织者，又是教师的得力助手。在开展任务前，教师一定要帮助组长明确权责，只有充分发挥组长的作用，小组合作学习才能产生真正的效果。

四、行动反思

第一轮行动研究历时17周，包含了两个阶段，每个阶段结束的时候，笔者都与基础级英语班的部分学生进行了阶段性的访谈，每次参加访谈的学生均采用抽样原则，涵盖了高分数段、中等分数段和低分数段三个类别的25名学生。在访谈的过程中，笔者认真倾听学生对于实施“分层 — 探究”英语课堂教学模式的真实感受，记录了少数民族大学生对于英语课堂教学改革的建议，这些反馈信息为制定和实施第二轮行动研究提供了宝贵的第一手资料。（第一轮行动研究访谈提纲参见附录九）

（一）实施成效

1.英语语言基础知识教学帮助学生走向自信

第一轮行动研究第一阶段的教学主要目的是帮助基础级英语班的少数民族大学生巩固语言基础知识，在这个阶段的教学中，教师采用了以学生自学为主，课后练习巩固为辅的教学新方法和思路，使语言基础知识教学不再单调枯燥，加强了学生的自主探究意识。经过两个月的学习，学生们在语法、语音等方面的知识都有了一定提高，增强了学生英语学习的自信心。在访谈中，学生说：

“我觉得自己的语法有提高，我语法不好，写句子全凭感觉，所以我会比较用心听。这学期老师让大家自己讲语法，终于摆脱了传统的讲课听课的方式，同学们都很认真地准备，讲得都挺好的，在全班范围也带动了大家学英语的氛围。”（US15）

“我一直认为自己英语很好，但是学了语法之后才发现自己语法意识很薄弱，小组学习时我查了很多的资料，学习之后自己找了很多语法练习来看，现在我终于明白为什么有的地方要填动名词有的地方要填不定式，我觉得自己是真的进入语法学习的状态了。”（US02）

“因为之前没有好好学英语，虽然接触过英语的词性、时态等方面的知识，但是根本没有系统地学习，所以这次（语法课）我比较认真对待，这是我第一次有了自己的英语语法笔记，上面都是根据自己学习的内容写的语法知识。我觉得上课讲解下课做习题的方法对我有很大帮助，虽然习题我不能全部做出来，但是我通过自己研究搞懂了大部分语法知识点，头脑里有了英语语法的框架，我觉得这会有利于我们将来的英语学习。”（US11）

“感觉单词部分收获很大，我从开学一直在背老师发给我们的词汇表，单词听写和拼词比赛给我很大压力，但是效果很好。（我发现）单词记得越多，就越容易找到一些规律，原来我从来不敢当着别人面读英语，现在也敢读了。”（MS08）

“我原来不敢张嘴说英语，因为不能确定自己发音是否正确。但是，现在我看着音标就能把不认识的单词读出来，听听力的时候也听得准了，掌握了音标之后我更想好好学习英语，希望能够认识更多的单词。”（US05）

“我才知道原来还可以有那么多记忆单词的方法，以前我只会死记硬背，现在我也会根据发音背单词，根据词根背单词，更多使用的是联想法，我不再害怕背单词了。”（MS07）

2.分层教学提高了课堂教学的效率

差异化的教学组织形式根据学生的学习基础、接受能力、学习速度等差异，制定多层次、多样化的教学目标与教学方法，为不同层次学生的发展提供实现的可能性，使每个学生在教学中都能有成功的体验，都能在原有基础上获得最佳发展。在行动研究中我们采用了部分课程分班教学和异质分组相结合的分层教学方式，增加了教师和学生以及学生之间的交流，有利于提高课堂教学的效率。特别是分班教学，受到学生的一致认可，基础级英语班有几个学生经常连着上两节周四的课，不少学生表示“终于能听懂英语课了”。在访谈中，学生们说：

“这学期的英语课特别好，尤其是分班上课，我终于可以听懂英语课

了，从词汇、发音开始练习，难度正好。”（US23）

“分班上课我特别喜欢，之前上英语课我会分心，但是放慢速度后我觉得不可能会分心，我会一直跟着老师的思路走，觉得45分钟过得很快，没有一刻是闲暇的。我喜欢这种有针对性的上课方式。”（US09）

分组进行语法授课的方式利用了学生之间的差异优势，加强学生之间的互学互助，促进学生学会思考，学会学习。US08认为：“分组的好处一来是水平低的学生可以跟同组高水平的学生学习，他们（水平高的学生）可以引导那些水平不好的，提高了学习效率。二来各组做PPT之前必须参考各种书籍，网上查资料并且互相讨论，在这个过程中语法知识增长不少，不断地琢磨对我很有帮助，借这个机会把自己的语法基础打好了。”

3. 丰富的课堂活动增加了学生参与课堂教学的机会

第一轮行动研究的课堂教学加入了丰富多彩的课堂活动，比如语法讲解、诗歌朗诵、拼词比赛、小组辩论等，灵活多样的活动形式有利于学生保持英语学习的热情，营造轻松活跃的课堂学习气氛。在学生的展示过程中，学生成为教学的主体，教师的角色也由知识的“传递者”变成教学活动的“组织者、设计者、参与者”，使传统教学模式中的“教师讲，学生听”的单向交流变成师生之间、学生之间、学生与教学内容之间的多向互动，增加了学生参与课堂教学的机会。在各种课堂活动中，参加访谈的所有学生都认为拼词比赛的效果最好，虽然会带给他们一些压力，但是这种形式既能督促学生背单词，又能加强小组的凝聚力。US18在访谈中说：“我本来以为这个比赛非常多余，背单词就自己背，何必去举办个比赛，但是当我真正准备这个比赛的时候我有另一种感觉，我觉得我在整个准备的过程中变得非常努力，就是会有一点点小压力，生活需要压力，学习英语更需要压力。而且当我真正上黑板写单词的时候，我明白了一个道理，就是我的词汇量真的太差了，这是我第一次真正认识到自己的词汇量。总的来说，我觉得背单词这一项目通过比赛的方式去进行真的会让我有一种动力去学习英语。”US21认为：“拼词比赛真的好，这个对我的作用也很大，其实没想到我们组会是班内第二名，成绩出来的时候我很惊讶也很惊喜，知道我们组代表（班级）去参加班际比赛的时候很紧张，开始认真地背单词了，周三晚上我们集合在班里练了一个晚上，虽然（班际比赛）成绩没那么好，但是每个人都尽力了，整个过程很开心，再次感受到了集体的力量。”

4. 情境化教学培养学生的英语学习兴趣

外语教学一个最基本的目标是不断激发和保持学生强烈的学习兴趣和动机。[①] 在一个缺乏真实的语言交流环境中学习，会使得学生缺乏对英语学习重要性的认识，感到英语学习索然无味。但是，在课内有限的时间里，很难让学生完成对知识的认知，而且课堂上模拟真实情境的活动无论是从形式和内容方面都无法与真实的语言交际环境相比，[②] 因此，英语教学需要课内外相结合，在课外给学生创造英语学习的真实情境，为学生提供使用英语的机会，扩大学生的视野，增加学生对英语国家情况的了解，培养学生的英语学习兴趣，使学生的语言表达更加得体。

在第一轮行动研究的口语任务展示中，多数A班学生选择的口语任务是介绍自己最爱看的一部英文电影或者美剧，在准备的过程中需要寻找适合的经典片段和图片、剪辑视频、查电影和人物介绍的资料，再加上自己的简单评论、反复朗读后完成后期配音，有的学生认为这是“除了课堂学习之外最有效的学习方式”。B班学生完成的口语任务是与外国人针对一个话题进行访谈，学生的思路特别开阔，谈论的话题都是大家比较关注的学习、留学、生活方式、饮食习惯、爱好等方面的内容，还有的学生就一些社会热点问题与外国人进行了讨论，比如MS04与外国留学生讨论中国的“小黄车”（sharing bicycles）问题，整个访谈围绕四点展开，思路清晰，语言流畅，受到学生们的好评。少数民族大学生在完成口语任务的过程中

① 束定芳：《外语课堂教学新模式刍议》，《外语界》2006年第4期，第21-28页。

② 杜晓文：《情境教学与语言交际能力的培养》，《湖南第一师范学报》2017年第7卷第4期，第118页。

认识到自己英语水平的不足，体会到了使用英语的乐趣，真正意识到英语学习的重要性。图4–5是A班学生在课堂上播放介绍《老友记》（*Friends*）的视频，图4–6是B班学生在课堂上播放采访外国人的视频。

图4–5　学生播放介绍《老友记》的视频

图4–6　学生播放采访外国人的视频

在访谈中，US21说："我最喜欢的是采访外国人的环节，原来我从来不敢和外国人谈话，因为我知道自己的口语水平不好，但是为了完成这个作业就鼓起勇气试一次。过程虽然很艰辛，找了好几个外国人才拍成视频，但是也交到了一些朋友。现在我和视频中的外国人已经是好朋友了，她是学校的一个英语外教，曾经在新疆学习过，现在她经常邀请我们几个新疆同学去她家做客，但是因为我们的英语不那么好，我们和外教只能使用中、英、维吾尔语三种语言进行交流，和外国人聊天的感觉和课堂上说英语的感觉不一样，我希望可以快速提高自己的英语口语水平，这样我才能和外教正常地（用英语）交谈。"US06认为："和外国人交谈让我认识到不同国家的人们思维的差异。我先访谈了一个马来西亚的留学生，我问他你会找中国女孩子做女朋友吗？他滔滔不绝地讲了很多，但是后来我问一个法国留学生同样的问题，他马上回答我'I don't know'（我不知道）。这让我很尴尬也很困惑，我想知道西方人的思维方式是怎样的。"

同时，少数民族大学生认为在班里播放视频的方式增加了课堂的趣味性，促进了学生之间的相互学习。US05说：“上课前几分钟播放视频挺有趣的，不像以前一样直接就开始讲课，让我觉得上英语课是一个很轻松的事情，不再那么枯燥了。”US02说：“上课同学们播放的视频我都能听懂，好像我自己也和外国人聊天了一样，我（从视频中）能学到好多东西，拓宽了视野。”

（二）主要问题

1. 小组合作学习的内容和评价方式有待改进

第一轮行动研究中基础级英语班的合作学习出现了一些问题，主要原因归纳如下：①分组讲语法课对于基础级英语班部分基础薄弱的少数民族大学生来说难度太大，讲课重点不清晰，内容不全面、不准确，影响了学习效果。部分学生对于同学讲语法的方式不太认同，他们认为有些同学对自己要讲的部分缺乏整体把握，只会按照微视频的内容照搬，讲课效果不好。US30说：“我觉得讲语法的同学有的和我水平差不多，有的还不如我，尽管大家都很用心地做了PPT，但是他们讲的内容不会有拓展、不灵活，还有错误，即使老师会补充、总结，但是效果也不如老师讲的好，我现在记得最清楚的就是我们组自己讲的内容，其他内容比较模糊也不太系统，印象不深。”②在第一轮行动研究的小组活动中，教师没有起到积极引导和督促作用，教师和组长、组长和组员之间缺乏沟通，降低了合作学习的效率与质量。访谈中MS03提道：“上次小组合作讲语法的任务，组长将任务平均分配给我们，强调绝对的公平，没有考虑到每个成员的英语基础不一样，我跟她说我的部分太难了，她说我这是给你机会，相信你一定可以完成，就没有下文了，也没有提供任何的帮助。所以讲课那天我选择了休病假，因为我实在不知道该怎么讲。”③小组合作评价方式过于简单，导致部分学生（特别是组长）在小组中承担了过多的任务，加重了学习负担。MS06说：“我觉得小组合作学习时应该增加组长给组员，组员之间评分的机制，要不然有的组员不负责任，我给我们组的组员分配找资料的任务，他们随便在网上找一些资料就发给我了，最后还得我自己总结自己写，占用了很多学习时间。”

建构主义强调教师与学生以及学生与学生的社会性相互作用，关注合作学习，[①] 认为通过合作学习，可以使学生形成更丰富的理解，有利于学习的广泛迁移，有利于学生建构能力的发展，为学生创造了更大的发展空间。笔者认为，合作学习使学生开始关注网上和教辅材料中的学习内容，加强了学生的合作意识，从一开始小组分配任务非常慌乱，到后来不用教师提醒可以提前做好PPT，小组合作的分数也有明显的提升，这说明少数民族大学生越来越适应合作学习的方式，但是在后续教学中教师应该给学生提供便于分解的学习任务，降低任务难度，对学生在合作中遇到的困难及时提供帮助和指导，并且完善合作学习评价方式。

2.分层教学的课堂组织形式有待进一步细化

在第一轮行动研究中，分层教学的课堂组织形式从很大程度上解决了少数民族大学生个体差异过大的问题，特别是分班教学的效果非常显著。但是依然存在以下两个问题：第一，大班授课仍然不能照顾到每一个学生的发展。大班授课由于班额较大，教学内容多，在课堂教学中教师有时忙于完成课程进度，缺乏对部分基础薄弱学生的关注。MS10说：“我觉得周二的英语课压力特别大，有时候老师讲得太快我听不懂，我看左边右边的同学都在讨论，我就不知道该怎么做只好使劲在那儿听，听也听不懂，我成了课堂上的‘第三种人’。”分层教学的根本目的是促进每一个学生在原有水平之上获得应有的发展。现代建构主义心理学认为，个体的发展是在个体原有经验基础之上，在与外界环境不断交互作用的过程之中逐渐建构的结果，在建构的过程中，个体已有的经验起着至关重要的作用，只有那些能够与个体原有经验发生联系并引发个体内部发生“同化”或“顺

① 温学梅：《基于建构主义教学观的探究式课堂教学设计》，《大学教育科学》2013年第9期，第34–37页。

应”过程的外界刺激或活动，对于个体的发展才有意义。[①] 因此，课堂教学应该以学生的课堂参与为实际出发，设计更加弹性化的教学内容和教学活动，重视课前准备和课后必要的辅导训练，尽量使所有的学生都能在课堂学习中有所收获。

第二，缺乏针对学生特殊需求的个别指导。在访谈中笔者发现，基础级英语班的少数民族大学生特别渴望得到教师的个别指导，这种指导不仅是针对学生知识技能方面的，也有学生在英语学习过程中情感、态度、意志等方面进行指导的需要。

“我不知道怎么练习发音，越练越差，不知道自己的发音是否正确。我希望老师能够给我一些个人的指导和反馈。”（US03）

“这学期我们都被老师的教学计划震撼了，每个人都被调动起来，大家都想把英语学好，宿舍里的同学不是在用百词斩就是在朗读。原来我们都想着以后用土耳其语考研，但是现在很多同学转变成为想用英语考研。我原来英语基础还可以，但是很久不学也忘得差不多了，我不知道这时候开始努力是不是还来得及，我应该从哪方面开始准备呢?”（US28）

“我喜欢英语，热爱英语，但自从没认真去学开始感觉很难再提起自己之前对英语的那种热爱了，这学期我开始慢慢重拾自己的兴趣，我现在真的很有压力，我也想过四级，我们班没有不想过四级的，可是我对自己一点信心都没有，我不敢尝试，因为我怕自己失望。我其实对自己要求挺严的，但是我的事儿太多了，我真的无法平衡这个压力，我好希望老师可以给我指指路，我实在不知道自己该从哪里起步，感觉自己被悬在半空中了。”（US29）

亨特（Hunt）认为：“教师适应学生是教学过程的核心。”[②] 在基础级英语班这样一个既有特点又有特殊需求的班级里进行教学，教师应该更加

① 曾继耕：《论个体差异之教学价值》，《天津市教科院学报》2006年第2期，第9页。

② 常松：《构建差异合作视角下的生态课堂 —— 以牛津初中英语的integrated skills板块为例》，《疯狂英语（教师版）》2014年第1期，第94页。

努力适应学生以满足他们的不同教育需求。因而，教师应该关注到不同学生的困难，在教学的各个方面，无论是知识传授、技能训练，还是心灵情感的交流，加强个性化的指导。

3.课堂教学的评价方式有待完善

在本学期实施的少数民族大学生英语课堂教学行动研究中，课堂教学评价方式由传统的以终结性评价为主的方式转化成形成性评价和终结性评价相结合的方式，其中形成性评价占80%，终结性评价占20%，旨在突出学生平时学习的重要性，降低学生期末考试的焦虑情绪。这种评价方式的改变受到基础级英语班大多数学生的肯定，比如US14在访谈中表示："这种考核方式很好，因为考试的时候就算死记硬背有很多题不理解还是看不懂，而这种平时成绩多的评价方式让每个人都有及格的可能，只要努力就能取得好成绩。而且还不会把（考试）压力堆到期末，因为期末还有很多选修课考试。"

但是，在学生访谈中，部分学生也提到了新的教学评价方式的"公平"问题。MS05说："虽然这种评价方式可以让大家都努力学习英语，但是因为小组成绩不高，我的平时成绩也降低了。我其实非常努力，在小组学习中付出的也是最多，这样的成绩让我有一点伤心。"MS04也表达了类似的看法，她认为"应该适当提高期末考试的成绩，让学习好的学生在成绩上能够有所体现"。由此可见，形成性课堂教学评价的方式虽然有利于帮助基础薄弱的少数民族大学生增强英语学习的外在动机，鼓励他们在学习的过程中更加认真努力，但对于基础较好或者对英语学习有较强内在动机的学生来说，作用不是那么明显，甚至有时候起到了相反的作用，需要进一步改进和完善。

还有一些学生认为，教师在实施"分层—探究"英语课堂教学模式的过程中虽然制定了分层次的教学目标、设计了分层次的学习任务，在教学评价中却没有真正体现层次性，造成部分学生测试成绩偏低的现象。US07认为："测试的方式应该改变一下，大家水平不一样，掌握的程度自然也不一样，使用同样的试卷会打击基础薄弱的学生的学习积极性。”由此可见，建立与分层教学相匹配的评价方式，根据学生的真实水平设计不同的测试题目，给学生可以选择的空间，让学生体验成功的喜悦，增加他们的自信心，也是教育公平的一种体现。

（三）新一轮行动研究方向

第一轮的行动研究基本达到了预设的教学目标，强化了基础级英语班的少数民族大学生的语言基础，使学生初步具有自主学习和合作学习的意识，提升了英语学习的自信心，并且通过在教学中将教学技能训练与实际情境相结合，激发了学生对英语学习的兴趣，使学生具备了跨文化交际的意识。在新一轮的行动研究中，我们还需要做到：第一，解决合作学习中出现的问题，加强教师在合作学习中的指导作用，调整合作学习的评价标准。第二，优化分层教学的课堂组织形式，将大班教学、小班教学、小组合作和个别指导有机结合起来，促进学生的全面发展。第三，进一步完善“分层 — 探究”英语课堂教学模式，使教学程序更加合理化，课程结构更加立体化、科学化，在最大程度上调动基础级英语班的所有学生英语学习的积极性。

第二节 第二轮行动研究

一、问题和教学改进措施

（一）分析问题

在基础级英语班实施“分层 — 探究”英语课堂教学模式一个学期以来，少数民族大学生的英语学习态度和方式都有了明显的改观，第二轮行动研究实施的重点应该是如何保持学生对英语学习的兴趣和热情、优化课堂教学操作程序以及进一步强化学生的元认知训练，提升学生自主、合作探究的能力。

1.没有产生持久的英语学习兴趣

在“分层 — 探究”英语课堂教学模式实施的初期，少数民族大学生对英语学习产生了强烈的好奇心，特别是一些设计新颖的课堂活动和课外学习方式，都给学生的心理带来了巨大的冲击，使学生对英语学习重新燃起了学习热情。但是，这种学习兴趣和热情持续的时间不长，也包含着很多不稳定因素，随着学习难度的增加和学习任务的加重，部分基础级英语班的学生对英语学习逐渐产生不耐烦的情绪，降低了其英语学习的积极性。因此，如何引导少数民族大学生形成积极的英语学习价值观、培养积极向上的学习态度和学习兴趣，是第二轮行动研究教学设计的核心问题。

2.对微课导学的接受程度不高

微课导学的运用颠覆了传统的教学模式，[①] 将教学组织形式从“课堂

---

① 谢梅：《基于微课的翻转课堂模式在大学英语教学中的应用》，《英语广场》2016年第3期总第63期，第95–97页。

授课听讲+课后完成作业"转变为"课前自主学习+课堂协作探究+课后任务强化训练"，能够使课外自学和课堂学习有机结合起来，提升教学效率。但是在第一轮行动研究中笔者发现，微视频并没有真正达到促进学生自主学习的效果。从学生的反馈中可以看出，不是每一个基础级英语班的学生都认真自学了微视频的内容，有的学生因为不能完全理解微视频讲解的内容而产生"挫败感"，有的学生没有认识到导学的重要性，仅学习了自己组负责讲课部分的微视频。

作为一种简洁高效的学习方式，微课导学能够有效提高知识传输的效率，压缩知识传输时间，使得学习者更加便捷地获取学习资源，节约出更多的时间用于知识内化，以便课堂上开展更多的探究式、协作式的学习。[①] 但是教师应该注意根据学习者的学习基础水平和学习喜好调整课前导入的方式和内容，比如将微视频的制作方式转换成更加生动的对话方式、表演方式，或者将课前导入的内容转换成少数民族大学生喜爱的英文歌曲、英语电影，应该更能调动学生的英语学习积极性，提高教学效率。

3.缺乏对自己学习活动的监控和反思

在第一轮行动研究中，笔者要求基础级英语班的少数民族大学生在学期初制定了符合自己英语水平的学习计划，以增强学生的自主学习意识。但是，从访谈的结果来看，很多学生并没有完成自己的学习目标，因为他们在学习的过程中没有严格按照学习计划来要求自己，发现自己制定的学习目标不切合自己的实际水平时，也没有进行及时的调整，缺乏对自己学习活动的监控和反思。庞维国认为，自主学习应该具有以下特点：自觉确定学习目标、制定学习计划、监控学习过程和评价学习结果。[②] 由此可见，自主学习能力的培养与学生对自己学习活动的监控和反思是密切相关的。因此，在新一轮的行动研究中，教师将通过强化元认知训练增强少数

① 王迪：《简析微课程设计研究的意义》，《中国培训》，2017年6月21日，网络出版地址：http://kns.cnki.net/kcms/detail/11.2905.G4.20170621.2150.144.html，第138页。

② 庞维国：《自主学习的测评方法》，《心理科学》2003年第26卷第5期，第882页。

民族大学生的自主监控意识，请学生定期记录学习日志，使学生养成对自己的学习过程，对所学内容和方法以及学习效果进行监控和反思的习惯。另外，学习日志也有利于加强师生之间的交流，帮助教师了解学生的学习情况和自己的授课情况，根据学情改进教学，提高教学的有效性。

（二）提出教学改进措施

在设计实施第二轮行动计划之前，笔者针对少数民族大学生基础级英语班仍然存在的教学问题提出以下五点教学改进措施。

1. 引入影音导入教学方法，促进学生的多模态学习

语言教学中的课堂导入环节起到拓展思维、启迪心智的作用，它对整个英语教学课程的影响意义重大，教学新知识的导入作为整个课堂教学的“热身活动”，可以帮助学生回想已经掌握的知识，有利于把学生的注意力集中到新知识的传授上来，起到以旧引新的作用。合理的教学导入方法可以帮助老师和学生在最短的时间内进入最佳的学习状态，激发学生的求知欲，对于整个教学过程有着自然过渡和承上启下的功效。①

在第一轮行动研究中实施的微课导学的教学方法没有收到预期效果，因此，在本轮行动研究中，笔者将根据少数民族大学生喜爱看美剧、电影和听英文歌曲的特点，将影音资料作为课堂导入的主要内容，借助其直观的画面感和逼真的声音，为学生创造身临其境的语言环境，调动学生充分运用听觉模态和视觉模态，激发学生对英语学习的兴趣，促进学生对新知识的消化和吸收。与此同时，影音资料也可以作为重要的教学辅助材料，为少数民族大学生提供丰富的语言学习资源。比如，作为视听资料提高学生的听说水平，或作为课后练习内容加深学生对所学内容的理解，培养学生使用英语时的情境感，提高实际语言输出能力。

---

① 高庆丽：《就英语电影谈英语学习中的有效导入方法》，《延安职业技术学院学报》2013年第27卷第3期，第73页。

2.注重对学生的文化教学，提高多元文化素养

学习一门外语，就意味着学习它所构筑的一整套文化视界；掌握一门外语，就意味着获得一种新的对世界的看法。① 中国目前的外语教育过于强调语言的工具性，过于强调听、说、读、写的语言技能培养，忽视了语言作为文化载体的具体内涵。② 在少数民族英语教学中，文化教学的缺失具体表现有：①学生的跨文化能力不足。母语思维给学生的英语带来了一定负面影响，这使得学生在日常交际活动中，下意识地会把母语中的文化模式套用到英语中。在第一轮行动研究中，基础级英语班的一些学生在采访外国人时出现的语用规则错误直接导致了交际失败，比如设计了外国人不感兴趣的话题，导致访谈时双方无话可说；访谈问题涉及对方隐私，让对方感到被冒犯等。②学生的“中国文化失语”现象严重。教学中过于重视目的语国家文化知识的输入，造成本土文化缺失，这使得少数民族学生在对外交流时不知道该如何使用英语向对方传达自身的文化信息，以致阻碍跨文化交流。塞莫瓦尔（Samovar）指出：“了解你自己的文化是成功进行跨文化交际的重要一环。”③ 韩立德（Halliday）认为母语和母语文化知识能促进外语和外族文化的学习，目标语及目标语文化教学必须以学习者的母语文化为基础。④

由此可见，培养学生的跨文化交际能力是外语教学的终极目标，只有较好地了解和掌握中西文化才能期望跨文化交际能力的有效提高。因此，在本轮行动研究的课堂教学中，教师先从培养少数民族大学生的目标文化意识入手，帮助学生掌握一定的目标语言文化知识，并且进行文化对比教

① 刘岩、柳青:《文化语境下的外语教学研究》，北京：人民日报出版社，2015年，第4页。

② 胡文仲、高一虹:《外语教学与文化》，长沙：湖南教育出版社，1997年，第4页。

③ Samovar, Larry A. et al. , *Communication between Cultures*, Beijing: Foreign Language Teaching and Research Press, 2000.

④ Halliday, A. , *Teaching Language in Context*, Beijing: Foreign Language Teaching and Research Press, 2003.

学，使学生理解母语文化和目标文化的差异，进而从更高的层次理解目标文化的价值观，最终使学生确立正确的文化观念，培养文化思辨能力，增强跨文化理解力和交际能力。本阶段，除了在课前使用英文电影增加文化导入的内容，教师在课堂上也会为学生补充更多的英语文化知识，并通过文化对比分析的方法帮助学生建立正确的文化观，课后进行教学延伸，促进中国文化的输出，加深学生的民族文化认同，提高多元文化素养。

3.因材施教，加强教师的个别指导

根据第一轮行动研究中基础级英语班学生提出的建议，在第二轮行动中笔者应该更加关注少数民族大学生英语水平差异问题，因材施教，加强对学习困难学生和有特殊需求学生的个别指导。掌握学习理论认为：教师应该在“所有学生都能学好”的思想指导下，以集体教学为基础，根据学生的反馈信息，为学生提供所需的个别指导，从而使大多数学生达到课程目标所规定的掌握标准。[①] 个别指导可以作为分层教学的补充，为各个层次的学生提供适合其水平发展的学习条件。

在第一轮行动研究的访谈中，笔者发现A班（基础）学生的问题集中体现在大班授课不能完全听懂，作业完成有困难，对开口说英语没有信心；B班（提高）学生的问题主要体现在准备四级考试方面，缺乏考试技巧训练，不知道应该如何开始复习。面对A、B两个层次学生不同的学习需求，笔者采用课下指导和课堂指导相结合的方法。其中针对A班学生的课下指导是建立A班微信群，每周二上课前，在群里引导大家讨论课前导入的内容、回答课前思考题，带领大家在群里朗读课堂上将要学习的单词和课文，帮助学生纠正发音；课后，教师总结课堂讲解的重点和难点发到群里，及时解答大家在完成作业中遇到的问题。A班学生的课堂指导是在大班授课的课堂上给A班学生提供更多读单词、读课文的机会，并给予适当鼓励，帮助学生摆脱“开口难”的问题；在听说课上，笔者会以英文原

① 陈旭远编著：《课程与教学论》，北京：高等教育出版社，2011年。

版卡通片作为教学辅助材料，让学生在课上进行简单的配音练习，建立口语表达的自信心。

针对B班学生的课下指导是举办四级考试辅导讲座，基础级英语班的学生可以选择自愿参加。四级考试辅导讲座主要讲解的内容是四级题型、考试流程以及进行重点题型训练（听力、阅读和写作），并且会为少数民族大学生解答一些相对比较集中的问题，比如四级考试的难度如何、应该如何准备四级考试、四级考试需要准备多长时间、是否应该参加四级考试辅导班等。B班学生的课堂指导是在听说课上增加四级听力强化训练，每次听说课上为B班学生播放一个四级真题中的段落听力或英语新闻听力，以提问、提供关键词的方式引导学生理解所听内容并找到关键信息，教会学生课下自己进行精听的方法，帮助学生形成良好的听力习惯。

4.提高合作学习效率，充分发挥教师的引导作用

语言的学习离不开一定的语言环境，在同伴间互相协作的合作学习中，不仅可以共同创造语言环境，还可以锻炼在合作学习中所需的各项技能。小组合作学习可以有效地改变以教师讲授为主的教学模式，活跃英语课堂的学习气氛，使学生在共同探究的氛围中收获进步和快乐，为打造高效英语课堂奠定基础。① 在第一轮行动研究中，部分小组活动达到了良好的教学效果，将课堂教学有效延伸到了课外，加强了学生之间的沟通与交流，提升了少数民族大学生的自主、合作探究意识，但是根据学生反映的问题，小组合作的学习方式有待进一步改善，教师需要在小组合作中充分发挥引导作用。

首先，教师应该对小组进行合理分组、分工，在分组时要考虑分组的合理性，尽量保持各小组之间水平的平均；在具体安排小组合作任务时，要对小组的学习目标和角色分配等方面给予指导，保证小组合作的效率。其次，教师需要灵活地组织小组活动，让小组里每个成员都意识到只

① 顾建芹：《初中英语小组合作学习实践模式的探讨》，《教书育人》第34期，2018年12月1日，第32页。

有以合作的方式才能更好地完成任务。最后，为了协调各小组成员在准备过程中的任务分配问题，教师可以重新制定合作学习的评价方式，不再使用单一的结果评价方式，而是坚持“两结合，两侧重”，即过程评价与结果评价相结合，侧重过程评价；小组评价与个人评价相结合，侧重小组评价。① 因此，在第二轮行动研究中，基础级英语班的小组合作评价标准将使用新的小组评分表，由教师、组长和组员共同为小组任务打分，以保证合作教学的顺利进行并取得预期的目标。（第二轮行动研究小组评分表参见附录十）

5.增强学习动机，培养学生积极的情感态度

英语学习心理学认为：在课堂教学中影响学生情感态度的主要是学习动机、学习兴趣、对教师的认同程度与个人的性格特征。② 强烈的学习动机和学习兴趣有助于学生自主学习观的建立，而自主学习观作为一种对学习认识的积极态度，在课堂教学中能够活跃课堂气氛，刺激教师和学生的情绪，推动教学过程的实施和教学知识信息的传递。积极的情感在学生的学习成长过程中起到激发学习热情、促进学习更加深入和持久、强化学习欲望与意志行为的重要作用。③ 对于英语基础比较薄弱，学习自信心不足的少数民族大学生来说，教学应该以鼓励为主，在课堂教学的过程中，让学生不断体验成功的喜悦给他们带来的“成就感”，是提高学生学习兴趣的重要手段。教师通过帮助学生制定适合自身水平的学习计划，督促学生自己调控学习过程，并且进行自我评价，让他们不断感知自己的进步，有利于少数民族大学生树立“我能学好英语”的信心，激发学习热情。

要想培养学生积极的情感态度，教师还应该设身处地地了解学生的学

---

① 郭成主编：《课堂教学设计》，北京：人民教育出版社，2006年，第186页。

② 姜忠平：《新课改下情感态度对英语教学的影响》，《考试周刊》2010年第14期，第9–10页。

③ 张永慧：《重视情感因素，优化教学效果 —— 情感教学策略在高校英语课堂上的运用》，《现代交际》2011年总第310期，第204–205页。

习困难、熟悉学生的需求和兴趣爱好，愿意听取学生的意见，建立平等、民主的师生关系。少数民族大学生群体的特殊性决定教师应该在教学中对他们付出加倍关心，让学生感受到教师对每位学生都一样重视，从而降低他们在学习中的焦虑和厌学情绪，如果教师不能够关注到他们的情绪或者对他们的需求视而不见，这部分学生可能会因为被“遗忘”而产生自暴自弃的想法，然而，如果教师有爱心，愿意帮助所有学生，让学生感觉得到尊重，就有可能让学生产生更多的学习兴趣。

二、制定行动计划

在实施第二轮“分层 — 探究”英语课堂教学模式的行动研究中，笔者将沿用分层教学的课堂组织形式，对基础级英语班采用大班授课、分班教学、小组合作和个别指导相结合的方式，重点培养学生的自主、合作探究能力。

（一）课程类型及教学目标

第二轮行动研究的教学目标是在继续帮助少数民族大学生巩固语言知识，反复进行听、说、读、写语言训练的同时，加强语言文化教学。因此在课堂教学中，教师应该增加课前可理解性材料的输入，在课堂上引导学生通过合作探究的方式内化输出，设计真正让学生感兴趣的学习任务进行课后强化巩固，优化课堂教学操作程序，丰富学生的英语学习途径，帮助学生逐步养成自主学习的良好习惯。本轮行动研究分成两个阶段三种课程类型，其中第一阶段（第1 — 8周），包含语法课和听说课两种课程类型；第二阶段（第9 — 17周），包含读写课和听说课两种课程类型。（第二轮行动研究课程类型及教学目标参见附录十一）

（二）教学内容准备

第二轮的“分层 — 探究”英语课堂教学模式行动研究仍然分两个阶段进行。第一阶段的语法课主要学习宾语从句、状语从句和定语从句的英语语言基础知识，选用教师自编的教学内容和课后练习，听说课继续使用《零起点大学英语基础听说教程》，A班（基础）学习第一册的Unit5、Unit6两个单元，配合电影配音练习，B班（提高）学习第三册的Unit5、Unit6两个单元，以四级考试听力真题为辅助材料，帮助学生掌握正确的听力技巧。第二阶段的读写课教材继续使用《零起点大学英语基础教程》（第3册），学习两个单元的内容：Unit4和Unit 7，包含三个教学重点内容，分别是对话、语篇阅读和写作练习，听说课使用《零起点大学英语基础听说教程》，A班（基础）教授第1册的Unit 7、Unit8两个单元，以《标准美国口语》作为A班教学辅助材料，B班（提高）教授第3册的Unit7、Unit8两个单元，以西安大学出版社的《剑桥实境英语 · 听说2》作为B班教学辅助材料。第二轮行动研究教师需要准备的教学材料包括以下几类。

1. 语法课练习题

从句的练习题以单选题、改错题、填空题和翻译题为主，主要考察少数民族大学生对课堂所讲内容的掌握程度，要求学生在课堂上以小组讨论的形式完成，并且由各小组派代表给大家进行练习题讲解。[语法练习题（状语从句）参见附录十二]

2. 影音资料

在第二轮行动研究中，笔者改变了微课导学的教学方法，采用少数民族大学生比较喜欢的影音作品进行教学导入，并且在A班的听说课教学中使用英文原版卡通片作为教学辅助材料，增加了课堂教学可理解性语言的输入。影音资料的使用对激发少数民族大学生英语学习的兴趣，培养学生自主探究的能力，创设良好的语言学习环境都发挥了积极的作用。笔者准备的影音资料主要包括以下三个类型。

（1）歌曲导入

第二轮行动研究第一阶段的语法教学重点是三大定语从句，讲解内容相对比较枯燥，因此，笔者专门设计了歌曲导入环节，准备了大量与所学从句有关的英文歌曲和歌词。

（2）电影导入

第二轮行动研究第二阶段的读写课，笔者针对Unit4和Unit7的课文主题介绍了两部相关的电影《泰坦尼克号》（*Titanic*）和《埃及王子》（*Moses*）作为课堂导入，让学生在课前提前观看影片，带着问题去思考，既能提高学生课堂参与的积极性，也能通过感官刺激来激发学生学习英语的兴趣。

（3）电影配音

在第一轮行动研究第一阶段的听说课中，笔者针对部分基础薄弱的少数民族大学生“开口难”的问题设计了课堂电影配音环节，利用每次听说课的后20分钟时间，给A班学生播放特别挑选的英文原版卡通片片段，帮助学生进行跟读、复述和配音的练习。卡通片对学生有一定的吸引力，能够给学生带来很强的代入感，加强了学生英语学习的积极性，同时也增加了他们开口说英语的自信心。笔者选用的英文原版卡通片有：《小猪佩奇》《冰雪奇缘》《怪物史莱克》《美女与野兽》《功夫熊猫》等。

（三）教学环节设计和评价标准

第二轮行动研究一开始，笔者在上学期基础级英语班分组的基础上对部分组员进行了细微的调整，使各组的水平更加接近。并且笔者注意加强教师在合作学习中的引导作用，专门为8个小组长建立了微信群，指出第一轮行动研究中合作学习的问题，要求组长根据组员的英语水平合理分配小组任务，指导组长对组员进行正确的评价。

在本轮行动研究中，为了提高少数民族大学生自主监控意识，在学期初，教师要求学生根据本学期的教学目标和上学期学习计划的完成情况，重新制定了符合其英语水平和自身情况的学习计划，并且安排基础级英语班的学生每两周提交一次学习日志，学习日志可以参考以下提纲：

（1）这两周我学习的知识点有……

（2）在学习中我遇到的学习困难有……

（3）给我留下深刻印象的一节课/一次活动是……

（4）我使用的学习策略有……

（5）我希望在……方面得到更多的帮助

（6）接下来我的学习计划是……

实施“分层—研究”英语课堂教学模式第二轮行动研究的教学的主要目的是在夯实双基的基础上，培养学生的跨文化交际能力，帮助基础级英语班部分英语基础较好的学生通过英语四级考试，因此，本学期的教学环节包括以下几个重要设计。

1. 课文朗读/四级作文背诵

第一轮行动研究中的语音、词汇教学帮助少数民族大学生增加了词汇量、提高了拼读能力，建立了英语学习的自信心。在本轮行动研究中，笔者要求学生在课下完成课文朗读（A班学生）和四级作文背诵（B班学生）任务，学生在朗读和背诵过程中通过降调、升调、爆破和连读等技巧练习，可以增加英语语感，提高听力水平和口语表达能力；通过朗读和背诵一些固定的表达方法，熟悉和掌握英语语言特点，扩大词汇量；同时，在写作上由于输入了很多地道表达，接触了不同类型和题材的文章，写作水平也可以得到相应的提高。① A班学生可以根据自己的喜好和水平，在课文、课外阅读等各种材料中找到两篇文章进行朗读，B班学生本学期需要按照要求背诵两篇四级作文范文，课文朗读/四级作文背诵的满分为10分，占平时成绩的10%。

① 杨星：《探究初中英语教学中朗读和背诵的策略》，《读与写（教育教学刊）》2018年第15卷第5期，第87页。

2. 打卡任务

第一轮行动研究的单词打卡取得了良好的效果，在访谈中，多数基础级英语班的少数民族大学生表示单词打卡使自己的词汇量有了较大的提升，但是部分学生认为单词打卡的方式过于单一，在脱离语境的情况下学习单词不利于单词的理解与记忆，还有少部分学生认为现阶段除了词汇记忆以外，还需要掌握一些其他的英语技能。为了拓展少数民族大学生课外英语自主学习途径，提升学生英语学习的兴趣，本学期，打卡任务采用多种形式，如单词打卡、阅读打卡、配音打卡等，学生可以使用手机APP完成打卡任务，如百词斩、扇贝、爱阅读、英语趣配音等，基础较好的学生也可以自选四级考试复习资料进行打卡。打卡任务满分为10分，占平时成绩的10%，教师每周进行统计，一次未完成者减1分，扣完为止。

3. 电影配音展示

电影配音打破传统单一的教学模式，将少数民族大学生喜爱的课外英语学习方式之一英文电影与英语口语训练相结合，通过情境教学的方式，使学生身临其境，在练习的过程中，进一步促进学生了解英语背后的人文历史文化，调动学生学习主动性。[①] 为了配合第二轮行动研究第一阶段A班（基础）听说课堂的电影配音教学，增强少数民族大学生英语学习的自信心，使学生看到本学期努力的结果，满怀希望地进入下一个学习阶段，笔者组织了基础级英语班的电影配音展示。本次电影配音展示以小组合作的形式完成，成绩不进行排名，仅作为一次课堂活动计入学生的平时成绩，希望通过这样的展示活动使学生理解，小组合作的过程比结果更重要。电影配音展示的要求是：每组任选一个电影片段（时长6—8分钟），组员协作完成展示任务，如果有需要，小组之间可以自由调换组员。电影配音展示满分为10分，占平时成绩的10%，由教师、该组组长和组员按照小组评分表共同进行评价。

---

① 李慧娟、吕雪、陈宝林：《大学英语课程改革背景下英语配音教学模式创新探析——以武汉理工大学为例》，《科教导刊（下旬）》2017年第36期，第101页。

4. 文化展示

第二轮行动研究突出体现了对少数民族大学生跨文化语言交际能力的培养，因此在语言技能课堂教学中，教师会增加更多中西文化对比的内容，使少数民族大学生通过对比分析发现文化的差异和共性，并在此基础上鼓励学生用英语表达本民族文化，加深他们对本民族文化内涵的理解，树立全面的中西文化观，从而有效地进行跨文化交际。

本阶段文化对比教学的内容有：用餐礼仪（读写课）、饮食文化（读写课）、休闲娱乐（听说课/A班）、节日（听说课/B班）、旅游（听说课/B班）等。第二阶段读写课Unit4的主题是介绍西方的饮食文化，因此笔者特别设计了一次课堂活动，由学生个人完成文化展示任务。鉴于A班学生基础较薄弱，语言输出存在一定困难，我们在设计文化展示任务的时候特意降低了难度，要求A班学生以How to Make …（如何做……）为题目，说明一道家乡菜的做法，并且提供了微视频IIow to Make Potato Salad（如何做土豆沙拉）作为范例，介绍了相关的词汇和句型。对于基础较好的B班学生，文化展示任务的要求是用英语介绍家乡的水果/传统美食，并说明其营养成分。文化展示满分为10分，占平时成绩的10%，具体评分标准为PPT制作4分，课堂呈现6分，共计10分。

5. 课堂陈述

第一轮行动研究的课堂辩论赛激发了少数民族大学生进行知识自主探究的兴趣，为后续的写作练习奠定了良好的基础。但是笔者观察到，部分基础级英语班的少数民族大学生受到水平的限制，用英语完成课堂辩论赛存在一定困难。因此，在第二轮行动研究中，笔者将课堂辩论赛改成了课堂陈述，陈述的主题延续了第二阶段读写课Unit7的课堂讨论The Advantages/Disadvantages of Living in the Urban/Rural Area，由学生课后收集更多关于居住在城市与乡村的优缺点的英文资料，并且在第二次上课时进行陈述。课堂陈述满分为10分，占平时成绩的10%，以小组合作的方式完成。

6. 写作练习

在课堂陈述的基础上，笔者要求少数民族大学生完成定题作文：The Advantages/Disadvantages of Living in the Urban/Rural Area。学生可以根据本组收集的英文资料，任选一个题目写一篇英文对比选择型议论文，A班学生可以根据实际英语水平选择完成填空作文。写作教学的步骤参考上学期的写作练习，但是为了强化错误分析的重要性，教师进行错误分析后，给学生提供修改作文的机会，即学生可以改正自己作文中的错误，让教师进行二次打分。学生自行修改作文一方面加强了教师对学生进行的个人指导，使学生在作文修改的过程中通过反思的方式来加深对常见错误的印象，从而在未来减少犯此类错误的概率；另一方面二次修改的方法可以帮助基础薄弱的少数民族大学生提高平时成绩，加强他们英语学习的自信心。写作练习满分为10分，占平时成绩的10%。

第二轮行动研究采用形成性评价和终结性评价相结合的方法，仍然以形成性评价为主，但是更加强调少数民族大学生学习自主监控意识的培养，弱化了小组间的竞争，体现了评价的公平性。在总评成绩中，笔者适当增加了期末成绩的比例，由上学期的20%增加到30%，即总评成绩=平时成绩（50%）+小测成绩（20%）+期末成绩（30%）。其中平时成绩的具体评价标准为：考勤（10%），课堂表现（10%），学习计划（10%），学习日志（10%），课文朗读/四级作文背诵（10%），打卡任务（10%），电影配音展示（10%），文化展示（10%），课堂陈述（10%），写作练习（10%）。

小测成绩由第二轮行动研究第二阶段教授的《零起点大学英语基础教程》（第3册）Unit4和Unit7两个单元的测试成绩组成。根据第一轮行动研究中学生反映单元测试题的难度问题，笔者在第二轮行动研究中对小测题目进行了重要改变，首先测试的范围扩大了，涵盖了读写课和听说课的教学内容，即《零起点大学英语基础教程》（第3册）中Unit4和Unit7以及《零起点大学英语基础听说教程》（第1册）/A班和（第3册）/B班的部分内容；其次，小测根据基础级英语班学生的基础水平分为A/B卷，A班的测试题型为单词听写、课文句子听写、听短文对话选择正确答案、看图回答问题，B班的测试题型为选词填空、翻译句子、听英语新闻选择正确答案、听英语短文回答问题。单元测试的形式依然为随堂笔试，占小测成绩的50%，总评成绩的10%。期末考试由4部分内容组成：听力、语法、阅读和写作，听力题与语法题以课堂讲授内容为主，期末考试成绩满分为100分，占总评成绩的30%。（第二轮行动研究教学环节设计和评价标准明细参见附录十三）

三、行动计划的实施与观察

第二轮“分层—探究”英语课堂教学模式行动研究为期17周（2018年3月6日—2018年6月28日），分成两个阶段进行。其中，第一阶段（第1—8周）授课类型为语法课和听说课，第二阶段（第9—17周）授课类型为读写课和听说课。在第一轮行动研究的基础上细化分层教学的组织原则，继续采用分层、分班的课堂教学组织形式，充分发挥教师对学生的个别指导作用和在小组活动中的引导作用。

（一）行动计划的实施

1. 语法课

根据第一轮行动研究中学生对语法课的反馈意见，笔者对本学期的语法课进行了两个方面的调整，第一是把微课导学改成了符合少数民族大学生学习喜好的影音导入，第二是语法讲授由教师完成，学生在课堂上以小组讨论的方式合作完成语法练习题，并且派代表进行习题讲解，课堂上直接内化吸收语法知识点，课下借助英文歌曲完成巩固强化的训练。[第二轮行动研究语法课（定语从句）教学操作程序实例分析参见附录十四]

2. 读写课

在第二轮行动研究的第二阶段，读写课讲解教材《零起点大学英语基础教程》（第3册）中的两个单元：Unit4和Unit 7，包含对话、语篇阅读和写作练习三个教学重点内容。

Unit4课文题目是《维生素》（*Vitamins*），介绍了维生素的种类和食物获取途径，文章体裁是说明文，本阶段的语篇阅读教学侧重学生对文章主旨（A班）和对细节（B班）的掌握。为了进一步细化分层教学的课堂组织形式，体现教师对学生的个别指导作用，笔者针对Unit4语篇阅读教学制定了并列式的教学计划。并列式教学计划是针对班集体教学（大班教学）的计划，从内容方面来说和其他教学计划一样，也包括教学目标、教学内容、教学措施等，只是在形式上分为两部分，一部分是针对班上学生的共性设置，另一部分是根据班上学生的差异设置，教师在教学过程中将共性和差异协调统一起来，最大限度地满足学生的不同学习需要。①

[Unit4课文并列式教学计划（教学过程）参见附录十五]

3. 听说课

在实施第二轮“分层—探究”英语课堂教学行动研究中，听说课教学继续贯彻因材施教的教学理念，采用分班教学的方式，针对基础级英语班不同水平的少数民族大学生设计了A（基础）、B（提高）两个层次的课程。

其中，第一阶段A班听说课的教学目标是加强少数民族大学生的英语拼读能力以及恰当使用语调和节奏的能力，因此在课堂教学中，笔者加入了大量的听词辨音练习、跟读、朗读练习和电影配音练习，帮助基础比较薄弱的学生增强“开口说英语”的自信心。B班的教学目标是帮助基础较好的少数民族大学生掌握正确的听力技巧和熟悉四级考试的听力题型，使他们形成良好的听力习惯，能够顺利通过英语四级考试。因此，每次在

① 华国栋主编：《差异教学策略》，北京：北京师范大学出版社，2009年，第71页。

听说课的前20分钟时间，笔者通过使用课本中的英语段落听力和新闻听力练习，帮助学生逐渐掌握精听和泛听的方法，听说课的后25分钟时间，笔者为B班的学生补充2016年6月四级考试真题听力的内容，满足了学生亟须提高应试技巧的学习需求。

第二阶段的听说课，A班以课本教学为主，以《标准美国口语》作为教学辅助材料，进行更多的句子听读训练，理解语境中的短对话练习和简单情境下的会话练习，使学生学会了英语时间、日期的口语表达方法，使用“Have you … ?”的问句采访其他学生，能够和朋友讨论日常活动、谈论天气等话题。B班的听说课也是以课本教学为主，以西安交通大学出版社出版的《剑桥实境英语·听说2》作为教学辅助材料，进行段落听力练习和情景对话练习。B班的听说教学延伸了材料中的文化内容，设计相关话题的口语任务，促进了学生的中国文化输出，比如教师介绍了美国的旅游方式后，要求学生介绍一个中国的旅游景点，或者教师根据美剧《老友记》讨论美国人过圣诞节的习俗，然后要求学生讨论各自民族的节日习俗，介绍本民族的重要传统节日等。

（二）观察行动过程

1.加强影音输入的良好教学效果

英文歌曲和电影作为教学辅助材料可以提高英语教学的趣味性和刺激性，强化学生的感官刺激，为学生提供生动、自然的语境氛围，充分传达和传递教学信息，加深学生对语言的领悟和理解。① 同时，与主题配合紧密的影音资料还可以引发学生的积极思考，使学生带着问题去听去看，发现、提出问题，并且运用所学知识分析，探究解决问题的方法，将视听得到的知觉形象转化为概念，从而获得英语学习的知识。在第二轮行动研究中，笔者在教学中添加了一些利用英文电影和歌曲辅助教学的环节，获得

① 廖维娜：《英文电影、歌曲辅助教学的作用》，《西南民族大学学报（人文社会科学版）》2011年第9期，第111–114页。

了良好的教学效果。以下是笔者在教学日志中记录的一次读写课教学中，使用电影《泰坦尼克号》（*Titanic*）作为对话练习课堂导入的情境，真实还原了课堂教学的全过程，反映了笔者的思考。

“Unit4的对话练习是《如何布置餐桌》（*How Do You Set a Table?*），介绍了西方的餐桌礼仪。课堂教学中，我使用了“电影导入+学生合作探究+课后拓展巩固”的课堂教学操作程序。课前我将电影《泰坦尼克号》（*Titanic*）分享给学生，要求学生认真观看电影第57分钟到第63分钟的内容，并且从dress etiquette（穿着礼仪）、greeting etiquette（问候礼仪）、table manner（餐桌礼仪）三个方面总结西方人的用餐礼仪。上课时学生的发言很踊跃，总结出在西方用正餐时应该注意穿正装，握手的方式和不能拿着食物或嘴里含着食物说话等注意事项。随后，我让学生和身边的同学进行对话朗读，讨论对话内容，10分钟后我请两对学生到黑板上来，一个学生用英语说出布置餐桌的步骤，另一个学生在黑板上画出相应的图，比较哪对学生画得最接近对话内容，考查学生对对话内容的理解程度，也为一些不能完全理解对话内容的学生提供了更加直观的指导。然后我在班上给学生播放了电影《泰坦尼克号》的重点片段，引导学生自己发现更多用餐礼仪方面的文化知识，如应该如何使用餐具、座位安排、用餐顺序、餐巾使用的注意事项等，并且要求学生与小组同学共同讨论电影片段中杰克（Jack）触犯了哪些用餐的禁忌。这时我问学生：‘你们的文化中用餐禁忌是什么？’问题一下子引发了学生们的热情，学生争先恐后地给我介绍了本民族的用餐文化和禁忌，我发现维吾尔族和汉族以及西方的用餐文化有相同之处也有不同之处，比如维吾尔族人吃饭要AA制（和西方相同），用餐时应该请长辈先就座，等长辈开始吃了晚辈才能吃（与汉族相同），但是也有一些不同之处，比如在新疆地区用餐时最不能接受的是在餐桌上擤鼻涕的行为，等等。蒙古族德吉礼是蒙古族饮食礼仪的一种。“德吉”为蒙古语，意为“上、初”。德吉礼是蒙古族饮食习俗中强调进餐顺序的一种习俗。平时，熬好早茶后要将第一杯茶（即早茶之德吉）敬献于天地、诸神及祖先，忌讳任何人在献礼前品尝早茶。在家中进餐时，要把饮食的德吉献给长辈、老人和父母，以此表达自己的恭敬之意。在祭典、婚庆、聚会等重大宴席上要严格执行德吉礼，必须以年龄的长幼和地位的高低敬献茶饭。快到下课时间了，学生们的讨论仍然意犹未尽，我介绍了下节课的教学内容是对话朗读和分析重点词汇，请大家提前预习。”

课后我总结发现，使用影音作为课堂导入是少数民族大学生喜欢的方式，教学效果非常好，但是需要注意几点：①话题应该尽量贴近学生的生活，而且语言难度不能太大，否则学生会选择用中文进行讨论。②可以将电影导入与微课的形式结合起来，让学生在上课前从电影中了解到话题讨论的背景知识，将课堂上学生提出的问题用录制微视频的方式进行解答，因为学生们想知道答案，所以课下会主动观看微视频进行自学，第二次上课时再找学生根据自学的内容回答问题，这样可以充分利用课堂45分钟的时间讲解更多的内容。③仪式习俗是学生非常感兴趣的话题，以后可以在课堂上进行更多文化间的对比。（教学日志/第10周，2018年5月8日）

2.文化教学的意义凸显

文化教学是语言教学的重要组成部分。习得语言需要习得文化，习得文化能促进语言的习得和运用，忽视文化习得，会暴露出学习者在真实语境中语言运用能力的薄弱性和不适合性。[①] 对于在三语习得环境中学习英语的少数民族大学生来说，文化教学具有更重要的意义：促进学生跨文化交际能力的提高，加强中国优秀传统文化的传承与传播。在第二轮行动研究中，笔者更加强调了文化传输的双向性，即在引进介绍西方文化的同时

① 刘懋琼：《新疆高校少数民族学生三语文化习得研究》，北京：光明日报出版社，2016年，第83页。

鼓励学生输出传播中国传统文化，通过课堂上的引导，培养少数民族大学生对中西文化差异的敏感性，建立积极健康的多元文化思维方式，增强学生的民族自豪感。

“中国文化的输出环节总能引发少数民族大学生的热烈讨论，今天在课堂文化展示环节，维吾尔族的学生和大家分享了新疆的美食和水果，我才知道原来新疆有那么多值得品尝的特产，美食有手抓饭、拉条子、面肺子、曲曲等，水果有库尔勒香梨、喀什瓜、哈密瓜、葡萄、杏、沙棘、沙枣、红枣、桔子、苹果、西瓜等。其中大家介绍最多的是吐鲁番的葡萄，给我印象最深的是US25制作的PPT，最后一页画了一幅金字塔形的营养成分表，直观生动地描述了葡萄的营养价值。我借助她的PPT又给大家复习了维生素和蛋白质以及钠、钙、铁、锌、镁等微量元素的表达，教会大家买食品前应该先读懂营养成分表。学生做文化展示前能够认真地查阅网上资料，学会了一些特殊词汇的英文表达，很有成就感，这使得学生在和外国人交流的时候，不再只是问外国人的喜好，也开始试着用英语描述自己民族的文化特色，达到了不同文化间的双向交流。”（教学日志/第12周，2018年5月22日）图4–7和4–8是基础级英语班的学生在向同学展示本民族的饮食文化和旅游特色。

图4–7　学生介绍新疆的手抓饭

图4–8　学生介绍新疆的坎儿井

3. 合作学习观念得到加强

在实施“分层 — 探究”英语课堂教学模式的过程中，合作教学是基础级英语班教学实践中使用的重要教学方法之一。陆欣将合作教学定义为：“以异质小组为基本形式，以小组成员合作活动为主体，以小组达标为标准，以小组整体成绩为评价和鼓励依据的教学策略体系。”① 约翰逊（Johnson）等人认为合作学习应该具备五大要素：①小组成员之间的相互依赖，②小组成员之间的互相交流、互相帮助，③小组成员必须明确自己的责任和小组的责任，④小组成员需要学会与其他小组之间的合作与竞争，⑤在小组内部，小组成员可以有效地评价自己和小组其他成员所做的贡献。② 王坦认为：合作学习可以大面积提高学生的学业成绩、改善班级内的社会心理气氛、形成学生良好的心理品质和社会技能。③

经过两轮行动研究的不断努力，少数民族大学生终于转变了学习思路，不再排斥小组合作学习的方法，共同完成学习任务时小组成员可以积极地进行学习交流与经验分享，成员之间建立起了相互信赖的关系，平等沟通、互相学习，每个人都为小组荣誉付出努力。组长也变得更加有责任感，在教师的引导下可以合理地安排小组任务，对需要帮助的小组成员进行特别指导，使每个组员都能够参与到活动中来。

> “电影配音展示是为了让学生感受英语学习提高的效果、增强学习自信心而专门设计的。第二轮行动研究一开始我就给基础级英语班的学生讲解了展示的规则，要求各小组提前进行准备。第4周开始，有的组就已经开始在小组微信群中商量选择电影配音片段的事情，组

① 陆欣：《“合作学习”教学模式在大学英语教学中的应用》，《长春理工大学学报（社会科学版）》2009年第22卷第2期，第320–321页。

② Johnson D. W., Johnson R. T., Holubec E. J., *Cooperation in the classroom* (6th ed.), Edina, Minnesota, USA: Interaction Book Company, 1993.

③ 王坦：《合作学习的理念与实施》，北京：中国人事出版社，2002年。

员都提出了自己的建议。第5周部分组已经确定了配音片段，组长负责找出字幕（中英文）打印好了发给大家，要求每个组员先熟悉台词。随后各小组陆续开始集中对台词，分配角色。在此期间，我专门关注了第8组的情况，发现一开始组员对台词分配不满意，有的学生认为分配得太混乱，有的认为自己的台词难度太大。再一次集合练习后，组长已经重新分配了台词，我注意到这次基础比较薄弱的学生分配到的台词难度降低了，而且组长还专门提出帮助她熟悉台词。所有的组在电影配音展示前都进行了多次集中练习，其中只有两个组互相调换了组员，其他组保持原组员不变。各小组比较集中的问题是电影配音时间长短是否可以调整、是否可以给美剧配音、是否可以将多个电影片段剪辑到一起进行配音展示，我给学生一定的发挥空间，让组长灵活掌握。

今天课堂上，8个小组逐一进行了电影配音展示，效果超乎想象。学生们公认表现最好的是第1组和第5组，他们不仅完成了电影配音，而且还发挥了少数民族大学生能歌善舞的特点，将歌曲和舞蹈融合到配音中，特别是第1组配的电影《寻梦环游记》（*Coco*）中帮助Mama Coco找回记忆那段，不仅每个人都能够做到脱稿配音，而且所有组员都参与了电影中歌曲《请记住我》（*Remember Me*）的演唱，场面十分感人。经过一个多学期的合作学习，各个小组都增强了合作意识，组员之间的相互交流可以有效地促进意义协商，使所有学生在小组活动中都能够获益。”（教学日志/第8周，2018年4月24日）图4–9为第5组在美剧《生活大爆炸》（*The Big Bang Theory*）配音展示中唱歌的场景。

图4-9 学生进行电影配音展示

四、行动反思

第二轮行动研究历时17周，包含了两个阶段，每个阶段结束的时候，笔者都对基础级英语班的部分学生进行了阶段性的访谈，每次参加访谈的学生均采用抽样原则，涵盖了高分数段、中等分数段和低分数段三个类别的25名学生。（第二轮行动研究访谈提纲参见附录十六）与此同时，教师还通过学生日志了解该班学生在本轮行动研究中的学习体验和他们对教学的想法和意见。

（一）实施成效

1.移动学习拓展了学生课外学习的途径

认知心理学专家斯腾伯格（Sternberg）和卡茨（Katz）等人认为学习者可以借助必要的学习资源和他人帮助，通过主动发现、探索来构建新的知识。[①] 移动学习的引入弥补了课堂教学的不足，拓展了学生课外学习的途径，使得教师不再是知识唯一的拥有者和传播者，而是引导学生探寻和

① 贺静：《基于建构主义视阈的大学英语自主学习教学模式》，《巢湖学院学报》2014年第16卷第4期，第141页。

创造性地应用知识，帮助学生树立自主学习意识的激励者。同时，移动学习提供了大量的课外学习资源，便于学生根据自己的实际情况进行灵活调整，满足学生差异化、个性化的学习需求。

由于少数民族大学生的英语基础比较薄弱，在第二轮行动研究中大多数学生仍然选择了背单词打卡的课外自学形式，基础级英语班的学生背单词打卡的形式多样，使用最普遍的三种是教师推荐的百词斩APP打卡，单词抄写打卡和单词卡片打卡的方式。如图4–10、4–11、4–12所示。

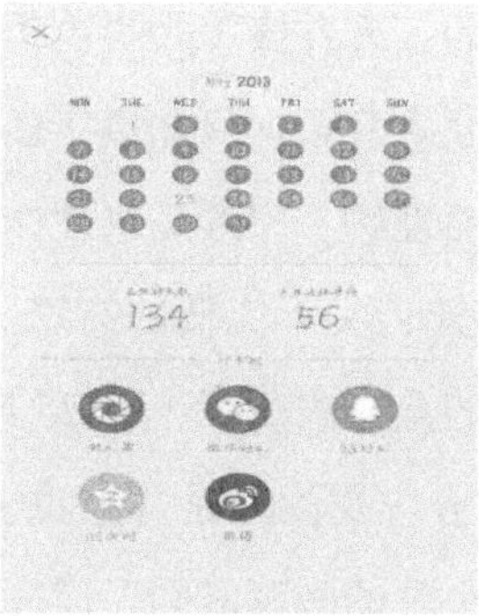

图4–10　百词斩打卡

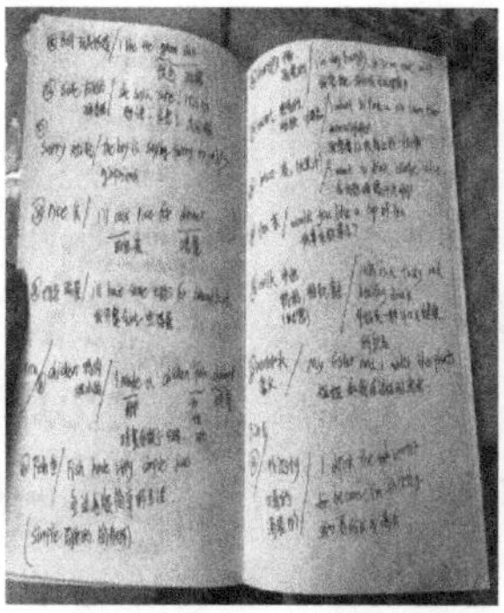

图4–11　单词抄写打卡

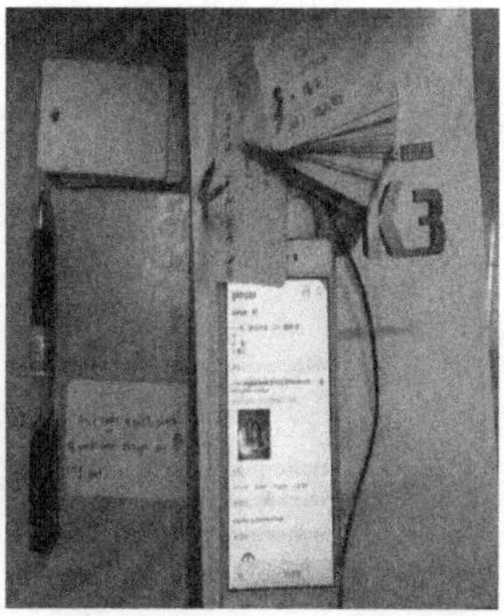

图4–12　单词卡片打卡

在访谈中，很多学生表达了对单词打卡这种自学方式的喜爱和肯定。

“我一直在用老师推荐的百词斩背单词，结合自己做的四级阅读和背四级作文，在文章里面看到的词汇在百词斩里面又可以遇到，可以学会发音。有的时候前一天在百词斩上遇到新的单词第二天在阅读中又遇到了，感觉加深了印象，就特别开心。”（US10）

“我觉得最有收获的就是百词斩背单词，我已经坚持打卡100多天了，从一开始总会忘记打卡到现在一天不打卡就会睡不踏实。一开始我给自己定的计划是每天背10个单词，后来慢慢加到15个、20个到现在每天35个单词，我背单词的时间也越来越多，有时候上公交或者地铁都会拿出手机看（单词）。”（US13）

除了背单词以外，基础级英语班基础较好的学生选择阅读打卡的也比较多，阅读打卡呈现个性化趋势，本学期以通过英语四级考试为目标的学生更多选择使用四级阅读真题作为打卡资料，平均一天阅读一篇四级阅读文章，部分学生选择教师推荐的爱阅读APP进行打卡，有些学生选择课外读物进行打卡，认为课外读物趣味性更高，还有几个学生选择背单词/阅读交替打卡的方式。

“我每天使用爱阅读读两篇文章，阅读量增加了。因为我可以自己选文章难度、类型和题材，选自己感兴趣的文章来读，就会有一种动力，比如前几天读到了海明威的文章，这个我读过汉语版的，现在终于知道英语怎么说了。读文章对我的阅读能力的提高有帮助，原来背单词只知道字面的意思，不知道在句子里的意思，现在放在文章里面理解，多读几遍就能通过上下文猜测词汇的意思，不看底下的翻译就能知道文章大概的意思。我从中学到了单词和表达（固定搭配），读多了真的会有语感。”（US25）

“我的打卡方式是以阅读为主，配合背单词打卡。我读的是《书虫》系列的书，课外读物更有意思一些。我每天有半个小时的阅读时间，读完了文章我还会跟着《书虫》系列书的朗读音频来朗读，不朗读就变成哑巴英语了，我看到不会的单词马上会查，写在单词卡片上，我觉得不仅是阅读水平，自己的单词积累量也提高了。”（US27）

2.针对性的指导有助于学生形成积极的情感态度

克拉申（Krashen）的情感过滤假说认为情感对语言的输入起到过滤的作用，控制着学习者输入和吸收的语言总量。实际上，情感因素不仅影响语言学习效果，更左右着学习者语言观念的形成，进而影响学习者的语言学习态度。[①] 在第二轮行动研究中，我们特别关注到了每一个学生的需求，帮助基础相对薄弱的少数民族大学生解决英语学习中遇到的困难，尽可能地利用学生已有的优势帮助他们建立自信，对于基础较好的学生提供

① 油小丽、刘懋琼：《基于语文教育视角的新疆少数民族大学生语言态度研究》，《语文建设》2014年第8期，第6页。

更多考试技能辅导和心理指导，引导他们在英语学习上取得更大的成功。教师与学生之间建立起了民主融洽和相互信任的师生关系，激发了学生的学习欲望，帮助他们摆脱焦虑，使他们积极主动地获取知识，增强了学习效果。

在访谈中，US07说：“老师，说实话有时候我很佩服您，英语课是所有课程里压力最大任务最多的一门，我们知道这是因为您想让我们学好，如果没有那么多压力我们不会这么努力。虽然有时候任务重得让人透不过气来，但是在这背后最辛苦的是您，我们有什么理由不努力呢？每次我有疑问你都很认真地帮我解答，可是你每天面对那么多学生，可能收到无数个消息吧。其实我们系可以使用土耳其语考研，我之前也是为了学语言而学习英语，但是我现在一点点地有了兴趣，我考研也不会考虑其他语言了。现在（我的英语）虽然算不上好，但是有了一点基础，是您给了我这个自信。真的很感谢您，感谢能遇到您这么执着的老师。”US12说：“感觉老师和我们很亲近，我喜欢这样的感觉，老师对我们每个人都有亲近的采访，像这样可以面对面跟老师讲，我们和别的老师都没有这种机会，（其他）老师也不了解自己的学生，没法提供帮助。我们现在有什么问题都可以问，老师会给我们提出学习建议，也会调整教学（方法），现在我更加努力学习英语了。”

3.课堂展示让学生体验到英语学习的“成就感”

第二轮行动研究中，少数民族大学生有很多次课堂展示的机会，包括：文化展示（个人）、课堂作业展示（个人/配对）、电影配音展示（合作）等。少数民族大学生有很强的表现欲，因此各种展示活动不仅能够促进学生的课堂参与，更能使学生获得一定的“成就感”，增强了学生的自我效能感。另外，展示活动一般都与教师创设的实际情境相结合，学生在这种意义操练或交际操练中，认识到英语学习的重要性，加强了学生英语学习的内在动机。

在访谈中，US06说：“我觉得展示活动可以学到很多东西，我和

US18回新疆参加考试的时候，专门到了很多景点拍视频，虽然后面剪辑出来只有一小段，但是我们知道了我们拍视频的所有地方用英语怎么说，而且有的还能用英语简单介绍一下，就非常有成就感。”US01说：“配音的时候我们选了很多电影，最后定了《寻梦环游记》，语言（速度）慢一点。我们（小组成员）看了电影没有争吵选择哪个角色，自动分配，最后因为我的声音比较粗，也是慢的，就给我这个（角色）。我们在练习的时候特别好，特别活跃，声音也特别亮，（我们组）US12发音最好，她给了我很多帮助。不过上去表演的时候还是有点紧张，没有排练（的时候）表现好。大家一起准备没有什么压力，刚好我的角色又那么符合我，我觉得自己终于做到了，很好玩。以前也挺喜欢配音的，但是没试过，以后我还会自己尝试练习一下。”

4.学习日志促进学生的个人反思

学习日志可以使学习者放慢思考的速度，更加全面、深入地反思自己的学习状况，记录他们的学习方法、策略和学习效果等。[①] 从第二轮行动研究开始，笔者要求基础级英语班的学生每两周交一次学习日志，刚开始学生们对这项学习任务不理解，认为增加了他们的学习负担，学习日志写得很短，还有迟交或忘交的现象出现。但是随着学习的深入，学生在学习日志中反映出来的内容越来越多，从以下学生日志的节选中可以看出，学生在写日志的过程中开始反思自己的学习方法，学会运用元认知策略监控自己的学习过程。

“今天老师在课上讲了段落听写的方法，我才发现原来自己平时使用的听力练习方法不太对，难怪我的听力一直没有进步！我以后不能一听到生词就不停地想词义，要按照老师讲的方法抓住段落的主题句和关键句子，听不懂的地方先跳过去，不要影响后面的内容。我准

① 龙梅：《在英语教学中如何运用学习日志培养学生的自主学习能力》，《滁州学院学报》2005年第7卷第5期，第113–114页。

备以后每天抽出一个小时进行英语段落的精听，努力提高自己的听觉灵敏度。”（US28学习日志，2018年3月31日）

“我已经开始练习课文朗读，选用《新概念英语1》里面自己熟悉的部分来读，一开始朗读的时候我发现自己有很多不会的单词，我就先查发音和词义，读了几遍发现自己会读的地方读起来顺顺的，很有成就感。但是我感觉自己的语调有点奇怪，所以我准备跟着音频多读几遍再找老师朗读课文。”（US22学习日志，2018年5月31日）

“老师上课讲的电影给我留下了很深的印象，我看过那么多遍《泰坦尼克号》从来都没有注意到用餐礼仪方面的内容，看来我以后看英文电影不能只关注内容，也应该注意到文化背景等方面的内容，这样才能提升自己的文化内涵。”（US18学习日志，2018年5月31日）

（二）主要问题

1.需要加强考试技巧训练指导

由于时间有限，本学期仅在3月和4月分别进行了两次英语四级考前辅导，在基础级英语班的学生中引发了很大反响，部分学生表示希望以后课堂教学可以加强英语考试技巧训练，帮助大家顺利通过四级、六级和研究生英语考试。MS02说：“（希望）老师可以教我更多做题的方法，四级考试辅导对我很有帮助，比如老师讲的做阅读理解的方法，我阅读的正确率一下子上去了。”US04也认为“老师的课堂活动设计很好，让大家都有了英语学习的兴趣，但是平时任务有点多，给我们复习四级考试的时间太少了”。

如何利用有限的课堂教学时间，平衡英语基础知识、英语综合应用能力、跨文化交际能力和考试技巧等方面的学习、培养和训练仍然是少数民族大学生英语教学改革需要深入探讨的问题。

2.应该更加合理地进行教学时间管理

巴班斯基的教学教育过程最优化理论认为，教学的效率和教学效果同样重要，只有同时做到提高教学效果又合理使用师生的时间，才能达到教学最优化。[①] 教学效果的最优化就是力求以最少的代价换取最大的利益，巴班斯基提出了教学最优化的两个标准：一是在当前条件下，无论是教师素养方面，还是学生的发展方面都力求取得最优的效果；二是无论是课堂时间，还是课外作业时间，都不能超过政府规定的、符合学生心理生理健康要求的标准时间。[②] 可见，教学过程最优化的本质是在一定的教学时间内，使教学过程中诸要素达到最优化组合，实现最佳教学效果。[③]

“分层—探究”英语课堂教学模式的实施有利于课堂教学的延伸，使少数民族大学生在课上和课下都有机会进行英语学习，创造了良好的英语学习环境。但是，在访谈中有学生反映：“这学期的学习任务有些复杂，占用了太多平时的时间，感觉自己一直忙于完成英语作业，没有时间学习别的知识。”（US30，US25）也有一些学生认为：“英语学习环节太多，学习任务有点重，感觉压力很大。”（US07，US11）通过这些反馈信息可以看出，如何合理设计课堂教学任务、安排教学内容密度，采取最好的教学决策，保证学生既能开展活动并从中获益，又不负担过重、占用太多课余时间，是提高教学效率、实现教学最优化的根本所在。

① 巴班斯基:《教学教育过程最优化》，吴文侃译，北京：教育科学出版社，2001年，第42页。

② 巴班斯基主编:《教育学》，李子卓，杜殿坤，吴文侃等译. 北京：人民教育出版社，1986年，第274页。

③ 李术英:《教师课堂时间管理的现状调查与对策研究》，硕士学位论文，福建师范大学，2014年，第10–11页。

第五章 “分层—探究”英语课堂教学模式的效果讨论及实施策略

两轮的行动研究结果显示，在中央民族大学基础级英语班实施“分层—探究”英语课堂教学模式提高了教学的有效性，帮助少数民族大学生提升了英语学习自主探究、合作分享的能力。两轮行动研究结束后，笔者指导该班学生根据自己的英语学习感受写了详细的学习总结，以考察实施“分层—探究”英语课堂教学模式的效果，了解学生的收获和教学建议。在总结中，大多数学生对行动研究中的教学改革措施持肯定的态度，认为经过一个学年的学习他们的英语水平取得了很大进步，养成了英语学习的好习惯，提升了英语学习的兴趣。为了进一步完善“分层—探究”英语课堂教学模式，提升教学模式的实施效果，笔者归纳总结了八项实施策略。

第一节　实施“分层 — 探究”英语课堂教学模式的效果讨论

2018年6月28日，作为为期一个学年的行动研究的总结，笔者要求基础级英语班的少数民族大学生在最后一节英语课课堂上写了学习总结，学习总结的提纲围绕着“分层 — 探究”英语课堂教学模式实施后，学生在英语学习水平、心理、能力等方面的改变，包括以下几个问题：

①你是否能够达到自己的学习目标？

②除上课外，你每天花多长时间学习英语？

③课后，你以什么方式自学英语？效果如何？

④你的英语学习兴趣是否有所提升？

⑤你的英语水平在哪些方面有所提高？（语言知识：语法、语音、词汇；语言能力：听、说、读、写；跨文化交际能力等）

⑥你认为在这一年里英语学习的最大收获是什么？

⑦你对实施“分层 — 探究”英语课堂教学模式的看法和建议是什么？

基础级英语班的41名学生按照提纲认真写了自己的学习总结，笔者将收上来的资料全部录入电脑，并且将原始资料打散，加以概念化，进行逐级编码。这样操作的目的是对原始资料进行浓缩，形成一个有结构、有条理、有内在联系的意义系统的过程。[①] 少数民族大学生对于实施“分层 — 探究”英语课堂教学模式的看法主要集中在学习能力、兴趣、水平和学习环境这四个方面。

① 陈向明：《教师如何做质的研究》，北京：教育科学出版社，2001年，第207页。

一、增强了学生的学习自主性

建构主义理论强调学生是认知的主体，是知识的主动构建者，教师只对学生意义建构起帮助和促进作用，学生是自主学习的知识建构者。[①] 因此，教学应该重视学生自主学习能力的培养，帮助学生利用各种信息资源来主动建构知识。元认知策略是培养学生自主性的关键，奥马利（O'Malley）等人指出：“没有掌握元认知策略的学生基本上是一个没有方向和没有能力评估自己的进步、自己的成绩和确定自己未来的学习方向的人。”[②] 在实施“分层—探究”英语课堂教学模式的过程中，教师为少数民族大学生进行了元认知策略的训练：首先帮助学生通过自己制定学习计划的方式明确了学习目标，然后给学生提供了大量的学习资料、布置了学习任务，引导学生按照自己的水平和学习能力运用恰当的学习策略监控自己的学习过程，并且通过访谈、写日志等方式让学生不断检查自己的学习结果，达到自我评估的效果。从学习总结中可以看出，元认知策略的训练增强了少数民族大学生的学习自主性，改变了学生的学习观念，使学生可以使用正确的学习策略来管理自己的学习，延长了课外学习的时间，促进学习成绩的提高。

“我认为这一年来我最大的收获是‘坚持’，我坚持完成了自己的英语学习计划，甚至比自己计划学的还要多。除了上课外，我每天都会用两个小时的时间学英语，我使用百词斩背了3000多个单词，每天还要做阅读和四级题，我感觉我的周末都在学习英语，我都没有时间去玩去学别的，但是我的听力和阅读真的有提高，从最开始做对七八个到最后十几个，长篇阅读我几乎都能看懂了。”（US07）

“我的目标是通过英语四级考试，所以我每天大概抽2—3个小时来

① 杜爱红：《现代教学模式下的大学英语自主学习与建构主义学习理论》，《河北职业技术学院学报》2007年第7卷第4期，第36页。

② Wenden, A. , *Learner Strategies for Learner Autonomy*, Great Britain: Prentice Hall, 1991.

学英语，每天使用‘扇贝单词’背20个新单词，还会累积自己在做题时遇到的生词。除此之外，我喜欢读《书虫》，这学期我读了《小王子》，对提高我的阅读很有帮助，我觉得老师‘打卡’的方式不错，对我们起到督促作用。我现在非常满意自己的状态，每天都是情不自禁地想学英语，虽然我现在已经过了四级考试，但是我会继续按照这个方法准备六级考试，争取今年顺利考过。”（MS05）

“这一年学的英语比我之前学的都多，收获很大，最明显的收获还是我会自己安排英语学习的时间，每天可以按计划学，有的时候来不及学习，第二天会补上，这种学习方式特别有效。我还在坚持记学习日志，最近开始使用英语记日志，这样既能提高我的写作能力，对我的学习也是一个督促。”（US16）

有些学生虽然没有按计划完成自己的学习目标，但是他们学会了反思，部分学生分析了没有完成计划的原因，提出今后英语学习的计划。

“我觉得我并没有完全达到（学习目标），但是英语学习和以前相比更加主动了。之所以没有完全达到我觉得是因为我给自己定的目标有些让我吃不消。但是每天我有按计划按时按量地学习英语，我上学期用百词斩和新东方四级词汇背单词，但是我发现这种方式不适合我，现在我每天都在用百词斩的爱阅读，更喜欢后者。我还在坚持听英语新闻，从以前一点都听不懂到现在大概可以听懂大意的程度，但是我的单词量还是太差了，我已经定下目标暑假回去后每天背单词，先增加词汇量，然后继续听听力。”（MS06）

“时间过得真快，一年的时间就这样过去了，回头看，我的学习计划没能完成，主要是因为我的时间安排不合理，另外学习计划也写得有点不符合实际。但是值得表扬的是我学习英语比以前主动了很多，因为有学习计划所以每天都会抽时间学英语，而且我每节课都去，作业也积极完成了，不是为了应付老师，并没有把它当作是一个任务，而是我会为了从中学到什么去努力，我觉得这个过程是可贵的，也会让人觉得踏实并且有意义，真的很感谢老师的监督和关心，我对自己是越来越有自信了。我又写了新的学习计划，准备从暑假期间开始严格执行，我准备好好利用百词斩，这次我把每天学的词汇量减少，不然肯定学不完，我应该增加背诵课文的时间，背课文可以提高利用单词的能力，希望假期能把这学期没能完成的学习内容都补上。”（US17）

二、培养了学生的英语学习兴趣，激发了学习热情

常言道，“兴趣是最好的老师”，外语学习尤其如此。成功课堂教学的第一标志就是学生自发地集中注意力、如饥似渴地听讲，跟着老师的要求提问和回答。吸引学生的注意力，调动他们的兴趣和积极参与的热情，是英语教学的基本要求，也是任何教学的基本条件。[①] 在实施“分层—探究”英语课堂教学模式的过程中，教师采用了三种方式来培养少数民族大学生的英语学习兴趣，激发他们课堂参与的热情：①按照学生实际水平制定教学目标；②按照学生的学习喜好安排教学活动；③给学生充分展示的机会，让学生体验到成功的喜悦，并对学生的进步予以及时反馈，激励学生不断进步。大多数基础级英语班的学生都认为新的教学模式提高了他们的英语学习兴趣，使他们可以不断挑战自己，尝试新的学习方式。

“这一年的英语课老师为我们准备得太充实了，每次课都会有新鲜的尝试和挑战，很多活动以前在任何课程中都没有经历过，比如拼词比赛、辩论赛、电影配音等。我认为这些活动受到了大家的欢迎，让每一个同学都参与到了学习的过程中，提高了我们的学习热情。”（MS08）

“我喜欢实践的环节，让我对英语的学习兴趣有了提高，我以前觉得学英语就是为了通过考试，但是现在我觉得学习英语是为了提升自己的视野，对学习英语有了很大的热情，暑假也想继续，以后也不会停下来。”

① Davies, P. , Pears, E. , *Success in English Teaching*, Oxford: Oxford University Press, 2000, p4.

（MS02）

“我觉得自己的英语学习兴趣有提高，老师从简单的基础知识开始给我们讲，难度很适合我，我觉得自己真正进入了课堂学习。而且上课的方式也是我喜欢的方式，老师可以慢慢地给我们解释，下课还督促我们使用百词斩、爱阅读打卡，下课也能有更多的时间学习英语，所以我的英语真的有提高，以前老师让我们背课文我根本不知道课文的意思没办法背，现在我可以理解了，发音也准确了。另外，我觉得课堂教学和网络知识结合起来学习很有效，老师给我们推荐的电影英语那个公众号我每天都在看，可以教我们正确发音，也很有帮助。”（US22）

“老师上课讲的东西很有实用性，有日常生活的、有朋友和家庭的（话题），我虽然达不到流利交流，可是平时生活中总能用上，就老想说两句。我突然意识到英语能力是逐渐积累的，当你经常和身边人交流时会发现并没有那么吃力，表达也可以很通顺。”（US13）

“我原来就喜欢听英文歌曲，老师在课堂上给我们分析英文歌词，我发现原来可以通过听歌学习到很多的内容。现在我每天都听很多的英语歌，对着歌词跟着唱，我的词汇量有很大的增长，对学习英语更有兴趣了。”（US17）

三、提高了英语课堂教学的目标层次

英语教育主要以发展学生的英语素养为目标。为此，英语教育不仅要求学生扎实掌握一定量的语言基础知识，通过技能训练将英语基础知识转化成语言技能，还要求学生通过听、说、读、写的交际性操作将言语技能转化成运用英语交际的能力，并能不断拓展英语知识、技能和能力。[①] 在实施“分层—探究”英语课堂教学模式每一轮的行动研究中，教师根据

① 章兼中主编：《外语教育学》，福建：福建教育出版社，2016年，第66-67页。

基础级英语班的少数民族大学生英语学习水平和三语习得特点为学生设计了三个层次的课堂教学目标：①语言基础知识层次。即在学生原有的水平基础上复习和传授关键知识点或重点、难点知识，如语音、语法和词汇，并通过语言对比教学帮助学生克服三语习得中的语言负迁移问题，通过讲练结合、反复背诵等方式要求学生理解记忆和巩固吸收所学语言知识，为后续培养学生的语言应用能力夯实基础。②语言综合应用层次。进行听、说、读、写英语技能操练，特别是针对学生“缺乏听力技巧”“阅读量不够”“不知如何动笔”和“不敢张嘴说话”等问题有针对性地增加了语言的输入与输出，使学生熟练掌握应用技巧，并在此基础上创设语言情境进行交际性操作，旨在培养和发展学生在交际中运用英语的能力，灵活运用所学语言知识，促进语言知识和语言技能发展成语言综合应用能力。③跨文化语言交际层次。重点培养学生的跨文化交际意识，并且通过中西文化对比教学帮助学生树立正确的文化观，加深学生对母语文化的认同与理解，提高跨文化交际的得体性和有效性。三个层次的课堂教学目标环环相扣互相促进，以不断发展少数民族大学生的英语素养为目标，提升了英语课堂教学的效率和质量。从学习总结中可以看出，基础级英语班的学生在三个目标层次上都有不同程度的提高。

“我的单词量有很大的提高，原来我只会说不会拼，现在我掌握了拼写的规律，经常会试着自己把单词拼一下。现在我看美剧、听歌曲都会留意看里面的单词，我明显感觉自己在生活当中随口而出的英语单词越来越多，很有效率。”（US31）

“我提高最大的是语法，以前用英语造句我会考虑很久，包括主、谓、宾放在什么位置，现在时和过去时怎么正确区分，现在练习多了我会很自然地说出英文句子来，我认为这是多练习、多朗读的作用，我渐渐产生了语感。”（US14）

“我的口语水平提升最快，我原来发音挺好的，但是一直不怎么敢说，老师给我们很多机会练习，我现在可以在班里同学面前说英语，也可以和外国人说英语，这是很大的进步。上次电影配音我们组练了很多次，我学会了怎么去表达感情，以前看电影就只是听，没有像他们一样说，我原来说英语的时候不带感情，这对我的口语表达也是一种提高。”（US12）

“我的阅读水平有提高，原来我读文章的时候一句话虽然每个词都认识，但是翻译不出来，现在我学会通过上下文猜测词义，阅读理解能力就提高了。小组合作的时候，我上网找了很多英文资料，不知不觉就读了很多文章，也很有帮助。”（US02）

“文化方面的教学对我特别有启发，老师上次给我们放电影泰坦尼克号，我原来看过很多遍都没有注意到用餐礼仪方面的内容，但是课上讲了以后我再也不会忘了napkin（餐巾）的用法，而且现在我自己看英文电影的时候，自然就会注意一些文化方面的细节，会自己作对比，加强了我看电影的深度。另外，文化对比的内容真的太好了，每次老师问到我们自己的文化时，不管是吃的东西、节日还是礼仪方面，我们都是喊出来的，所以文化对比环节一直是我们的课堂上最热闹的，激发了我们的民族自豪感。”（US18）

四、创造了良好的语言学习环境

语言学习环境是一个由多种要素构成的复杂的整体系统，是影响学习者一切外在因素的总合。[①] 在设计行动研究整体方案时，教师针对基础级英语班的少数民族大学生学习动机不强、自信心不足的学习特点和心理需求对课堂教学采取了以下改革措施：①调整教学难度，降低学生心理压力；②丰富教学内容，使课堂学习和课外学习有机结合起来；③调整考试评价方式，以学生的努力和提高程度作为重要评价依据；④在良好的沟通基础上与学生建立平等、融洽的师生关系，培养学生积极的情感态度。从

① 孙云梅：《中国大学外语课堂学习者社会心理环境研究》，博士学位论文，华中科技大学，2007年，第19页。

学习总结的分析结果来看，学生非常认可学习环境的改变措施，认为对他们的英语学习起到了推动作用。

“我以前觉得英语课很枯燥，最讨厌上英语课，但是现在觉得没有压力，没有不想上英语课的想法了。我以前怕说错不敢说出来，现在学了音标知道正确的发音，我现在渐渐感觉到了，其实我发音还是挺准的。我以前上课听不懂，考试也不会，现在感觉自己有希望了，老师讲得很多都能听懂，所以我不会放弃英语，会继续努力尝试，敢于表达，我发现只要有学习的心态，就会学到东西。”（US05）

“我以前不喜欢学语言，老师是我英语学习的动力，不停催着我学习，我这个人没人催的话是不会学习的，以前的英语老师根本不管我们，给我们布置了作业也不会检查，所以我的英语成绩很差。这一年实行的各种奖惩机制带动了全班的英语学习，在我们宿舍的这个学习氛围里能让我和室友拿出手机学习英语的也只有老师您了，平时晚上我们都喜欢躺在宿舍看手机，但是一到11点多就会有人提醒该打卡了，全宿舍的人都在打卡，我已经养成每天学习英语的习惯了。”（US23）

“老师给我们创造了很好的语言环境，每天都要打卡，每周发一次打卡记录，让我们不停地接触英语，还让我们在真实环境中使用英语，比如采访外国人。现在我们每天除了上课接触英语下课也要接触英语，这种模式太好了。原来平时成绩占的分数少，期末考试占的分数多，我们要想得到一个好成绩必须想办法把自己期末考试成绩搞得高一些，实在不行只能抄。现在的课程不看重期末考试的分数，而是看平时任务完成得好不好，这样除了学习很好的同学以外，其他同学也有了和优秀同学一起进步的感觉，比如完成学习任务、课堂讲解之前，就得先查资料，以前无所谓，期末考试抄一抄就行，现在那种想法都没有了，因为考试分数高了也没有太大用处，可是平时努力了，付出得多，期末分数上就会有体现。现在不是老师要牵着学生的鼻子走，而是学生让老师牵着鼻子走，平时的努力最重要，不像以前考试熬夜或者抄就好了。”（US13）

"老师对我们就像朋友一样，我们班的男生特别喜欢和您开玩笑，这在别的课堂上是不会出现的，有问题也不敢问，在英语课上不管对的错的都敢说，因为没有压力，您对我们都以鼓励为主，说错了也不会责备我们。我从来没见过我们班男生这么积极地上课，只有英语课他们是很积极地全员参加，我们班同学在英语课堂上的参与度比有些专业课都好很多。老师就应该多考虑学生的情感需求，老师和学生关系亲近更加有利于学生的学习，我们班的课堂气氛很好，虽然是课堂但是很轻松。老师特别为我们着想，看我们在课堂上不活跃就会寻找原因，换作大部分老师可能早就放弃我们了，但是您会继续使用不一样的方式来教我们，有人对我们这么好我们还不学就太不应该了。"（US09）

从以上的总结中可以看出，经过两轮的行动研究，在基础级英语班实施的"分层 — 探究"英语课堂教学模式帮助少数民族大学生克服了学习中的语言困难，解决了心理障碍，让学生学会正确使用学习策略，创造了有利于英语学习的环境，使各个层次的学生在课堂学习中都有一定的收获，但是也有少部分学生对新的教学模式提出自己的看法和建议，值得笔者深思。

"分组的话希望可以自由组合。"（US28）

"我觉得老师安排的学习任务有点多，一个接着一个，让人感觉压力太大。"（MS09）

"虽然老师的分班计划就是在关注基础不好的同学，但是在平时成绩中还是希望老师能够照顾基础较差的人。"（MS08）

"我希望能增设语法学习的模块，老师带着我们学习语法，我的语法知识实在差太多了。"（MS02）

"希望以后英语教学都分班上课，大班上课的话老师讲的东西对一些人来说简单，对个别人来说难，所以我还是觉得都分班（上课）好。"（US14）

"这两个学期考试太多了，希望老师以后能少安排点考试，让学生多

学习一些关于四级考试的内容。”（US25）

第二节　“分层 — 探究”英语课堂教学模式的实施策略

经过两个学期行动研究的实践证明，在少数民族大学生基础级英语班实施“分层 — 探究”英语课堂教学模式是有效的、可行的，但是在具体实施的时候，教师还应该注意使用以下策略。

一、正视师生角色，坚持以学生为中心

少数民族大学生的英语教学受到传统模式的影响，一直强调以教师为中心，学生只处于被动地位，使学生养成了被动学习的习惯，学习中的各个环节都离不开教师的安排和督导。而在“分层 — 探究”英语课堂教学模式中，师生的角色发生了很大的转变，教师的角色转变为管理者、组织者、引导者、评价者、信息的提供者和真实语言的使用者，而学生的角色从传统教学的陪衬转变为积极的计划者、组织者、思考者、语言学习的自主评价者和自我激发者。

因此，在实施新的少数民族大学生英语课堂教学模式时，教师应该在心里时刻想着学生，把教师的“教”建立在学生的“学”之上，充分了解少数民族大学生的学习特点和需求，分析掌握学生的具体学情，随时调整自己的教学策略以适应学生的需要。只有坚持以学生为中心，才能让学生明确英语学习的目标，看到学习已经取得的成绩，对英语学习充满信心。在具体的教学活动中，教师主要应该从以下三个方面做到以学生为中心：

①制定层次化的教学目标。教学目标为所有的学习活动指明了方向，是学生努力的动力，如果教学目标定得不切实际，会影响学生英语学习的积极性，从而降低课堂教学的有效性。因此，针对少数民族大学生英语基础两极分化的情况，教学目标必须体现层次性，让学生可以根据自己的实际水平进行自由的选择。②认真分析教学材料。教师在备课时应该认真分析教学材料，根据学生所处的不同阶段与学习能力来调整教学内容的难度和教学任务的呈现方式，根据学生的需要优化教学材料，使教材与学生已掌握的知识建立起联系，实现教学材料服务于教学效果的目的。③使用适合的教学方法和手段。坚持以学生为中心，就是要求教师根据少数民族大学生的学习特点、心理特点，灵活地选择适合的教学方法和手段。比如，探究式教学可以调动学生参与课堂的主观能动性，多媒体教学手段能够激发学生的学习兴趣，等等。

需要注意的是，坚持以学生为中心并不是彻底否定教师在教学过程中的重要作用。杜威认为，在以学生为中心的教学模式中，教师甚至发挥着比在传统的教学模式中更为重要的作用，也需要付出更为艰辛的劳动。[①] 在少数民族大学生英语教学中实施“分层 — 探究”课堂教学模式的过程中，教师始终应该占据着教学的主导地位，引导学生学会学习，帮助学生解决困难，促进学生加速学习进程。

二、培养兴趣，激发英语学习内在动机

心理学观念认为，兴趣是一种心理倾向，能使人经常趋于认识、掌握某种事物，力求参与某项活动，并且有积极情绪色彩。[②] 英语教学只

① 张静、杨佩聪、胡瑞娟主编：《现代英语教学的理论、实践与改革研究》，北京：中国水利水电出版社，2016年，第14页。

② 张静、杨佩聪、胡瑞娟主编：《现代英语教学的理论、实践与改革研究》，北京：中国水利水电出版社，2016年，第346页。

有激发和培养学生英语学习的兴趣，教学才能达到事半功倍的效果。在实施“分层 — 探究”英语课堂教学模式的过程中，为了培养少数民族大学生英语学习的兴趣，教师应该做到以下几点：①调整教学难度，使其适合学生的学习发展水平。教师首先要根据少数民族大学生的实际水平调整教学难度，把教学目标设定在学生的“最近发展区”，注意由浅入深，循序渐进地讲解，增加“可理解性”语言输入，这样才能提高学生的自我效能感，让学生感受成功的“满足感”，进而愿意深入地学习，越学越轻松，越学越有兴趣。②了解学生的心理特点，增加课堂教学的趣味性。有趣的课堂教学是激发学生英语学习兴趣的基本途径，在课堂教学中，教师可以将少数民族大学生喜爱的课堂教学活动和课堂教学有机结合起来，比如观看电影和听英文歌曲、语言竞赛、课堂展示、小组或配对活动等；或开展第二课堂的活动，比如进行英语文化讲座、短剧表演等，既能培养学生运用英语的能力，起到寓教于乐的效果，又能让学生在交流和竞争中互相帮助，一起为取得成功而努力，保持长久的学习英语的兴趣。 ③结合真实语言情境，防止过多机械操练的教学倾向。语言基础知识教学是少数民族大学生英语教学中的重要环节，但是过多的机械操练容易导致课堂死板乏味，降低学生学习英语的兴趣。因此，教师应该科学地设计教学过程，努力创设接近真实的语言交际情境，使少数民族大学生能够在听、说、读、写等语言交际实践中灵活运用语言知识，变语言知识为语言交际工具，帮助学生在获得交际能力的同时，提高语言学习的综合素养。

另外，学习动机也是影响外语学习成功与否的主要因素之一，强烈的内在学习动机可以成为增强少数民族大学生英语学习可持续性的主要推动力，增强学生的学习行为自主性，提高学习成绩。教师可以在课堂教学中通过播放鼓舞人心的短片来传达正能量，让少数民族大学生产生“了解世界”的愿望，开阔学生的眼界，真正了解英语学习的重要性，明白英语学习是一个长期的人生规划，而不是短期的“应试手段”。引导学生感知外面的世界，从而消除少数民族大学生“英语无用论”的思想。根据克拉申（Krashen）的情感屏障假说（Affective Filter Hypothesis），当情感屏障较高时，比如英语习得者缺乏兴趣或动机不足时，语言输入将无法达到语言习得机制（LAD）的要求，语言习得将出现困难或失败，而当情感屏障较低时，语言习得机制的运行才能顺畅，语言习得才能成功。① 教师在教学中应该善于发现少数民族大学生英语学习的“消极心理”，调动和保持学生的学习兴趣，增强英语学习动力，只有学生的学习积极性提高了，在遇到挫折时才不会马上产生“退缩”的情绪，才能学会正确归因，积极寻找解决困难的办法。

三、加强文化对比教学，培养学生跨文化交际能力

习得一种语言便是习得一种文化，掌握一门语言就是掌握了这个民族观察世界的方式。美国语言学家克拉姆契（Kramsch）曾经说过，“语言表述着、承载着，也象征着文化现实，两者密不可分”。外语学习的过程，既是一个语言习得运用的过程，也是一个文化传递的过程。外语教学的终极目标应该是培养具有国际视野和跨文化交际能力的人。束定芳指出，培养跨文化交际能力的前提是培养跨文化意识，跨文化意识的培养首先应从本土文化意识开始，了解本土文化才能辩证地对待外族文化并成功进行跨文化交际。② 少数民族大学生的英语教学课堂是一个文化共享性与文化多元性共存的课堂，外语教学不仅为少数民族大学生提供了学习国外民族文化和语言的机会，也使大家体会到不同民族的文化风

① 郭威：《论激发高校中少数民族学生的英语学习兴趣》，《满族研究》2004年第1期，第94页。

② 束定芳、庄智象：《现代外语教学 —— 理论、实践与方法》，上海：上海外语教育出版社，1996年。

俗、价值观念、认知方式和学习方法。[1] 由于文化教学的缺失，少数民族学生对语言学习和文化学习关系的理解比较片面，认为自己语言水平差，没有必要进行文化学习，或者文化学习只是出于自身兴趣，对英语学习没有帮助，这种片面的认识导致学生缺乏跨文化意识，从而阻碍跨文化交际能力的发展。

“分层 — 探究”英语课堂教学模式的重要教学目标之一，是通过文化对比教学提高少数民族大学生的中国文化素养，在英语课堂教学中，教师应该始终将语言和文化结合起来进行教学，增加学生的文化理解力，增进学生的跨文化意识，进而培养学生的跨文化交际认知能力。特别是在少数民族大学生的英语课堂教学中，教师还应该加强中西文化对比教学，让学生不仅了解国外的先进文化，也能够学会如何使用英语讲述中华民族的文化。少数民族大学生肩负着传承中国传统的优秀文化并将其推广到全世界的重任，少数民族英语人才应该成为中国和世界沟通的纽带，促进不同文化间的互相理解，为各民族的和谐发展贡献力量。[2] 在少数民族大学生英语教学实践中，教师应该注意做到：①提升自身的文化意识，重视发掘教学内容的文化内涵，有目的地增进学生的文化意识。②增加文化对比内容，改变学生母语文化思维给英语学习带来的负面影响。③帮助学生树立正确的文化价值观，充分发挥少数民族大学生在语言学习中的文化传递作用。④激发少数民族大学生潜在的文化创新能力，增强其语言交流意愿和信心，提高学生讲好中国故事的能力。

---

① 张津海：《少数民族学生个体因素与外语学习》，北京：中央民族大学出版社，2012年，第242页。

② 杨海萍：《全球化背景下新疆大学生中华文化认同教育的思考》，《黑龙江民族丛刊（双月刊）》2013年第5期总第136期，第10–15页。

四、关注学生情感，创设良好的课堂心理环境

现代教学理论认为，教学过程是一个以心理活动为基础的情感过程和认知过程的统一。教学中，师生情感的参与有利于非智力因素的开发，并直接影响着教学效果。① 澳大利亚教学环境专家弗雷泽对教学环境的界定是“课内各种因素的集合，是由课堂空间、课堂师生人际关系、课堂生活质量和课堂社会气氛等因素构成的课堂生活情景”。② 课堂心理环境是课堂内影响教学效果的精神因素，是一个动态的隐性的教学环境。

对于少数民族大学生来说，充分尊重学生是创设良好的课堂心理环境的前提。这就要求教师在英语教学的过程中转换教学观念，倾听学生的建议，创造健康愉快的交流模式，建立互相尊重、互相理解、互相信赖的新型师生关系，使学生感受到被认同和被重视，最大限度上满足学生的心理需求。在这种平等、民主的气氛中，师生能够共同探究知识，提高学生的课堂参与度。另外，搭建有效的沟通渠道，也是创设良好的课堂心理环境的重要保障。在教学实践中，教师可以通过访谈、开讨论会等方式，收集少数民族大学生关于学习情况的反馈信息，适时进行教学计划调整，让学生真正体会到课堂的主体地位，对教师产生信任感，进而喜欢英语学习，为提高课堂教学质量奠定基础。

心理环境的选择与创造是提高教学效果的重要因素。吾伯斯（Wubbels）等人将教师行为分为教学方法和人际交往两个层面，而后者关系到创造和维持有利于学习的、积极的课堂气氛。③ 在针对少数民族大学生的英语课

① 张婧：《少数民族学生大学英语学习中存在的问题及对策研究》，《知识经济》2018年第4期，第173页。

② 贺亚丽、周毛先、祁天秀等：《对西北民族大学英语课堂教学心理环境的实证研究》，《沈阳教育学院学报》2008年第10卷第3期，第11–13页。

③ Wubbels, T. , Creton, H. A. , Hoomayers, H. P. , “Review of Research on Teacher Communication Styles with the Use of the Leary Model,” *Journal of Classroom Interaction*, vol. 21, no. 1,（1992）, pp1–11.

堂教学中，教师除了研究教学方法和技巧，更要在教学中倾注自己的感情，与学生保持良好的情感交流，比如在很短的时间内记住学生的名字，关心学生的学习和课后生活，帮助学生解决学习困难、消除心理障碍。这种轻松和谐的师生关系可以使少数民族大学生与教师心理更加贴近，放下思想负担，逐渐增强英语学习的愿望。良好的课堂心理环境建设有利于营造最佳课堂气氛，使教学群体在课堂上保持高昂的情绪，从而调动学生的学习主动性和积极性，推动教学的良性发展，充分发挥非智力因素在少数民族大学生英语学习中的积极作用。

五、利用现代信息技术，提高学生自主学习能力

2017年教育部下发的《教育信息化工作要点》标志着我国教育发展进入“互联网+”时代，这不仅改变了人们获取知识与信息的方式，还改变了大学生的学习方式和学习观念。[①] 随着现代信息技术的发展，越来越多的大学生选择使用网络资源进行自主学习，网络辅助英语教学可以打破时间和空间的限制，使学生随时根据自己的水平和需要进行学习，选择感兴趣的学习内容，掌握学习进度，体现“因材施教”的教育思想，使课堂教学得到无限延伸。丰富的资源能为学生提供更多可以选择的学习内容，各种各样的网络社会还能为学生提供有意义的交际环境，激发学生学习兴趣，提高学生英语交际能力。[②] 但是，少数民族大学生在使用网络进行英语学习的时候也存在一些问题：首先对于学生来说，由于学习目标不够明确，学生面对丰富多彩的网络资源时经常不知道应该如何选择，一些少数民族大学生自主学习能力不强，自控能力比较弱，使用网络进行自主学习

① 方子欣：《“互联网+”背景下提升大学生英语自主学习能力探讨》，《黑龙江科学》2018年第9卷第23期，第102页。

② 郭敏：《网络环境下大学英语自主学习的模式构建》，《前沿》2018年第4期总第414期，第120–124页。

的效果不尽如人意。其次对于教师来说，针对少数民族大学生设计、有配套网络课程的英语教材非常少，教师的选择余地小，教师受能力、精力和时间所限无法自行开发适合的网络平台，也不能经常在线监控学生网络学习进度，随时解答问题。

"互联网+"教育时代为外语教学提供了新思路，少数民族大学生的英语教学也应该与时俱进，不断提高使用信息技术的意识和能力，在具体课堂设计与实施过程中融入信息技术元素。[①] 在《大学英语教学指南》中"教学手段"的第2段有这样的表述："各高校应充分利用信息技术，积极创建多元的教学与学习环境。鼓励教师建设和使用微课、慕课，利用网上优质教育资源改造和拓展教学内容，实施基于课堂和在线课程的翻转课堂等混合式教学模式，使学生朝着主动学习、自主学习和个性化学习方向发展。"[②] 在这种发展背景下，教师在实施"分层—探究"英语课堂教学模式时也应该注重现代信息技术与课堂教学的融合，利用信息技术来创新教学方式和丰富教学内容。备课时，教师可以利用丰富的网络素材，选取适合学生水平的语言材料，给学生提供更多的背景知识信息；在课堂教学中，教师可以运用多媒体技术增加学生的语言输入，既能提高学生听力水平，又为发展口语能力创造条件；课后，教师可以通过制作"微课"（微视频）的方式，对课堂重点内容进行复现，方便学生根据自身情况自主选择二次学习；教师也可以在教学中引入移动学习理念，合理利用手机上的学习APP，督促学生进行课外学习，逐步养成自主学习习惯，发展少数民族大学生可持续性学习能力。

学生进行自主学习并不意味着教师可以放任其自己学习，在意义的建构过程中，教师应起到组织和协调的作用。信息技术的使用对英语教师提

① 贾国栋：《〈大学英语教学指南〉中的教学方法、手段与资源》，《外语界》2016年第3期总第174期，第14页。

② 贾国栋：《〈大学英语教学指南〉中的教学方法、手段与资源》，《外语界》2016年第3期总第174期，第15页。

出了比传统教学模式更高的要求，不仅要求教师更新教学理念，根据教学目标整合网络资源，选择适合的教学内容，也需要教师了解和掌控现代信息通信技术，扩展教育技术的基础知识，提高教学设计及教学实践技能的能力和水平。此外，还应该将互联网融入英语教学活动中，引导学生由被动学习逐渐向自主学习转变，真正使少数民族大学生在“互联网+”环境下提升自主学习英语的能力。①

六、优化教学内容，丰富学习资源

传统教学模式中的教学内容指的是课堂授课时使用的教材，如英语课本，但是随着现代信息技术应用于大学英语课堂教学，教学内容不仅包括教材，也包括可以通过多媒体技术呈现给学生的PPT、音视频等上课使用资料，还包括学生可以接触到的其他教学手段提供的所有教学资源。特别是“微课”“慕课”“翻转课堂”等概念的出现，使得教学内容和方式发生了巨大转变，实现了课堂教学内容的多样化和便捷化。

少数民族大学生基础级英语班的英语教学内容相对单一，难度不符合学生的实际水平，远离真实的语言交际活动，不贴近学生的学习生活，没有突出少数民族三语习得的语言、文化特点。因此在实施“分层—探究”英语课堂教学模式的过程中，教师应该采取两点改进措施来优化教学内容：①调整内容难度。教材是学生在课堂学习中获得语言输入的重要渠道，特别是在少数民族大学生的英语教学中，教材不仅承担着提供语言素材的任务，也应该考虑到学生英语学习的特殊规律，在教材的编写时注重教材难度的选择，尽量与中学英语教学的内容相衔接，根据学生语言基础水平制定科学的教材分级标准，以适应不同层次学生的学习需求。②体现文化内涵。在课文的选择方面应该选择一些具有民族特色或者反映中西文

① 方子欣：《“互联网+”背景下提升大学生英语自主学习能力探讨》，《黑龙江科学》2018年第9卷第23期，第103页。

化差异题材的文章，体现出教材的文化内涵和示范作用。

但是，教材所提供语言素材和语言基础训练的功能也有一定的限度。① 在坎宁斯沃思（A. Cunningsworth）看来，教学内容的补充包括扩展和延伸两种方式。所谓扩展，是指教学材料的质量提升，即增加不同质的材料。所谓延伸，是指教学材料的数量增加，即为学生提供更多的同类型材料。② 因此，在少数民族大学生英语教学的过程中，教师应该为学生提供更多教材以外的学习资源，或根据所学知识补充相应的练习内容，比如指定课外阅读材料、听力材料，设计补充练习题、自编手册等资料引导学生进行课外自主学习。同时，教师也应该利用现代技术，为学生积极拓宽学习途径。随着现代科技的发展，少数民族英语教学的内容和方式应该趋于多样化。多媒体教学设备、网络教学平台、翻转课堂、微课导学、影音导入、APP学习软件等学习资源是传统课堂教学的有益延伸，多模态的教学手段不仅可以将外界资源与教学主体有机地结合在一起，增加形式多样的“可理解性”语言输入，直观生动的教学内容也可以加快少数民族大学生的认知和理解速度，有效激发学生的学习兴趣，提高英语课堂教学的有效性。

七、完善课程设置，实现教学效果最优化

根据中央民族大学2014年制定的大学英语培养方案，基础级学生需要完成四个学期英语必修课程，其中每学期面授课周学时为4课时，每学期3个学分，共计12个学分。在课程的具体安排上，培养方案并没有充分考虑到学生水平的层次性和需求的差异性，要求教师按照统一的教材和课

① 白杨：《简论英语报刊在大学英语泛读教学中的作用》，《山东省农业管理干部学院学报》2010年第27卷第6期，第180–181页。

② 林玲，倪高升：《教学改革背景下的大学英语教学新探》，北京：中国水利水电出版社，2017年，第157页。

程进行教学，要求学生在两个学年内完成基础级大学英语（1—4）的课程学习。此次在基础级英语班实施“分层—探究”英语课堂教学模式行动研究的过程中，笔者根据该班课堂教学的实际情况实施了班内分层教学，即“2+（1+1）”的授课模式，每周2课时大班授课，2课时根据学生水平分A、B班授课。这种授课方式增加了课堂教学的针对性，大班授课采用教师讲解、小组合作探究的方式进行授课，分班授课按照学生的不同层次安排不同的教学内容、课堂任务和课程评价，增强了少数民族大学生的学习兴趣，使不同层次的学生都能达到自己的学习目标，提升了教学效果。但是，这种授课方式也存在一定弊端，学生面授课周课时数从4课时减为3课时，使得教学内容也相应减少了，从长远的角度看不利于课程目标的实现。

鉴于以上考虑，笔者认为应该针对少数民族大学生英语课堂教学建立模块化教学管理体系。模块化教学的基本思想是在一定时间内组织一定学生按一定目标进行学习，优点是学生可以根据自己英语水平、进度和兴趣学习，充分发挥潜力。① 模块化教学以建构主义学习理论和系统的整体观念为基础，遵循知识传授和能力提升相统一的原则。系统的整体观念认为“整体功能大于部分功能之和”，因此教师在进行课程教学设计时可以将知识分解成一个个知识点，再将知识点按其内在逻辑组合成相对独立的单元，然后根据不同需要，将相关的单元组合成教学模块，通过增删单元和调整组合方式，实现教学内容的更新和调整。② 建构主义认可学习者原有经验和能力对于其新能力的建构作用，强调学生是信息加工的主体，是意义的主动建构者，这非常符合模块化教学理念，在模块化课程设置中每个模块都是完整独立的个体，各个模块之间又紧密相连，前一个模块是后

① 胡壮麟：《大学英语教学的个性化、协作化、模块化和超文本化——谈〈教学要求〉的基本理念》，《外语教学与研究（外国语双月刊）》2004年第36卷第9期，第345–350页。

② 马媛：《大学英语模块化教学模式构建研究》，西安：西安交通大学出版社，2017年，第1页。

一个模块的基础，整个模块体系又统一于一个共同的主导思想。[①] 在少数民族大学生英语教学中进行模块化教学管理，能够克服传统教学模式的弊端，使教学目标更加明确，教学组织形式更加灵活，能够满足不同程度、不同兴趣的学生的学习需求，增加教与学的空间和自由度。同时，也能够为少数民族大学生的个性化发展提供机会，使学生在较短时间内完成学习、考核，实现预期目标，产生“成就感”。

对于少数民族大学生英语课堂教学来说，首先要抓住“夯实双基”的特点，并在此基础上发展学生运用英语进行交际的能力，另外，在教学的过程中还应该注意培养学生的文化素养、情感态度和自主学习能力。因此，笔者建议在实施“分层 — 探究”英语课堂教学模式时，应该将少数民族大学生英语课程体系分成“基础模块”“能力模块”“拓展模块”和“自主模块”四个主模块，在每个主模块下面设置若干子模块。具体课程设置安排如下：第一和第二学期每周安排4课时面授必修课，其中2课时为基础模块课程，下设语法、词汇和语音等子模块，帮助学生复习和补充英语语言基础知识，另外2课时为能力模块课程，下设听力、口语、阅读和写作等子模块，帮助学生进行英语语言技能训练，为提高学生的英语综合应用能力打下坚实的基础。少数民族大学生根据实际英语学习水平，分成A（基础）、B（提高）两个层级，其中A级的学生需要选择4课时基础模块课程，B级的学生需要选择2课时基础模块课程和2 课时能力模块课程。在第三和第四学期进行拓展模块和自主模块（网络课）的授课，拓展模块为有不同学习需求的少数民族大学生提供多个可以选择的子模块面授课，具体包含：基础强化、能力强化、翻译、文化、影视欣赏、课外阅读，考试技巧等子模块。A级的学生每学期4节面授课，必须选修两个拓展模块的子模块进行学习，B级的学生每学期2节面授课，必须选择一个

① 郑庆芳：《应用型本科大学英语模式化教学改革探究 —— 以云南经济管理学院为例》，《价值工程》2016年第30期，第186页。

子模块进行学习，同时完成2课时网络课程的学习内容。

通过分层分级模块化必修与选修深层次结合的课程设置方法，少数民族大学生可以在自己英语薄弱环节找到感兴趣的学习内容，进行有针对性地训练，网络课程的加入也可以使传统课堂教学有效延伸至课外，有利于学生提高自主学习能力。同时，教师也可以根据自身教学科研情况以及自己的兴趣爱好，承担相关的课程模块教学，教师集中精力进行某一级别中某一或者几个模块的教学工作，有利于不同研究方向的教师形成教学和科研团队，[①] 推动民族院校的大学英语教学改革，实现教学相长。

但是，必须指出的是，针对少数民族大学生英语课程建立模块化教学管理体系是中观层面上的教学模式改革，因而从教学实践的角度看，实施起来存在一定的困难，这需要学校层面的教学部门和行政管理部门的多方面配合，完善课程设置，建立与少数民族大学生英语教学内容相配套的网络平台，才能实现教学效果的最优化。

八、建立多元化教学评价体系，提升教与学的质量

教学评价是教学过程中不可或缺的重要环节，科学的教学评价方法能让教师了解到课堂教学的效果和学生掌握知识的情况，帮助教师改进教学，同时也能促进学生主动对自己的学习进行监控，成为真正的自主学习者。单一的评价方式，不仅不能全面客观地反映学生学习的动态过程，更会对课堂教学带来巨大的反拨作用，阻碍教学目标的实现，误导学生的学习目的，对英语课堂质量无法起到监控的作用。

建构主义认为：学习评价应该是动态地、持续地呈现学习者进步的学

① 李庆新：《大学英语分级教学中的分模块教学研究》，《中国电力教育》2010年第22期总第173期，第206页。

习过程，以便于教师不断改进教学策略和所创设的学习环境。[①] 评价的目的不是为了证明，而是为了诊断，发现教学问题的症结所在并进行有效改进。因此，在实施少数民族大学生“分层 — 探究”英语课堂教学模式时，我们应该建立一个多元化的课堂教学评价体系，实现评价方法的多元化、评价主体的多元化和评价手段的多元化。首先在评价方法上，采用以形成性评价为主、终结性评价为辅的评价方式可以使教师避免应试型教学的价值取向，而是把注意力放在教学过程上，形成性评价方式为正在进行的教与学提供阶段性反馈，以便教师及时调整教学计划和进度，满足学生的需要。针对少数民族大学生基础薄弱，自信心不足的情况，多元化的评价方法可以降低终结性评价给他们带来的焦虑情绪，使学生体验通过努力就可以获得成功的学习经历，改善他们英语课成绩偏低的尴尬局面，使学生在心理、学习和能力培养层面都得到提高和发展。评价主体的多元化是指参与评价的人应该既包括教师又包括被评价的学生。在传统的教学模式中，课堂评价方式的选择、评价活动的内容和标准等主动权都掌握在教师手中，忽视了学生在学习中的主体性，学生只能处于被动应对的局面，不利于英语教学方法与内容的改革。为了避免评价的片面性，增强学生的参与感，激发学生学习的内在动机，笔者认为少数民族大学生应该参与到课堂评价中来，例如在行动研究的合作学习中教师请学生进行互评和自评。除此之外，教师也可以尝试在教学手段上略作调整，除了常规的阶段性测试等评价手段之外，还可以根据学生的实际情况增加一些任务型教学的检测方法，通过观察学生在任务完成过程中的表现，了解其英语应用的实际水平。

在设计少数民族大学生英语课堂教学评价标准时，教师还应该兼顾评价的差异性和公平性。鉴于少数民族大学生的英语水平差异和学习能力差异，教师应该改变原来横向评价为主的方式，采用横向与纵向相结合的方

① 巴晶晶:《大学英语模块化教学的成效评价研究》,《现代企业教育》2014年下期，第303页。

式，一方面考查学生任务完成的情况、参考其测试成绩，另一方面重点看该生在原有水平上的进步程度，从多角度、多方位评定学生的总评成绩，做到既要尊重学生的差异又能激发所有学生的学习积极性，进一步提升教与学的质量。

结　语

一、研究总结

随着教学理念的更新，教学模式不断推陈出新，少数民族大学生的英语教学面临着巨大的机遇与挑战。如何引导少数民族大学生英语课堂教学实现由“教”向“学”的转变，促使学生从“被动学习”向“主动学习”转变，提高少数民族大学生英语课堂教学效率是本研究重点需要解决的问题。围绕着这一核心问题，本研究具体探讨了以下四个子研究问题。

子问题1：传统的课堂教学模式中哪些因素影响了少数民族大学生英语教学的效率？

子问题2：如何构建一个符合少数民族大学生学习特点和需求的英语课堂教学模式？

子问题3：少数民族大学生英语课堂教学模式的实施效果如何？

子问题4：如何改进和完善少数民族大学生英语课堂教学模式？

本研究以解决中央民族大学基础级英语班课堂教学实践中发现的问题为出发点，通过从学生和教师双重视角进行调研，归纳总结了包括学生的“学”、教师的“教”以及语言学习环境等多方面影响教学效率的因素；以建构主义理论、差异教学理论、有效教学理论和语言习得理论为理论基础，提出构建以“尊重差异，激发兴趣，自主建构，平等交流”为特征，以发展学生的英语学习综合素养为基本目标的少数民族大学生“分层 — 探究”

英语课堂教学模式。“分层”即分层教学，“探究”即自主探究，该模式是指在少数民族大学生基础级英语班的课堂教学中采用分层次的教学组织方法，通过师生和生生之间的互动使学生达到英语知识的自主建构。

为了考察“分层 — 探究”英语课堂教学模式在少数民族大学生英语教学中的实施效果，笔者在中央民族大学2015级大学英语基础级英语班进行了一次探索性质的课堂教学行动研究。本研究持续一个学年的时间，经过两轮的行动研究过程，每轮行动研究分成两个阶段，分别为少数民族大学生设计了语言基础知识、语言综合应用和跨语言文化交际三个层次的课堂教学目标。整个行动研究过程遵循：分析问题→计划→行动→反思→再分析问题→再计划→再行动→再反思的循环往复、螺旋上升的行动模式，行动研究具体实施过程如图结 –1 所示。

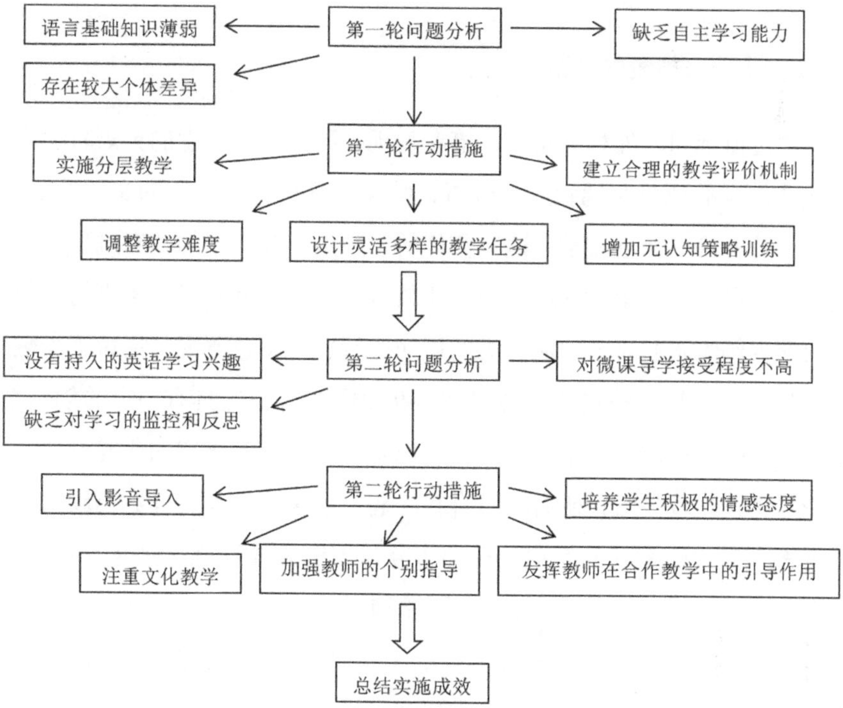

图结 –1　行动研究具体实施过程

在实施少数民族大学生“分层 — 探究”英语课堂教学模式行动研究的过程中，笔者根据自己的教学观察以及学生的反馈信息，不断反思，改进行动计划，最终取得良好的教学效果。为期一个学年的英语学习使该班少数民族大学生学会了合理制定学习目标，规划学习时间和方法，对自己的学习负责；学会与同学进行沟通，合作完成学习任务；他们认为丰富多彩的课堂展示活动增加了他们英语学习的自信心，真实情境下的教学任务提高了他们英语学习的兴趣；课堂教学和课外学习相结合的方式为他们创造了有利的学习环境，培养了良好的学习习惯；层次化的课堂教学目标符合他们的英语水平和学习特点，使基础不同的学生都取得了不同程度的进步。

二、研究的创新点

（一）研究视角的创新

通过梳理国内外相关文献，笔者发现少数民族大学生的英语教学研究偏重从宏观的视角对现状进行分析，缺乏从微观视角进行的实证性研究。因此，笔者将“课堂教学”这一整体的、师生交互作用的动态过程作为研究的切入点，选择中央民族大学中比较有代表性的基础级英语班的少数民族大学生作为研究对象，从微观的层面进行校本特色研究，探讨了少数民族大学生英语教学模式的宏观问题，在研究的视角上具有一定的创新性。同时，本研究从教育教学需求的视角出发，采用行动研究的研究方法，将理论与实践、教学与科研有机结合在一起，解决了笔者在少数民族大学生英语教学实践中发现的问题。行动研究与传统的教育科学研究方法不同，具有行动性和反思性的特点，其研究侧重在“行动”，即通过在行动中研究，解决长期困扰着广大教育理论工作者和实践工作者的研究脱离实际、难以被接受和采纳的问题；通过在研究中行动，加深了教师对少数民族大学生英语教学本质的认识，促进教师对教学进行积极的反思与探索，帮助教师在实践中不断提高自身的专业化水平，使教师实现向研究型、专家型教师转型的良好发展。

（二）研究成果的创新

本研究的重点是通过在中央民族大学基础级英语班课堂教学的特殊语言环境下开展的行动研究，构建了一个微观层面的“分层 — 探究”课堂教学模式，将少数民族英语教学改革实践上升到理论高度，实现了教学实践向科研成果的理论转化。该教学模式框架对少数民族大学生英语课堂教学中各要素进行了详细的论述，涉及教学理论、教学目标、教学原则、教学方法、教学策略等多方面内容，具有较强的针对性、实用性和可操作性，对推动我国民族院校大学英语教学改革具有一定的借鉴意义。

三、研究的不足和展望

教学实践和研究是无止境的。本研究从发现问题到前期调研，从构建新的教学模式理论框架到设计行动计划，从实施行动研究到反思、总结，最终撰写成文，经历了漫长的两年时间，研究期间，笔者前后进行了15次访谈、1次问卷调查，整理了长达6万字的访谈转录文字资料、2万字的课堂观察笔记和教学日志。虽然本研究达到了较好的教学效果，也获得了一定科研成果，但是限于笔者的研究能力和学术视野，行动研究的设计还存在一些不足之处，少数民族大学生英语课堂教学模式还需要进一步地完善。

首先，从研究的周期来看，本研究只进行了一个学年的行动研究，虽然两轮的行动计划涵盖了语言基础知识层次、语言综合应用层次和跨文化语言交际层次的教学研究，提升了少数民族大学生英语课堂教学的目标层次，但是由于少数民族大学生英语基础相对比较薄弱，学生成绩提升的效果不明显，因而在行动研究的总结部分无法使用学生的成绩来佐证研究效果，导致行动研究在实证分析方面有所缺失，在一定程度上影响了研究的效度。为了取得更好的研究效果，未来的研究可以适当延长试验周期。

其次，本研究的研究对象仅为中央民族大学基础级英语班的少数民族双语大学生，他们和另外两类少数民族大学生（民考民学生、民考汉学生）在英语学习基础、汉语水平、学习动机、能力、特点和需求等方面存在细微的差异，而内地大学和民族地区高校、民族院校和非民族高校的少数民族大学生在学习心理和学习环境等方面也会有一些差异，本研究构建的“分层 — 探究”英语课堂教学模式是否适用于所有少数民族大学生？是否能将这一教学模式推广到其他地区的民族院校英语教学中？或者运用到其他高校的少数民族大学生英语教学中？这是一个值得深思的问题。

本研究的后续研究还有很大的发展空间，笔者将继续进行追踪研究，加强和不同地区、不同类型、不同发展水平的学校的沟通和联系，相互学习借鉴，取长补短，针对不同语言教学环境的具体情况对“分层 — 探究”英语课堂教学模式的适用性进行不断的探索。与此同时，随着教学理论的发展和教学实践的深入，笔者将结合更多、更先进的理论知识对少数民族大学生“分层 — 探究”课堂教学模式加以充实和完善，使其更加便于一线教师的理解和操作，更好地将教育理论和教育实践有机结合起来，更清晰地揭示少数民族英语教育的普遍性规律，使该模式在民族院校的大学英语教学改革中发挥更大的作用。

参考文献

一、中文文献

1. 著作类

[1] 埃金·D.保罗:《课堂教学策略——课堂信息处理模式》，王维诚译，北京：教育科学出版社，1979年。

[2] 埃文·塞得曼:《质性研究中的访谈：教育与社会科学研究者指南》，周海涛译，重庆：重庆大学出版社，2009年。

[3] 巴巴拉·L，麦库姆斯，詹姆斯·E·波普:《学习动机的激发策略》，伍新春、秦宪刚、张洁译，北京：中国轻工业出版社，2002年。

[4] 巴班斯基:《教学教育过程最优化》，吴文侃译，北京：教育科学出版社，2001年。

[5] 巴班斯基主编:《教育学》，李子卓，杜殿坤，吴文侃等译. 北京：人民教育出版社，1986年。

[6] 常涛:《高职院校翻转课堂教学模式创新与实践》，北京：中国纺织出版社，2018年。

[7] 陈琦:《教育心理学》，北京：高等教育出版社，2001年。

[8] 陈晓端:《当代教学理论与实践问题研究》，北京：中国社会科学出版社，2007年。

[9] 陈晓端:《有效教学理论与实践》，西安：陕西师范大学出版社，

2007年。

[10] 陈向明:《教师如何做质性研究》，北京：教学科学出版社，2001年。

[11] 陈旭远:《课程与教学论》，北京：高等教育出版社，2011年。

[12] 戴尔·H. 申克:《学习理论：教育的视角》，韦小满等译，南京：江苏教育出版社，2003年。

[13] 段有国、程文华:《新时期大学英语教学研究——以〈新视野大学英语〉读写教程为例》，天津：天津大学出版社，2015年。

[14] 高雅萍:《实用英语教学》，北京：中国纺织出版社，2018年。

[15] 高一虹等:《中国大学生英语学习社会心理——学习动机与自我认同研究》，北京：外语教学与研究出版社，2003年。

[16] 郭成主编:《课堂教学设计》，北京：人民教育出版社，2006年。

[17] 郭坤:《全球化背景下大学英语跨文化教学研究》，成都：电子科技大学出版社，2017年。

[18] 胡文仲、高一虹:《外语教学与文化》，长沙：湖南教育出版社，1997年。

[19] 哈经雄、滕星主编:《民族教育学通论》，北京：教育科学出版社，2001年。

[20] 韩英:《新疆少数民族大学生英语学习理论与实践》，西安：世界图书出版公司，2012年。

[21] 郝惠珍:《现代英语教学法》，北京：中国社会科学出版社，2001年。

[22] 胡文仲:《英语教育自选集》，北京：外语教学与研究出版社，2006年。

[23] 华国栋主编:《差异教学策略》，北京：北京师范大学出版社，2009年。

[24] 华国栋:《差异教学论》，北京：教育科学出版社，2001年。

[25] 纪树立:《科学知识进化论——波普尔科学哲学选集》，北京：三联书店，1987年。

[26] 教育部高等教育司:《大学英语课程教学要求》，北京：外语教学与研究出版社，2007年。

[27] 杰里米·哈默:《朗文英语教学实践（第4版）》，王蔷、陈芳、柳伟等译，北京：人民邮电出版社，2011年。

[28] 李定仁:《教学思想发展史略》，兰州：甘肃教育出版社，2004年。

[29] 李柏令:《第二语言习得通论》，上海：上海交通大学出版社，2013年。

[30] 力提甫·托乎提主编:《现代维吾尔语参考语法》，北京：中国社会科学出版社，2012年。

[31] 林玲、倪高升:《教学改革背景下的大学英语教学新探》，北京：中国水利水电出版社，2017年。

[32] 刘懋琼:《新疆高校少数民族学生三语文化习得研究》，北京：光明日报出版社，2016年。

[33] 刘润清:《论大学英语教学》，北京：外语教学与研究出版社，2000年。

[34] 刘岩、柳青:《文化语境下的外语教学研究》，北京：人民日报出版社，2015年。

[35] 卢敏:《学习者个体差异与外语教学》，济南：山东大学出版社，2015年。

[36] 罗少茜、黄剑、马晓蕾:《促进学习：二语教学中的形成性评价》，北京：外语教学与研究出版社，2015年。

[37] 马媛:《大学英语模块化教学模式构建研究》，西安：西安交通大学出版社，2017年。

[38] 莫雷:《教育心理学》，广州：广东高等教育出版社，2005年。

[39] 倪牟双、陈杰主编:《高效课堂教学模式》，北京：中国轻工业出版社，2015年。

[40] 戚业国:《新课程课堂教学改革丛书·总序：回归课堂 创新课堂》，北京：北京师范大学出版社，2006年。

[41] 莱斯利·P.斯特弗等编:《教育中的建构主义》，高文等译，上海：华东师范大学出版社，2002年。

[42] 施良方:《学习论》，北京：人民教育出版社，1994年。

[43] 束定芳主编:《高校英语教学现状与改革方向——华东六省一市高校英语教学情况调查报告》，上海：上海外语教育出版社，2015年。

[44] 束定芳、庄智象:《现代外语教学——理论、实践与方法》，上海：上海外语教育出版社，1996年。

[45] 束定芳、庄智象:《现代外语教学理论、实践与方法（修订版）》，上海：上海外语教育出版社，2008年。

[46] 孙龙国:《以学定教："自主—服务"教学模式的建构与应用》，郑州：郑州大学出版社，2016年。

[47] 孙曙辉、刘邦奇:《智慧课堂》，北京：北京师范大学出版集团，2016年。

[48] 孙自挥:《外语教学模式创新实践》，成都：四川大学出版社，2014年。

[49] 谭伟民:《我国小学英语教学模式研究——移植、重构与超越》，北京：外语教学与研究出版社，2015年。

[50] 汤姆林森:《多元能力课堂中的差异教学》，刘颂译，北京：中国轻工业出版社，2003年。

[51] 汤姆林森，艾伦:《差异教学的学校领导管理》，杨清译，北京：中国轻工业出版社，2005年。

[52] 唐纳德·R.克里克山克等著:《教学行为指导》，时绮等译，北京：中国轻工业出版社，2003年。

[53] 万红梅:《语言学视角下的大学英语教学研究》，北京：中国纺织出版社，2017年。

[54] 王才仁:《英语教学交际论》，南宁：广西教育出版社，1996年。

[55] 王攀峰:《行动研究的理论与方法》，北京：首都师范大学出版社，2013年。

[56] 王蔷、张虹:《英语教师行动研究（修订版）》，北京：外语教学与研究出版社，2014年。

[57] 王坦:《合作学习的理念与实施》，北京：中国人事出版社，2003年。

[58] 维果茨基:《维果茨基教育论著选》，余震球译，北京：人民教育出版社，2005年。

[59] 文秋芳:《英语学习策略论》，上海：上海外语教育出版社，1996年。

[60] 武和平、武海霞:《外语教学方法与流派》，北京：外语教学与研究出版社，2014年。

[61] 吴进业、花清亮:《中国当代外语教学法》，郑州：河南大学出版社，2001年。

[62] 吴耀武:《大学英语阅读分层处方教学模式研究》，西安：西北工业大学出版社，2016年。

[63] 吴颖惠、宋世云等:《初中学校差异教学策略》，北京：北京师范大学出版集团，2012年。

[64] 谢华:《网络化课堂教学行动研究》，北京：北京师范大学出版集团，2012年。

[65] 许明:《当代国外大学本科教学模式的改革与创新》，福州：福建教育出版社，2013年。

[66] 许西萍:《基于网络多媒体的大学英语教学模式的研究》，长春：吉林大学出版社，2017年。

[67] 杨胜才:《中国民族院校特色研究》，北京：民族出版社，2007年。

[68] 原一川:《少数民族学生英语学习态度和动机实证研究》，上海：上海外语教育出版社，2007年。

[69] 曾继耘:《差异教学策略研究》，北京：首都师范大学出版社，2016年。

[70] 查有良:《教育模式》，北京：教育科学出版社，1993年。

[71] 张楚廷:《教学论纲》，北京：高等教育出版社，1999年。

[72] 章兼中主编:《外语教育学》，福州：福建教育出版社，2016年。

[73] 章兼中主编,《英语教学模式论》，福州：福建教育出版社，2016年。

[74] 张津海:《少数民族学生个体因素与外语学习》，北京：中央民族大学出版社，2012年。

[75] 张静、杨佩聪、胡瑞娟主编:《现代英语教学的理论、实践与改革研究》，北京：中国水利水电出版社，2016年。

[76] 张筱玮、纪德奎、张红妹:《校本教学模式研究》，天津：天津人民出版社，2016年。

[77] 张志勇:《教学模式实验与研究》，北京：北京师范大学出版社，1992年。

[78] 张志远:《英语课堂教学模式》，北京：中国物资出版社，2010年。

[79] 钟启泉:《现代课程论》，上海：上海教育出版社，2005年。

[80] 钟志贤:《大学教学模式革新：教学设计视域》，北京：教育科学出版社，1989年。

[81] 左焕琪:《英语课堂教学的新发展》，上海：华东师范大学出版社，2007年。

2. 期刊论文类

[1] 敖登、涛歌：《形成性评价对于蒙古族大学生英语网络自主学习能力的培养作用研究》，《语文学刊》（外语教育教学）2015年第10期。

[2] 巴晶晶：《大学英语模块化教学的成效评价研究》，《现代企业教育》2014年11月28日下期。

[3] 白杨：《简论英语报刊在大学英语泛读教学中的作用》，《山东省农业管理干部学院学报》2010年第27卷第6期。

[4] 包丽娜：《民族院校大学英语教学改革研究：八年回顾与思考——对全国15所民族院校8年（2004—2011）文献的统计分析》，《语文学刊》2012年第8期。

[5] 鲍文：《基于建构主义理论的大学英语课堂教学探讨》，《科技资讯》2006年第18期。

[6] 曹慧芳：《基于元认知理论的英语语言学习者自主学习能力培养及提高》，《黑龙江教育学院学报》2015年第34卷第5期。

[7] 曹曦影：《任务型外语教学与传统外语教学之比较研究》，《外国语文论丛（第3辑）——外语教学专辑》，2010年12月1日。

[8] 常松：《构建差异合作视角下的生态课堂——以牛津初中英语的integrated skills板块为例》，《疯狂英语（教师版）》2014年第1期。

[9] 朝鲁门、展素贤：《母语为蒙古语的英语学习者语言负迁移研究》，《基础外语教育》2016年第18卷第5期。

[10] 车振华：《民族地区分层教学模式在高中英语阅读教学中的应用研究》，《教育理论研究》2018年第二辑。

[11] 陈坚林、谷志忠：《要求更完善，方向更明晰——对07版〈大学英语课程教学要求〉的新解读》，《外语电化教学》2008年第119期。

[12] 陈静：《大学英语教学中形成性评价刍议——以动态评估为着眼点》，《赤峰学院学报（汉文哲学社会科学版）》2018年第39卷第8期。

[13] 陈立伟:《促进个性化自主学习，创新高职英语教学的新模式》,《安徽职业技术学院学报》2007年第6卷第3期。

[14] 陈晓芸:《巩固新疆双语教育成果　探索少数民族英语教学》,《考试周刊》2008年第31期。

[15] 程红、张天宝:《论教学的有效性及其提高策略》,《中国教育学刊》1998年第5期。

[16] 次旦:《藏族大学生英语学习动机影响因素及策略》,《宿州教育学院学报》2014年第17卷第5期。

[17] 戴凌靓:《情境式教学在英语口语"第二课堂"中的运用》,《中国科教创新导刊》2007年总第463期。

[18] 杜爱红:《现代教学模式下的大学英语自主学习与建构主义学习理论》,《河北职业技术学院学报》2007年第7卷第4期。

[19] 杜晓文:《情境教学与语言交际能力的培养》,《湖南第一师范学报》2017年第7卷第4期。

[20] 方子欣:《"互联网+"背景下提升大学生英语自主学习能力探讨》,《黑龙江科学》2018年第9卷第23期。

[21] 高庆丽:《就英语电影谈英语学习中的有效导入方法》,《延安职业技术学院学报》2013年第27卷第3期。

[22] 高英:《南疆少数民族大学生英语教育现状调查研究》,《语文学刊（外语教育教学）》2014年第3期。

[23] 格根图娅:《蒙古族学生英语学习中母语的正迁移作用探析》,《语文学刊》(外语教育教学)2014年第4期。

[24] 顾建芹:《初中英语小组合作学习实践模式的探讨》,《教书育人》2018年第34期。

[25]古丽米拉·阿不来提:《三语教育中新疆少数民族大学生英语学习的特点及问题分析》,《南昌教育学院学报》2011年第26卷第9期。

[26] 郭鋆:《信息化时代基于手机APP的外语听力翻转课堂新模式》,

《英语广角》2016年第12期。

[27] 郭昱麟:《浅谈认知主义学习理论的研究及其应用》,《黑龙江科学》2015年第6卷。

[28] 郭敏:《网络环境下大学英语自主学习的模式构建》,《前沿》2018年第4期总第414期。

[29] 郭威:《论激发高校中少数民族学生的英语学习兴趣》,《满族研究》2004年第1期。

[30] 韩宝成:《重构大学英语教学目标,完善大学英语课程体系》,《东北师大学报(哲学社会科学版)》2012年第1期。

[31] 韩奉录:《三语教学中的文化因素》,《赤峰学院学报(自然科学版)》2013年第29卷第7期。

[32] 韩曙花、刘永兵:《西方三语习得研究对我国外语研究的启示》,《东北师大学报(哲学社会科学版)》2012年第6期总第260期。

[33] 韩艳会:《基于元认知理论的大学英语教学研究》,《海外英语》,2015年3月8日。

[34] 韩英:《新疆高校少数民族双语生英语教育的双向适应研究》,《新疆师范大学学报(哲学社会科学版)》2012年第33卷第2期。

[35] 贺静:《基于建构主义视阈的大学英语自主学习教学模式》,《巢湖学院学报》2014年第16卷第4期。

[36] 贺亚丽、周毛先、祁天秀等:《对西北民族大学英语课堂教学心理环境的实证研究》,《沈阳教育学院学报》2008年第10卷第3期。

[37] 何晓军:《三语习得中的语言迁移影响——以四川藏族大学生英语词汇学习为例》,《外国语文(双月刊)》2014年第30卷第1期。

[38] 侯曲萍:《大学英语词汇教学中支架教学理念的运用》,《现代交际》2018年第15期。

[39] 胡壮麟:《大学英语教学的个性化、协作化、模块化和超文本化——谈〈教学要求〉的基本理念》,《外语教学与研究(外国语双月

刊）》2004年第36卷第9期。

[40] 黄海滨:《少数民族大学生英语学习心理障碍与对策研究》,《青海民族学院学报（社会科学版）》2006年第32卷第3期。

[41] 黄雷:《任务型教学法在〈新思维英语阅读〉课程中的运用》,《世纪桥》2007年第6期。

[42] 黄涛:《鄂西地区高校教学中“少数民族文化失语”研究》,《文学教育（下）》2020年第8期。

[43] 贾国栋:《〈大学英语教学指南〉中的教学方法、手段与资源》,《外语界》2016年第3期总第174期。

[44] 江苏云:《单词，是英语学习中的拦路虎吗?》,《海外英语》2011年第1期。

[45] 姜晓芳:《给学生主动权，充分调动学生的积极性》,《新课程（教育学术版）》2009年第9期。

[46] 姜英男:《英语课堂教学中“以学生为中心”的问题思考》,《中小学教学研究》2013年第4期。

[47] 姜忠平:《新课改下情感态度对英语教学的影响》,《考试周刊》2010年第14期。

[48] 来仪:《民族高校民族团结教育再思考》,《民族教育研究》2017年第28卷第2期。

[49] 李丹河:《浅谈少数民族大学生英语习得》,《云南民族学院学报（哲学社会科学版）》2002年第19卷第2期。

[50] 李慧娟、吕雪、陈宝林:《大学英语课程改革背景下英语配音教学模式创新探析——以武汉理工大学为例》,《科教导刊（下旬）》2017年第36期。

[51] 李佳:《维吾尔族学生英语学习中母语负迁移现象研究》,《校园英语》2018年第31期总第419期。

[52] 李珂:《三语习得及其对新疆多元文化背景下英语教学的思考》,

《内蒙古师范大学学报（教育科学版）》2010年第23卷第9期。

[53] 李庆新:《大学英语分级教学中的分模块教学研究》,《中国电力教育》2010年第22期总第173期。

[54] 李如密:《关于教学模式若干理论问题的探讨》,《课程·教材·教法》1996年第4期。

[55] 李雪萍:《英语专业蒙、汉大学生词汇学习策略对比研究》,《教学研究》2014年第37卷第4期。

[56] 李育卫:《元认知学习策略与少数民族地区大学英语词汇教学》,《海外英语》2016年第17期。

[57] 廖维娜:《英文电影、歌曲辅助教学的作用》,《西南民族大学学报（人文社会科学版）》2011年第9期。

[58] 林永柏:《布鲁姆掌握学习理论学生观评介》,《外国教育研究》1993年第2期。

[59] 刘懋琼:《三语习得中的跨语言影响分析》,《人民论坛》2010年总第305期。

[60] 刘懋琼:《新疆高校少数民族学生外语分级教学与评价模式探析》,《山西财经大学学报》2014年第36卷第S1期。

[61] 刘念:《如何提高少数民族三语学习的效率》,《文化创新比较研究》2018年第7期。

[62] 刘素杰:《浅议英语教学中跨文化交际能力的培养》,《安徽教育论坛》2002年第4期总第76期。

[63] 刘雪萍:《民族院校大学英语课堂教学改革刍议》,《青海民族研究》2005年第16卷第3期。

[64] 刘亚兰:《基于"问题解决"的英语探究教学模式构建》,《教学与管理》,2018年2月20日。

[65] 龙梅:《在英语教学中如何运用学习日志培养学生的自主学习能力》,《滁州学院学报》2005年第7卷第5期。

[66] 龙玉红、段涛涛:《新疆高校少数民族英语教学改革与创新研究》,《语言与翻译(汉文)》2010年第4期。

[67] 卢鸿进、徐英、严兆府:《新疆少数民族大学生学习现状调查与分析——以塔里木大学为例》,《塔里木大学学报》2013年第25卷第2期。

[68] 陆欣:《"合作学习"教学模式在大学英语教学中的应用》,《长春理工大学学报(社会科学版)》2009年第22卷第2期。

[69] 马新彤、康光明:《维果茨基最近发展区理论及其对英语教学的启示》,《泰安教育学院学报岱宗学刊》2010年第14卷第3期。

[70] 玛依努尔·艾比布拉:《浅析维吾尔族大学生英语学习中的干扰因素与对策》,《新西部》(中旬刊),2018年3月20日。

[71] 马依努尔·艾则孜:《新疆维吾尔族学员英语学习中语音问题简析及其对策》,《和田师范专科学校学报(汉文综合版)》2009年第28卷第4期。

[72] 闵宝霓:《新疆少数民族学生大学英语教学模式探究》,《咸宁学院学报》2011年第31卷第10期。

[73] 庞维国:《自主学习的测评方法》,《心理科学》2003年第26卷第5期。

[74] 全鸿翎:《新疆师范大学民考民/民考汉少数民族学生外语学习过程中学习策略应用的调查报告》,《新疆师范大学学报(哲学社会科学版)》2006年第27卷第4期。

[75] 饶小飞、季频:《后方法视域与全球化时代的大学英语教学》,《天津外国语大学学报》2014年第21卷第3期。

[76] 盛晖:《三语习得视阈下的少数民族英语教学模式研究——以新疆维吾尔族"双语生"的英语教学为例》,《海外英语》,2015年6月8日。

[77] 石磊:《职业院校英语教学的有效性研究》,《中国职业技术教育》2017年第29期。

[78] 史先平:《言语交际中的歧义容忍度及其对外语教学的启示》,《黑龙江教育学院学报》2010年第29卷第12期。

[79] 石艳:《“教学做合一”教学模式在英语教学中的应用》,《语数外学习(高中版上旬)》2018年第31期。

[80] 束定芳:《大学英语课堂教学,我们教什么,怎么教?——写在首届“外教社杯”全国大学英语教学大赛闭幕之际》,《外语界》2010年第6期总第141期。

[81] 束定芳:《外语课堂教学新模式刍议》,《外语界》2006年第4期。

[82] 孙奇:《英语自主探究式教学论析》,《淮南师范学院学报》2017年第19卷第5期。

[83] 汤艳霞:《关于初中英语教学的若干思考》,《考试周刊》2013年第55期。

[84] 王绍美:《双语教育背景下少数民族预科英语教学探讨——以陕西师范大学新疆少数民族预科教学为例》,《英语教师》2017年第18期。

[85] 王坦:《论合作学习的基本理念》,《教育研究》2002年第2期总第265期。

[86] 王晓明:《实施分层教学的有效路径探究》,《青海教育》2018年第9期。

[87] 王晓燕、刘懋琼:《多元文化语境下语言类型差异对新疆少数民族学生三语习得之影响》,《长春理工大学学报》2012年第7卷第9期。

[88] 王彦昌:《形成性评价对大学英语口语课堂教学的反拨作用研究》,《考试周刊》2012年第56期。

[89] 王英:《关于民族院校大学英语教学改革的几点思考》,《学理论》2015年第12期。

[90] 魏绪涛:《非民族院校“民考民”学生的大学英语教学——以哈尔滨理工大学“蒙古班”为例》,《宁波职业技术学院学报》2010年第14卷第6期。

[91] 魏莹莹:《教师在英语教学中的主导体现》,《语数外学习(英语教育)》2013年第1期。

[92] 温学梅:《基于建构主义教学观的探究式课堂教学设计》,《大学教育科学》2013年第9期。

[93] 吴蓓蓓、李吉:《英语专业学生学习动机与自主性的实证研究》,《海外英语》2018年第22期。

[94] 吴文:《PTP教学模式及其在大学〈实用英语〉课程中的应用》,《文山师范高等专科学校学报》2004年第17卷第2期。

[95] 吴文:《任务型教学法的产生发展及反思》,《文山师范高等专科学校学报》2004年第17卷第3期。

[96] 吴秀琴:《新疆少数民族大学生"零起点"大学英语教学探索与实践》,《外语界》2000年第1期。

[97] 吴霞:《维吾尔族学生英语学习观念和动机的调查》,《新疆大学学报(社会科学版)》2003年第31卷增刊。

[98] 吴也显:《试析教学模式的研究》,《课程·教材·教法》1992年第4期。

[99] 夏长虹:《英语差异教学的实施策略探究》,《成才之路》2016年第9期。

[100] 肖连奇:《分层教学的实施策略》,《上海教育科研》,2010年1月15日。

[101] 谢梅:《基于微课的翻转课堂模式在大学英语教学中的应用》,《英语广场》2016年第3期总第63期。

[102] 辛立志:《如何培养学生的自主学习能力》,《读写算(教研版)》2014年第4期。

[103] 许海燕、李侠:《大学英语国家级精品课程中课堂话语的特征分析》,《东华大学学报(社会科学版)》2012年第12卷第3期。

[104] 徐锦芬、彭仁忠、吴卫平:《非英语专业大学生自主性英语学习

能力调查与分析》,《外语教育与研究》2004年第36卷第1期。

[105] 徐苏:《藏—汉—英三语视域下藏族学生英语教学模式探究》,《教育观察》2018年第7卷第16期。

[106] 邢献红:《自主学习在大学英语教学中的立体模式建构》,《中国大学教学》2019年第12期。

[107] 严若芳、李新娇:《三语习得视域下的新疆少数民族大学生英语学习》,《兵团教育学院学报》2016年第26卷第6期。

[108] 杨海萍:《全球化背景下新疆大学生中华文化认同教育的思考》,《黑龙江民族丛刊(双月刊)》2013年第5期总第136期。

[109] 杨静:《浅谈自主合作式课堂教学的尝试与收获》,《试题与研究:新课程论坛》2014年第17期。

[110] 杨廷友、卢毅:《大学英语教学与语言习得、学得》,《四川警察高等专科学校学报》2005年第17卷第2期。

[111] 杨星:《探究初中英语教学中朗读和背诵的策略》,《读与写(教育教学刊)》2018年第15卷第5期。

[112] 杨晓峰、李玮:《蒙古族大学生英语学习中的"母语迁移"现象》,《河西学院学报》2005年第21卷第4期。

[113] 姚利民:《大学有效教学特征之研究》,《现代大学教育》2001年第4期。

[114] 叶澜:《让课堂焕发出生命活力——论中小学教育改革的深化》,《教育研究》1997年第9期。

[115] 易苑飞:《破解大班额教学之难,形成分层分组教学》,《学周刊(教学动态)》2018年第32期。

[116] 永海燕:《建构主义学习理论在英语教学中的指导与应用》,《云南民族大学学报(哲学社会科学版)》2006年第23卷第6期。

[117] 油小丽:《英语学习策略意识与使用相结合的融入型课堂培训模式研究》,《学周刊》2015年第6期。

[118] 油小丽:《新疆少数民族大学生英语学习策略培养模式探析》,《决策探索(下半月)》,2011年8月20日。

[119] 油小丽、刘懋琼:《基于语文教育视角的新疆少数民族大学生语言态度研究》,《语文建设》2014年第8期。

[120] 余玲:《情感过滤假说对蒙古族大学生英语教学的启发》,《赤峰学院学报(汉文哲学社会科学版)》2007年第28卷第6期。

[121] 袁波:《建构主义理论在英语专业精读课中的应用》,《中州大学学报》2008年第25卷第1期。

[122] 曾继耕:《论个体差异之教学价值》,《天津市教科院学报》2006年第2期。

[123] 赵乐、张志伟:《维吾尔族学生英语语音学习中的负迁移现象分析》,《吉林省教育学院学报》2014年第30卷第8期。

[124] 詹振权:《关于"多层次教学"研究的历史、现状和进展》,《外国教育资料》1989年第5期。

[125] 张凤丽:《探究式教学法在高职英语教学中的运用》,《文学教育(下)》2018年第9期。

[126] 张津海:《谈学习者自主学习能力的培养》,《天津市教科院学报》2011年第3期。

[127] 张婧:《少数民族学生大学英语学习中存在的问题及对策研究》,《知识经济》2018年第4期。

[128] 张立新、苏红英:《网络自主学习与课堂教学的整合》,《教育评论》2008年第5期。

[129] 张日晟、袁莉敏:《大学生外语焦虑、自我效能感与外语成绩关系的研究》,《心理发展与教育》2004年第3期。

[130] 张少敏:《维吾尔语作为母语对维吾尔族学生英语语音的影响——一份来自对山东理工大学维族学生发音的调查报告》,《长春理工大学学报(高教版)》2010年第5卷第3期。

[131] 张向辉:《新疆少数民族大学生英语学习障碍分析》,《新疆财经大学学报》2010年第4期。

[132] 张选民:《对“行动研究”的研究》,《华东师范大学学报(教育科学版)》1992年第1期。

[133] 张雅军:《建构主义理论为指导的英语自主学习策略研究》,《吉林广播电视大学学报》2011年第7期总第115期。

[134] 张永慧:《重视情感因素,优化教学效果——情感教学策略在高校英语课堂上的运用》,《现代交际》2011年总第310期。

[135] 张元元:《儿童语言习得中的语言输入与输出对大学英语教学的启示》,《英语广场》2018年第9期。

[136] 郑庆芳:《应用型本科大学英语模式化教学改革探究——以云南经济管理学院为例》,《价值工程》2016年第30期。

[137] 周敏新:《英语网络自主性学习与元认知策略》,《安徽文学》2009年第6期。

[138] 周韬:《高中英语分层教学探究》,《读与写(教育教学刊)》2018年第15卷第10期。

[139] 周文筑:《对中学英语语法教学的再认识》,《中小学教材教学》2006年第2期总第194期。

[140] 周晓梅:《云南高校少数民族大学生英语学习困难因素探析》,《贵州民族研究》2012年第33卷第3期。

[141] 褚晓欣、张磊、宋玉芳:《基于建构主义理论的大学英语教学模式探讨》,《中国成人教育》2008年第12期。

3. 学位论文类

[1] 阿布力克木·喀吾孜:《维吾尔语中英语外来词研究》,硕士学位论文,中央民族大学,2012年。

[2] 巴哈小古丽:《母语对新疆维吾尔族学生英语学习的迁移作用》,

硕士学位论文，上海外国语大学，2008年。

[3] 顾世民：《促进大学英语自主学习的课程因素研究》，博士学位论文，上海外国语大学，2013年。

[4] 李慧英：《自主探究模式在高中英语阅读教学中的应用》，硕士学位论文，山东师范大学，2017年。

[5] 李术英：《教师课堂时间管理的现状调查与对策研究》，硕士学位论文，福建师范大学，2014年。

[6] 鲁华山：《克拉申可理解性输入假说的研究》，硕士学位论文，吉林大学，2004年。

[7] 苏德：《多维视野下的双语教学发展观——内蒙古地区蒙古族中小学个案》，博士学位论文，中央民族大学，2005年。

[8] 隋晓冰：《网络环境下大学英语课堂教学优化研究——基于佳木斯大学的实证研究》，博士学位论文，上海外国语大学，2013年。

[9] 孙云梅：《中国大学外语课堂学习者社会心理环境研究》，博士学位论文，华中科技大学，2007年。

[10] 谭清：《建构主义视野下基于网络的大学英语写作教学：课堂行动研究》，博士学位论文，中央民族大学，2009年。

[11] 王琳娜：《非英语专业大学生英语学习自我效能感与英语自主学习的关系的调查研究》，硕士学位论文，西安外国语大学，2011年。

[12] 王洋：《对维汉语教学研究》，博士学位论文，华东师范大学，2009年。

[13] 魏永红：《外语任务性教学研究》，博士学位论文，华东师范大学，2003年。

[14] 文华俊：《新疆维吾尔族“民考民”学生英语学习现状调查研究》，博士学位论文，中央民族大学，2013年。

[15] 吴文：《英语教学生态模式研究》，博士学位论文，西南大学，2012年。

[16] 杨明：《大学英语课堂教学中的文化教学与文化导入》，硕士学位论文，山东大学，2005年。

[17] 袁春艳：《当代国际外语教学法发展研究》，博士学位论文，南京师范大学，2006年。

[18] 曾美玲：《高校扬长教学模式的构建研究》，硕士学位论文，湖南科技大学，2007年。

[19] 张彻：《南疆地区大学英语课程教学现状及对策分析——以K学院为例》，硕士学位论文，喀什师范学院，2013年。

[20] 张俊英：《大学英语多维互动教学模式行动研究》，博士学位论文，上海外国语大学，2010年。

[21] 赵剑宏：《蒙汉双语教育背景下蒙古族学生英语学习研究——以锡林郭勒盟蒙古族中小学为个案》，博士学位论文，中央民族大学，2013年。

[22] 赵晓军：《三语环境下非外语专业蒙古族大学生英语有效学习研究》，博士学位论文，陕西师范大学，2014年。

4. 报刊及电子文献类

[1]国务院新闻办公室：《新疆的发展与进步白皮书》，http://www.xinjiang. gov. cn/10013/10031/10015/2009/58644_5html，2009年9月21日。

[2] 河北外国语学院：《大学英语课堂教学注重自主学习、教学功能》，2012年11月7日，http://www.hbwy. com. cn/11jiangong2/show. asp?id=766。

[3] 王迪：《简析微课程设计研究的意义》，《中国培训》，2017年6月21日，网络出版地址：http://kns. cnki. net/kcms/detail/11. 2905. G4. 20170621. 2150. 144. html。

[4] 新疆维吾尔自治区人民政府：《区划人口》，http://www. xinjiang. gov. cn/ljxj/qhrk/mzfb/index. html。

[5] 中华人民共和国教育部：《国家中长期教育改革和发展规划纲要

（2010—2020年）》，2010年7月29日，http://old. moe. gov. cn/publicfiles/business/htmlfiles/moe/info_list/201407/xxgk_171904. html。

[6] 中央民族大学：《发展历程》，https://www. muc. edu. cn/xxgk1/xxyg/fzlc. htm。

二、英文文献

1. 专著类

[1] Arnold, J. , Brown, *Affect in Language Learning*, Cambridge: Cambridge University Press, 1999.

[2] Bandura, A. , *Social Foundations of Thought and Action: A Social Cognitive Theory*, Englewood Cliffs, NJ: Prentice Hall, 1986.

[3] Bloom, B. S. , *Education to Improve Learning*, New York: McGraw-Hill, 1981.

[4] Brown, H. D. *Teaching by Principle: An Interactive Approach to Language Pedagogy*. Beijing: Foreign Language Teaching and Research Press, 2001.

[5] Joyce, B. Weil, M. *Models of Teaching*, Second Edition, NJ: Prentice-Hall inc. , 1980.

[6] Davies, P. , Pears, E. , *Success in English Teaching*, Oxford: Oxford University Press, 2000.

[7] Ellis, R. , *The Study of Second Language Acquisition*, Oxford: Oxford University Press, 1994.

[8] Ellis, R. , *Understanding Second Language Acquisition*, Shanghai: Shanghai Foreign Language Education Press, 1999.

[9] Gardner, R. C. , Lambert, W. E. , *Attitudes and Motivation in Second Language Learning*, Rowley, Mass. : Newbury House, 1972.

[10] Halliday, A. , *Teaching Language in Context*, Beijing: Foreign Language Teaching and Research Press, 2003.

[11] Holec, H. , *Autonomy and Foreign Language Learning*, Oxford: Pergamon Press, 1981.

[12] Hopkins, D. , *A Teacher's Guide to Classroom Research*. Philadelphia: Open University Press, 1985.

[13] Hubbard, P. et al. , *A Training Course for TEF*, Oxford: Oxford University Press, 1985.

[14] Jessner, U. , *Linguistic Awareness in Multilingual English as a Third Language*, Edinburgh:Edinburgh University Press, 2006.

[15] Johnson D. W. , Johnson R. T. , Holubec E. J. , *Cooperation in the classroom* (6th ed.) , Edina, Minnesota, USA: Interaction Book Company, 1993.

[16] Jorgenson, O. , *What K-8 Principals Should Know about Hands-on Science*. Principal, 2005.

[17] Kemmis, S. , McTaggart, R. , *The Action Research Planner*, Geelong, Victoria: Deakin University Press, 1982.

[18] Kramsch, C. , *Language and Culture*, Oxford: Oxford University Press, 1998.

[19] Littlewood, W. , *Communicative Language Teaching: An introduction*. Cambridge: Cambridge University Press, 1981.

[20] McKernan, J. , *Curriculum Action Research: A Handbook of Methods and Resources for the Reflective Practitioner*, London: Kogan Page Limited, 1991.

[21] McNiff, J. , *Action Research, Principles and Practice*, London: Mcmillan Education, 1988.

[22] Nunan, D. , *Tasks-based Language Teaching*, Cambridge: Cambridge

University Press, 2004.

[23] Odlin, T., *Language Transfer: Cross- linguistic Influence in Language Learning*, Cambridge : Cambridge University Press, 1989.

[24] Prabhu N. S. , *Second Language Pedagogy*, Oxford: Oxford University Press, 1998.

[25] Rimgbom, H. , *The Role of the First Language in Foreign Language Learning*, Clevedon: Multilingual Matters, 1987.

[26] Samovar, Larry A. et al. , *Communication between Cultures*, Beijing: Foreign Language Teaching and Research Press, 2000.

[27] Shrum, J. L. Glisan, E. W., *Teacher's Handbook: Contextualized Language Instruction*. Beijing: Foreign Language Teaching and Research Press, 2004.

[28] Stern, H. H. , *Fundamental Concept of Language Teaching*, Shanghai: Shanghai Foreign Language Education Press, 1999.

[29] Tarone, E. Yule, G., *Focus on Language Learner*, Shanghai: Shanghai Foreign Language Education Press, 2001.

[30] Vygotsky, L. S. , *Thought and Language*, Cambridge, Mass: MIT Press, 1962.

[31] Wenden, A. , *Learner Strategies for Learner Autonomy*, Great Britain: Prentice Hall, 1991.

[32] Whitehead, J. , McNiff, J. , *Action Research Living Theory*, London, Thousand Oaks and New Delhi: SAGE, 2006.

[33] Wilkins, D. A., *Linguistic in Language Teaching*, London: Adward Arnold, 1972.

[34] Willis, J. , *A framework for Task -based Learning*. Longman: Longman Inc. 1996.

2. 文集析出文献类

[1] Gass, S. , “Second Language Acquisition and Linguistic Theory: The Role of Language Transfer” , in W. C. Ritchie and T. K. Bhatia eds. , *Handbook of Second Language Acquisition*, San Diego, CA: Academic Press, 1996.

[2] Nunan, D. , “Action Research in Language Education” , in Edge, J. , Richards, K. , eds, *Teacher Develop Teachers Research: Papers on Classroom Research and Teacher Development*, Oxford: Heinemann, 1993.

[3] Stenhouse, L. , “Research as a Basis for Teaching [Inaugual lecture, University of East Anglia]” , in Stenhouse, L. , ed. , *Authority, Education and Emancipation*, NH: Heinemann, 1983.

3. 期刊论文类

[1] Ballentyne et al. , “Researching University Teaching in Australia: Themes and Issues in Acadmics’ Reflections” , *Studies in Higher Education*, vol. 24, no. 2, (1999) .

[2] Border, Dorfman, “Departments of Teaching Quality: What’s Important to Student” , *Research in Higher Education*, no. 35, (1994) .

[3] Dickinson, L. , “Autonomy and Motivation: a Literature Review” , *System*, vol. 23, no. 2, (1995) .

[4] Ellis, R. , “An interview with ELT” , *ELT Journal*, no. 4, (1992) .

[5] Jones, M. G. , Brader–Araje, L. , “The Impact of Constructivism on Education: Language, Discourse, and Meaning” , *American Communication Journal*, vol. 5, (2002) .

[6] K. A. Feldman, “The Superior College Teacher from the Students’ View” , *Research in High er Education*, no. 5, (1976) .

[7] Oxford, R. L. , Shearin, J. , “Language Learning Motivation: Expanding the Theoretical Framework” , *The Modern Language Journal*,

vol. 78, no. 1,(1994) 。

[8] R. Ballantyne et al. , “Researching University Teaching in Australia: Themes and Issues in Acadmics’ Reflections” , Studies in Higher Education, no. 2,(1999) .

[9] Wubbels, T. , Creton, H. A. , Hoomayers, H. P. , “Review of Research on Teacher Communication Styles with the Use of the Leary Model” , *Journal of Classroom Interaction*, vol. 21, no. 1,(1992) .

附　录

附录一：2017年5月学生基本情况访谈提纲（半结构式访谈）

1.请谈谈你的英语学习经历。（学习起始时间、学习水平、使用过的教材）

2.请谈谈你的大学英语学习感受。（学习目的、学习兴趣、自学方式、学习策略使用、学习困难）

3.请谈谈你对大学英语教学的看法。（教师、教材、课程、教学内容）

附录二：高校少数民族英语班教学现状访谈提纲

一、现状调查

1.贵校是否针对少数民族大学生专门开设英语班？

2.贵校少数民族英语班现在使用什么名称？

二、生源情况

1.少数民族英语班的生源类型是什么？（民考民、双语、民考汉）

2.少数民族英语班的分班依据是什么？（院系、民族类别、分班考试、高考成绩等）

3.少数民族英语班是单独民族授课还是混合民族授课？

三、课程设置

1.少数民族英语班的周学时数是多少？

2.少数民族英语班英语授课类型是什么？（是否区分读写课和听说课？）

3.少数民族英语班的教材使用情况如何？（使用什么教材？是否有配套网络课程？与普通班使用的教材是否相同？学生的接受程度如何？）

4.少数民族英语班的班容量如何？是否进行分级授课？

四、师资情况

1.少数民族英语班授课教师族籍是什么?(是否能够使用民族语言进行授课?)

2.少数民族英语班授课教师的教龄、教授少数民族英语班的时间分别是多久?

3.少数民族英语班授课教师职称结构、学历和在职状况是什么?

五、课程建设和科研情况

1.少数民族英语班教学依据什么教学大纲?是否有校本大纲?

2.少数民族英语班教师团队建设和教研情况如何?

附录三：民族院校少数民族大学生英语课堂教学问题调查问卷

亲爱的同学们，期待您能够帮助我完成下面有关英语教学的问卷。本问卷调查的目的是更好地了解少数民族大学生英语学习的特点与需求，因为问卷不是测试，所以不存在正确与错误的答案，而且您也不用注明您的名字。我们对您的个人意见非常感兴趣，请您根据实际情况认真填写，以便教师进行科研活动，并希望能对您今后的英语学习有所帮助。此数据仅用于科研，具体内容不对外公布。非常感谢您的合作！

第一部分：个人信息及英语学习情况

填写说明：1.请您在所选答案的字母上打“√”

2.除注明多选外，每题只选一个答案，请不要漏答题

1.您的性别是：A男　B女

2.您的英语学习水平如何？

A很好　B比较好　C一般　D差　E一点也不会

3.您的汉语学习水平如何？

A很好　B比较好　C一般　D差　E一点也不会

4.您在英语学习过程中，语言思维的转换模式是：

A母语—英语 B母语—汉语—英语 C汉语—英语 D英语—英语

5.您什么时候开始学习英语：A小学　B初中　C高中　D大学

6.您认为英语课的难度：A简单　B难度适中　C偏难　D很难

7.您认为学习大学英语的目的是什么?

A满足考试(四、六级考试,考研等)的需要　　B满足社会的需要

C为今后自身的发展　　D对英语本身感兴趣

8.您的英语课堂参与情况是:

A认真听讲并积极参与　B认真听讲但很少参与

C只是被动听课　D基础不好,听不进去

9.您会按照英语老师的要求预习、复习和完成作业吗?

A经常　B有时　C很少　D从不

10.除上课以外,您平均每周花在英语学习上的时间是:

A 8小时以上　B 4—8小时　C 2—4小时　D 2小时以下

E几乎不花任何时间

11.您学习英语的主要途径有(最多选3项):

A课堂听课　B阅读课外读物　C通过网络、电视和电影学习

D课外辅导班　E其他(请注明)________________

12.您对自己上大学以来的英语学习如何总结?

A收获很大,英语水平提高了很多。

B收获不大,只是学了一些词汇和语法知识。

C没学到什么,英语学习徒劳无功。

D没学到什么,英语水平没有进步,反而退步。

第二部分:自我效能感

填写说明:问卷的第二部分是为了解您英语学习自我效能感设定的,请根据您的实际情况从1—5中选择一个最能标明您对该问题看法的数字,并在每个陈述后面相应的位置上打"√"。

1=完全不赞同 2=不赞同 3=不确定 4=赞同 5=完全赞同

题目	1	2	3	4	5
1.对我来说，学英语很难。	1	2	3	4	5
2.我能比较轻松完成英语教学规定的学习任务。	1	2	3	4	5
3.我做不出英语考试中的难题。	1	2	3	4	5
4.无论英语学习中遇到的困难有多大，只要我努力就能解决。	1	2	3	4	5
5.我坚持完成英语老师布置的各项任务。	1	2	3	4	5
6.英语听力有难度，我没有信心提高。	1	2	3	4	5
7.英语学习上的失败会困扰我很长一段时间。	1	2	3	4	5
8.当我想掌握一些新的英语知识时，面临的困难比较多。	1	2	3	4	5
9.我对通过英语考试的把握不大。	1	2	3	4	5
10.我相信只要我努力学习，就能达到学习目标。	1	2	3	4	5
11.我很害怕在课堂上英语老师点名要我回答问题。	1	2	3	4	5
12.我很喜欢有挑战性的英语学习任务，我相信我能挑战成功。	1	2	3	4	5
13.考试中觉得自己糟透了，几乎做不下去。	1	2	3	4	5
14.与班里的其他同学相比，我认为我的英语学得很好。	1	2	3	4	5
15.英语学习中出现的大多数困难，我都感到无能为力。	1	2	3	4	5
16.英语老师讲课我有点跟不上。	1	2	3	4	5
17我坚持每天学习一个小时以上英语。	1	2	3	4	5
18.我相信自己的英语学习方法适合自己。	1	2	3	4	5
19.不借助学习工具，我很难完成一篇英语阅读。	1	2	3	4	5
20.英语老师布置英语口语讨论时，我常常难以表达我要说的话。	1	2	3	4	5
21.如果我努力学习，也能取得和班里学习好的同学一样的成绩。	1	2	3	4	5
22.有时候当其他同学认为一些英语题难的时候，我认为较容易。	1	2	3	4	5

第三部分：自主学习能力

填写说明：问卷的第三部分是为了解您英语自主学习能力设定的，请根据您的实际情况从1—5中选择一个最能标明您对该问题看法的数字，并在每个陈述后面相应的位置上打“√”。

1=完全不赞同 2=不赞同 3=不确定 4=赞同 5=完全赞同

题目	1	2	3	4	5
1.我了解老师的教学目的。	1	2	3	4	5
2.在听力练习中，我能有意识地使用有效的听力策略（如推理、联想、预测等）。	1	2	3	4	5
3.在英语学习方面，我能根据自身实际情况确立学习目标。	1	2	3	4	5
4.我能合理规划调整自己的英语学习时间。	1	2	3	4	5
5.我了解大学英语学习大纲中对听、说、读、写、译五种语言技能的学习要求。	1	2	3	4	5
6.我能把教师的教学目的转化为自己的学习目的。	1	2	3	4	5
7.我对学习策略了解得比较全面，能合理运用。	1	2	3	4	5
8.在会话练习中，我能有意识地使用有效的交际策略（如利用手势、使用近义词或者创造一个新词或者在忘记一个事物的英文单词时，对这个事物的特征进行描述从而让别人明白表达的是什么）。	1	2	3	4	5
9.除了教师布置的学习任务，我明确制定了自己的英语学习计划。	1	2	3	4	5
10.在英语学习的过程中，我能主动克服不利于英语学习的情感因素（如焦虑、自卑、压抑、害羞等）。	1	2	3	4	5
11.我了解教师在课堂上采取某项教学活动以提高学生语言能力的意图。	1	2	3	4	5
12.在阅读练习中，我能有意识地使用有效阅读策略（如推理、利用上下文对文章内容进行推测、采用已有知识对未知单词和词汇的含义进行猜测等）。	1	2	3	4	5
13.在写作练习中，我能有意识地使用有效写作策略（如列提纲、根据文章的读者决定写什么、怎么写等）。	1	2	3	4	5

续表

题目	1	2	3	4	5
14.我能根据大纲要求制定目标。	1	2	3	4	5
15.我能经常意识到英语学习中自身的错误，同时能找到错误的原因（如母语干扰、不熟悉语法规则等）并采取相应措施更正错误。	1	2	3	4	5
16.我能选择有效学习途径使自己成为一个更好的语言学习者（如与英语学习成功者交流英语经验；用日记或者周记的方式写下英语学习感受；主动听英语广播；阅读英语报纸、杂志和小说；选择适合自己的学习环境等）。	1	2	3	4	5
17在完成某项语言任务（如听和说等）的过程中，我能同步检测自己预先制定计划的完成情况。	1	2	3	4	5
18.英语课堂上，我能跟上教师的教学进度。	1	2	3	4	5
19.我在课外主动寻找各种机会练习英语（如与同学用英语讨论日常话题，参加英语角、英语社团活动等）。	1	2	3	4	5

第四部分：英语学习需求

填写说明：1.请您在所选答案的字母上打“√”

2.除注明多选外，每题只选一个答案，请不要漏答题

1.您认为大学英语教学哪方面对您来说最重要？

A语言基础知识　B读写　C听说　D文化　E考试技能

2.您认为大学英语学习的困难是什么？（可多选）

A词汇量小　B听说薄弱　C语法不清　D阅读能力差　E其他（请注明）________________________________

3.您认为现在英语课堂上使用的教材是否满足您的学习需求？

A能满足　B基本能满足　C不能满足

4.您认为英语教材的不足之处有哪些？（可多选）

A内容缺乏趣味性　B内容太抽象　C实用性不强　D缺少互动练习

E缺乏少数民族特色

5. 您希望如何使用英语教材？

A 全部由教师讲解，越细越好

B 教师只讲难点，其他自学

C 以自学为主，教师负责解答问题

D 少花时间在教材本身，教师多补充课外知识

6. 你觉得大学英语教师的角色应该是什么？（可多选）

A 知识传授者　B 动机激发者　C 学习协助者　D 计划制定者

E 学习评价者

7. 您心目中理想的大学英语教师须具备哪些素质？（可多选）

A 教法灵活新颖　B 知识渊博　C 敬业、认真、责任心强

D 关心爱护尊重学生

8. 您对当前英语教学评价感到最不满意的地方是什么？

A 评价方式过于单一　B 缺乏公平性　C 不能调动自己的学习积极性

9. 您对当前学校英语教学环境感到最不满意的地方是什么？

A 分班不合理　B 课程设置不合理　C 缺乏网络教学平台等配套设施

D 任课教师安排不当

10. 您喜欢哪些英语课堂教学形式？（可多选）

A 观看电影或录像　B 课堂陈述　C 指定题目课堂讨论　D 教师讲解

E 小组或配对活动　F 语言游戏或竞赛　G 角色扮演

11. 您认为现在英语课堂教学应该从哪些方面进行改进？（请详细说明）

____

____

____

____

____

____

附录四：前期调研访谈提纲

一、基础级英语班的少数民族大学生访谈提纲

1.你的母语是哪种语言？有没有系统地学习过母语？

2.你的第二语言是哪种语言？何时开始学习？

3.你何时开始学习英语？你觉得英语学习有用吗？你的英语水平如何？

4.在母语、汉语、英语的学习中，你觉得哪种语言比较难学？为什么？

5.你认为双语教育的经历对你的英语学习有哪些影响？

6.你对英语学习感兴趣吗？你觉得什么会影响你的英语学习兴趣？

7.你觉得英语学习的难点是什么？你希望在哪些方面得到指导？

8.你以前曾经学过哪些英语教材？你对现在课堂上使用的英语教材的评价如何？

9.你喜欢什么样的英语学习环境和英语教学活动？

10.你了解英语国家的文化吗？你知道英语国家和我们之间有哪些文化差异吗？

11.你平时会利用网络资源或者手机APP学习英语吗？学习效果如何？

12.你对大学英语教学的期望是什么？

二、中央民族大学基础级授课教师访谈提纲

1.能简要叙述一下您的教学经历吗？

2. 您认为汉族大学生和少数民族大学生在英语学习中的特点（优点和缺点）有哪些不同？

3. 您认为少数民族大学生英语教学有哪些难点？您是如何解决在教学过程中遇到的问题？

4. 您现在的授课班级有多少学生？人数是否适中？

5. 您对学校配备的教学设施和教学材料的看法如何？

6. 您在少数民族大学生英语课堂上曾经采用哪些教学方法？效果如何？

7. 您在少数民族大学生英语课堂上经常采用的教学策略和教学活动有哪些？效果如何？

8. 您是否给学生提供课外学习资料？以什么形式的课外资料为主？

9. 您和学生课后交流沟通的方式主要是什么？

10. 请您为提高民族院校少数民族大学生英语课堂教学质量提供一些建议。

附录五：第一轮行动研究课程类型及教学目标

阶段（周数）	课程类型	教学目标	
第一阶段（1—9周）	语法课（周二）	知识目标	学生将学习英语词性、句子成分、基本句型、时态等基础语法知识
		能力目标	A 学生能够分析英语简单句子成分，进行简单句型转换
			B 学生能够将中文句子翻译成英文并熟练地进行句型转换
		情感态度目标	1.增加课堂学习参与程度 2.意识到合作学习的重要性 3.增强自主探究的意识
	语音、词汇课（周四）	知识目标	1.学习英语元音、辅音、发音规律等基础语音知识 2.了解单词记忆的基本方法
		能力目标	A 学生能够 1.具有拼读能力，正确朗读英文单词 2.掌握初级水平单词（1800个）
			B 学生能够 1.准确、流畅地朗读英文句子和文章 2.掌握中级水平单词（2000个）
		情感态度目标	树立英语学习自信心
第二阶段（10—17周）	读写课（周二）	知识目标	1.学习语篇分析的基本技巧 2.掌握议论文的基本写作技巧
		能力目标	A 学生能够 1.找到段落的主题句 2.完成填空作文
			B 学生能够 1.理解段落中各句子之间的逻辑关系，理解阅读材料的不同观点和态度 2.独立写一篇议论文

续表

阶段（周数）	课程类型	教学目标	
第二阶段（10 — 17周）	读写课（周二）	情感态度目标	1.理解保险的意义，学会分析买保险的利弊 2.加强合作学习意识
	听说课（周四）	知识目标	A 进行拼读练习和简单的听力、口语练习
			B 进行段落听力、复述故事、配对口语对话练习
		能力目标	A 学生能够 1.具有辨音和模仿能力 2.听写并完成简单句子填空 3.用简单句介绍自己、朋友和家人
			B 学生能够 1.听懂有关熟悉话题中的讨论和谈话要点 2.就日常话题用英语进行交流
		情感态度目标	A 学生将增强对朋友和家人的热爱
			B 学生将初步具备跨文化交际意识

附录六：第一轮行动研究教学环节设计和评价标准明细

平时成绩（60%）	小测成绩（20%）	期末成绩（20%）
考勤10分	Unit 1 100分	期末考试100分
课堂表现10分	Unit3 100分	
学习计划10分		
单词听写10分		
语法讲解10分		
拼词比赛10分		
口语展示10分		
单词打卡10分		
课堂辩论10分		
写作练习10分		

附录七：语法课（句子2）教案

课程名称	大学英语（基础级）Ⅲ	授课班级	基础级英语班
授课内容	英语语法（基本句型、陈述句）	授课学时	2学时
教学目标	1.知识目标 理解英语的5个基本句型（SV，SVP，SVO，SVOO，SVOC） 了解英语句子的结构分类（简单句、并列句、复合句） 了解英语句子的功能分类（陈述句、疑问句、祈使句、感叹句） 2.能力目标 能够分析英语简单句句子成分（A） 能够分析英语句子成分（B） 能够将英语陈述句的肯定句转换为否定句（A/B） 3.情感态度目标 在学习中培养合作精神，共同探究，相互学习		
教学难点	让学生带着问题去研究，带着疑问进行讨论		
教学重点	语言对比教学（比较母语、中文和英文之间句子语序、肯定句变成否定句的差异）		
教学方法	以学生为主体，采用讨论、协作、探究、竞争的教学模式，引导学生巩固已经掌握的语法知识点，灵活运用新学的语法知识点		
教学过程	1.课前（微课导学） 安排学生以小组的形式共同研究微视频内容 思考并尝试回答以下问题： 在英文句子中哪些谓语动词后面加不定式？哪些加分词？ 常见的加双宾语的谓语动词有哪些？ 2.课堂上 检查并讲解句子1练习题，重点复习联系动词的用法 由第5组学生讲解英语的5个基本句型、句子的结构分类和句子的功能分类、肯定句变否定句，结合维吾尔语句子结构进行语言对比 教师总结 ① 点评第5组的语法讲解，强调重点信息 ② 举例复习英文句子中动词的用法（总结常见及物动词和不及物动词、加不定式和分词的动词、加双宾语的动词）		

续表

课程名称	大学英语（基础级）Ⅲ	授课班级	基础级英语班
授课内容	英语语法（基本句型、陈述句）	授课学时	2学时
教学过程	分组讨论以下故事片段中的英文句子句型和分类，找到文中否定句 （资料来源：《阿拉丁和神灯》（*Aladdin and the Enchanted Lamp*） 《书虫》中英系列1级上册-8） 3.课后巩固强化（学习任务） 句子2练习题 一、判断下列句子的类型。 1.We will make you drive the car. 2. He gave us a lot of help. 3. Children like playing with snow. 4. She dances. 5. She looks young. 6. The bike is yellow. 7. They would like to watch TV. 8. We call our headmaster a wise man. 9. Mr.Li brought us colour paper. 10.He swims. 二、基本句型翻译 1.1984年至1990年我在光明小学学习。 2.他看起来气色不错。 3.在去年的学校演讲竞赛中我获得了一等奖。 4.我给他发了电子邮件。 5.我们选她为我们的代言人。 三、把下列陈述句变成否定句。 1.My father watches TV every day. My father _____ ____ TV every day. 2.Kate often does her homework at six. Kate ____ often ____ her homework at six. 3.I go to school at seven. I ___ ____ to school at seven. 4.They are good students. They ____ ____ good students. 5.He has some bread for breakfast every morning. He ____ ____ ____ bread for breakfast every morning. 四、请翻译下面句子 1.对这事我无能为力。 2.没有人会同意这个计划。 3.我几乎不认识那里的人。 4.他还没有到达。 5.我什么也没告诉他。		

附录八：第一轮行动研究第二阶段听说课教学安排

周数	层级	教学内容	教学活动
第10周	A	语音练习 复习代词的用法	学唱英文字母歌 练习句型He/She is …
	B	对话听力练习，学习关于邀请的表达 配对口语练习：邀请一名同学一起吃晚餐、参加你的生日Party	
第11周	A	听写英文简单句 复习名词、形容词、联系动词	描述班里一位同学的年龄、穿着 介绍口语展示任务
	B	段落听力练习	讨论西方人谈话习惯 介绍口语展示任务
第12周	A	复习否定句和疑问句	听问题作答 描述一个人的工作、喜好、性格
	B	段落听力练习	讨论西方人的婚嫁习俗
第13周	A/B	单元测试（Unit 1）	单元测试（Unit 1）
第14周	A	语调、节奏练习	听力与跟读
	B	对话听力，学习关于指路的表达	情景对话：请你的同学告诉你如何找到学校图书馆/食堂/超市
第15周	A	学习There be句型	使用所学句型介绍自己的家人
	B	对话听力练习，学习关于喜好的表达	配对口语练习：爱好和兴趣
第16周	A	学习关于居住环境的描述	使用所学词汇描述自己的家
	B	英语故事听力练习	重复要点、复述故事
第17周	A/B	单元测试（Unit 3）	单元测试（Unit 3）

附录九：第一轮行动研究访谈提纲

一、第一阶段访谈提纲

1. 你是否能够坚持按照学习计划学习英语？
2. 你是否从微视频中学到了更多语法知识？
3. 你的英语基础知识（语法、语音、词汇）是否有提高？
4. 你是否能够从合作学习中获益？
5. 你对分层教学的看法如何？
6. 本阶段你最喜欢的课堂活动或学习任务是什么？

二、第二阶段访谈提纲

1. 你是否能够坚持按照学习计划学习英语？
2. 你的英语语言能力（听、说、读、写）是否有提高？
3. 合作学习是否对你的英语学习有帮助？
4. 你的自主学习能力是否有所提高？
5. 你对分层教学的看法如何？
6. 本阶段你最喜欢的课堂活动或学习任务是什么？

附录十：第二轮行动研究小组评分表

组别： 学生姓名：		
评价方式	评分标准	分数
自评	积极参与小组合作（1分）	
	认真准备分配内容（1分）	
互评	能为小组任务作出突出贡献（1分）	
	毫无保留地与他人分享学习成果（1分）	
师评	小组分工合理性（2分）	
	小组成员合作参与度（2分）	
	小组整体表现（2分）	
总计 （满分为10分）		

p.s. 互评分数由组长和其他组员共同协商评定。

附录十一：第二轮行动研究课程类型及教学目标

<table>
<tr><th>阶段（周数）</th><th>课程类型</th><th colspan="2">教学目标</th></tr>
<tr><td rowspan="10">第一阶段
（1—8周）</td><td rowspan="4">语法课
（周二）</td><td>知识目标</td><td>学生将学习宾语从句、状语从句和定语从句等基础语法知识</td></tr>
<tr><td rowspan="2">能力目标</td><td>A 学生能够辨别三大从句的类型，理解大意</td></tr>
<tr><td>B 学生能够翻译从句，掌握从句在真实语境中的用法</td></tr>
<tr><td>情感态度目标</td><td>1.增加课堂学习参与程度
2.培养英语学习的兴趣</td></tr>
<tr><td rowspan="6">听说课
（周四）</td><td rowspan="2">知识目标</td><td>A 学生将
1.复习音标基础知识
2.进行跟读、朗读和电影配音练习</td></tr>
<tr><td>B 学生将进行段落听力、英语新闻听力练习</td></tr>
<tr><td rowspan="2">能力目标</td><td>A 学生能够
1.加强英语拼读能力
2.恰当使用语调和节奏</td></tr>
<tr><td>B 学生能够掌握及运用基本听力技巧</td></tr>
<tr><td rowspan="2">情感态度目标</td><td>A 学生将增强英语口语表达的自信心</td></tr>
<tr><td>B 学生将形成良好的听力习惯</td></tr>
<tr><td rowspan="2">第二阶段
（9—17周）</td><td rowspan="2">读写课
（周二）</td><td>知识目标</td><td>1.学习食物和烹饪的英文表达
2.掌握有效的英语阅读方法
3.练习对比选择型议论文的写作方法</td></tr>
<tr><td>能力目标</td><td>A 学生能够
1.正确、流畅地朗读课文
2.借助所学单词和句型介绍一道菜的做法
3.理解文章主旨、作者意图</td></tr>
</table>

续表

阶段（周数）	课程类型	教学目标	
第二阶段 （9—17周）	读写课 （周二）	能力目标	B 学生能够 1. 读懂营养成分表 2. 用英语介绍家乡的水果/传统美食及其营养成分 3. 从文章中获取主要信息并摘录要点
		情感态度目标	1. 了解西方人的餐桌礼仪、饮食习惯 2. 加强文化理解力 3. 形成积极的英语学习态度
	听说课 （周四）	知识目标	A 进行句子听写练习、对话听力练习，情景口语练习
			B 进行较长英语广播听力练习、情景对话练习
		能力目标	A 学生能够 1. 听写简单的英语句子 2. 借助所学单词描述一个简单的事情或者经历
			B 学生能够 1. 听懂英文广播，掌握中心大意、抓住要点和细节 2. 在准备后对所熟悉的话题作简短发言
		情感态度目标	A 增加口语表达的流畅度
			B 增强跨文化交际能力

附录十二：语法课练习题（状语从句）

一、单选题

1.It just isn't fair ________ I was working as a waiter last month，my friends were lying on the beach.

A. whenever B. Though C. for D. while

2. Because of the heavy traffic, it was already time for lunch break _______ she got to her office.

A. since B. that C. when D. until

3.The old man asked Lucy to move to another chair _______ he wanted to sit next to his wife

A. although B. unless C. because D. if

4.You may use room as you like _______ you clean it up afterwards

A. so far as B. so long as C. in case D. even if

5.The little boy won't go to sleep _____ his mother tells him a story.

A. or B. unless C. but D. whether

6.—I may go to the market this afternoon.

—Could you please buy some fruit for me________ you are there?

A. since B. if C. while D. as

7.The engineer are so busy that they have no time for outdoor sports activities, _______ they have the interest.

A. wherever B. whenever C. even if D. as if

二、用适当的连词填空

1.We'll go there by bike _____ it is fine tomorrow.

2.Please go with me _____ you have time next week.

3.Please tell her about it _____ she comes back.

4.I'll write to you _____ I get to Dalian.

5._____ we said "Goodbye" to the farmers, we left the farm for school.

6._____ I was walking along the street, I dropped my pen.

7._____ I was waiting for a bus, I ate an apple.

8.Lin Tao was drawing on the blackboard _____ the teacher came in.

9.He didn't tell me anything _____ she left.

10.I'll try to speak more English in and out of class _____ I can't speak it well.

续表

三、改错题

1. You will learn English well after you put your heart in it.
2. He didn't go with us until he was very busy.
3. I made such many mistakes that I failed the exam.
4. Please speak loudly that I can hear a little better.
5. Now the rain has stopped, let's continue to work.
6. Because he is young, he knows a lot of new things.
7. No matter if he is free, he must go to the library.
8. When you read a book, you'd better make a mark that you have any questions.

附录十三：第二轮行动研究教学环节设计和评价标准明细

平时成绩（50%）	小测成绩（20%）	期末成绩（30%）
考勤10分	Unit4 100分	期末考试 100分
课堂表现10分	Unit7 100分	
学习计划10分		
学习日志10分		
课文朗读/四级作文背诵10分		
打卡任务10分		
电影配音展示10分		
文化展示10分		
课堂陈述10分		
写作练习10分		

附录十四：第二轮行动研究语法课（定语从句）教学操作程序实例分析

教学阶段	操作程序
课前 （音乐导入）	第一步：音乐导入新知识点，激发学生兴趣 在基础级英语班的学生微信群中分享英文歌曲《她》（*She*） 要求学生①完成歌词填空练习 ②找到歌词中的定语从句 ③划出定语从句中的关系代词/关系副词
课堂上 （自主、合作探究）	第二步：教师讲解，培养学生归纳总结的能力 教师讲解定语从句的用法和句子成分， 以提问的方式启发学生总结定语从句的关系代词/关系副词
	第三步：创设情境，加强有效教学 阅读文章《*The Man in a Hat*》 （选自《新概念英语》第1册 Lesson 121） 要求学生：分析定语从句中关系词的三个重要作用
	第四步：合作探究，当堂巩固教学效果 要求学生在课堂上以小组讨论的形式完成， 由各小组派代表给大家进行练习题讲解
课后 （巩固强化）	第五步：活学活用，督促学生进行自主学习 要求学生： ①从更多的英文歌曲中找到定语从句 ②分析其用法和表达含义 推荐歌曲：*The Day That You Went Away* *You are Beautiful* *That's Why You Go Away* *The One You Love* *Someone Like You*

附录十五：Unit4课文并列式教学计划（教学过程）

教师活动	学生活动	关注差异
一、导入 1.课前预习 预习课文和单词 回答思考问题 ①What words and expressions do you expect to see in the text?（fruit, vegetables, meat, etc.） ②How many kind of vitamins do you know? What are they? ③Do you think it right that the more vitamins you take in, the better effect you will get?	学生记忆单词，回忆前两周所学内容	在A班微信群中带领学生朗读Unit4单词和课文，帮助A班学生理解课文，思考问题，掌握the more …, the more结构
2.课堂导入 用学生上节课展示的新疆“手抓饭”的图片，请学生回忆手抓饭的制作过程，让学生猜测“手抓饭”含有哪些营养，引出“维生素”的种类	找出本课与已有知识的联系，激发阅读兴趣	请上节课曾经讲过“手抓饭”的A班学生简要讲述制作原料，请B班学生说出其中含有哪些维生素成分
二、课文阅读 1.略读 让学生在课堂上阅读课文并回答问题 ① What is a vitamin? ② In which way can we take vitamins? ③ Shall we take in as many vitamins as possible? Why?	学生理解文章大意，掌握作者观点	提问时尽量选择A班学生发言
2.精读 学生朗读课文 根据上下文猜测单词与词组在文中的意思 学生进行小组讨论并回答问题	学生学习关键词、关键句子	尽量选择A班学生朗读，B班学生进行句子翻译

续表

教师活动	学生活动	关注差异
①How many kinds of vitamins are mentioned in the passage? What are they? ② What are the functions of them? ③ In what kind of food can we find them? 3.文化延伸和对比 解释diet的文化内涵 引导学生思考为什么美国人喜欢吃保健药 讨论西方人的饮食结构和健康问题 对比分析本民族地区人民的饮食习惯 教学生更多微量元素的英语表达和读懂英文营养成分表	学生通过讨论掌握仔细阅读（关键词回文定位）的方法 引导学生深层次理解课文，建立健康饮食习惯	小组讨论是学生间互相启发和修正的过程，教师可以在此期间进行巡视，鼓励A班学生发表看法，或为其提供帮助，适时提出表扬 这个部分是针对基础水平较高的B班学生设计的，为了帮助A班学生理解，教师在讲课过程中使用英文讲解后要用中文进行翻译
三、巩固与拓展 1.完成课后阅读并做题 2.课后作业 要求B班每个学生根据所学内容准备一个课堂陈述，介绍本民族的水果/传统美食及其营养成分	帮助学生巩固仔细阅读的方法	在学生做题的过程中，教师帮助A班学生理解课后阅读的内容 课后在A班微信群中发送课文重点、难点总结

附录十六：第二轮行动研究访谈提纲

一、第一阶段访谈提纲

1.你认为记学习日志对你有帮助吗？
2.你认为教师的个别指导对你有什么积极作用？
3.你认为文化教学是否对你的英语学习有帮助？
4.你对影音辅助教学的看法如何？
5.你最常使用的打卡方式是什么？
6.本阶段你最喜欢的课堂活动或学习任务是什么？

二、第二阶段访谈提纲

1.你认为记学习日志对你有帮助吗？
2.你认为教师的个别指导对你有什么积极作用？
3.你的学习兴趣是否有所提高？
4.在合作学习中你有哪些转变？
5.你对本学期的教学评价方式的看法是什么？
6.本阶段你最喜欢的课堂活动或学习任务是什么？